全国农业推广专业学位研究生教育指导委员会推荐教材

现代农业知识产权概论

XIANDAI NONGYE ZHISHICHANQUAN GAILUN

郭顺堂 张红莲 主编

中国农业大学出版社
· 北京 ·

内 容 提 要

本书对知识产权的一般概念和内涵等基础性知识以及涉农的知识产权进行了分类和整理，并结合案例加强了对农业知识产权保护和应用方面的知识解读，突出了农业领域知识产权的特色，具有鲜明的理论与农业生产实践相结合的特点。本书结合教学要求在每章后面提出了大量思考题和参考文献，在内容上力图体现科学性、先进性和实用性，力求主题突出、结构合理、层次分明、简明易懂，是一本适合大学生、研究生学习和教师教学的参考用书。

图书在版编目(CIP)数据

现代农业知识产权概论/郭顺堂，张红莲主编. —北京：中国农业大学出版社，2013.2

ISBN 978-7-5655-0655-0

Ⅰ.①现… Ⅱ.①郭… ②张… Ⅲ.①农业技术-知识产权-概论 Ⅳ.①D913

中国版本图书馆 CIP 数据核字(2012)第 317829 号

书　名　现代农业知识产权概论
作　者　郭顺堂　张红莲　主编

策划编辑　魏秀云　　责任编辑　魏秀云
封面设计　郑　川　　责任校对　王晓凤　陈　莹
出版发行　中国农业大学出版社
社　址　北京市海淀区圆明园西路 2 号　　邮政编码　100193
电　话　发行部 010-62818525，8625　　读者服务部 010-62732336
编辑部 010-62732617，2618　　出　版　部 010-62733440
网　址　http://www.cau.edu.cn/caup　　e-mail cbsszs @ cau.edu.cn
经　销　新华书店
印　刷　北京时代华都印刷有限公司
版　次　2013 年 2 月第 1 版　2013 年 2 月第 1 次印刷
规　格　787×980　16 开本　16 印张　292 千字
印　数　1～3 000
定　价　29.80 元

主　　编　郭顺堂（中国农业大学）
张红莲（中国农业大学）

副 主 编　杨述兴（中国农业大学）
王建华（中国农业大学）
徐　卫（新疆农业科学院）

编写成员　（按姓氏笔画排序）
王建华（中国农业大学）
石宝霞（中国农业大学）
关　畅（北京纪凯知识产权代理有限公司）
吕　莹（北京农学院）
刘　娜（四川农业大学）
李　文（中国农业大学）
张红莲（中国农业大学）
杨述兴（中国农业大学）
赵　杰（中国农业大学）
郭顺堂（中国农业大学）
徐　卫（新疆农业科学院）
徐婧婷（中国农业大学）
颜　勇（四川农业大学）

前　言

在市场经济条件下，我国农业正在由传统农业向现代农业转变，正在走产业化发展的道路。农业从种养殖业的农产品生产到加工利用，每个环节不断被细分，产业链不断延伸，管理社会化，经营市场化。科技创新作为支撑或引领农业发展的要素贯穿了整个农业产业链。如何依法在农业生产中利用好科技成果和保护好权利人的利益、维护市场经济秩序、促进经济发展是建立知识产权制度的根本所在。

我国十分重视知识产权，制定了多部有关农业知识产权的法律法规，对其他法律中的涉农部分也作了详细的规定。然而，在农业领域，知识产权却常常被人忽视，尤其是对农业科研、生产、销售等产业链上的知识产权问题缺少梳理，认识不清，相关技术成果或产品在市场竞争上没有体现出权利人所拥有的权利，权利人的发明创造性劳动没能得到尊重，创造性价值也没能体现。这一现象和我国农业领域整体上知识产权意识淡薄不无关系。因此，加强农业知识产权教育，提高农业科技和管理人员的知识产权意识是当代农业高等教育义不容辞的责任。

多年的研究生教学和管理工作使我们深刻感到有必要在研究生层面加强知识产权教育。对此，中国农业大学高度重视，在专业学位研究生的教育中首先开设了"现代农业知识产权"课程。几年来的教学实践收到了较好的效果。为了更好地总结经验、开展知识产权教育，2010 年末我们提出了编写教材的设想，并得到了全国农业推广硕士专业学位教育指导委员会的立项支持，使该书成为专业学位研究生教育指定的第一本有关知识产权的教材。

本书是由常年从事知识产权审查、研究和教育方面的专家共同编写的。中国农业大学郭顺堂和张红莲提出了全书的总体设计，并对全书进行了统稿。全书共设 9 章，第 1 章知识产权法总论由杨述兴编写，第 2 章专利权的取得及保护由关畅和张红莲编写，第 3 章植物新品种权的取得及保护由王建华编写，第 4 章商标权的取得及保护由颜勇编写，第 5 章商业秘密的保护由徐卫编写，第 6 章地理标志产品的保护由吕莹编写，第 7 章现代农业知识产权的利用由刘娜编写，第 8 章我国农业知识产权保护存在的问题及原因由徐卫和郭顺堂编写，第 9 章农业知识产权保护战略由徐卫和赵杰编写。石宝霞、李文和徐婧婷对全书做了校对。

本书在编写过程中，得到了中国农业大学研究生院、全国农业推广硕士专业学位教育指导委员会秘书处于嘉林教授、李健强教授和王文处长的大力支持。也得到了“食品加工与安全”领域专家组罗云波教授(中国农业大学)、蒲彪教授(四川农业大学)、陈宗道教授(西南大学)、李红军教授(西南大学)、李元瑞教授(西北农林科技大学)、孙远明教授(华南农业大学)、马美湖教授(华中农业大学)、靳烨教授(内蒙古农业大学)和宋洪波教授(福建农林大学)的鼎力相助。在此,向他们表示深深的感谢。

当此书付梓之际,传来“十八大”开幕的喜讯,聆听到总书记报告中提出“知识产权战略”,甚感欣慰。此书出版符合时代发展要求,实乃幸事。由于知识产权内容丰富、涵盖面广,我们仅擅长于农业专业,是知识产权的学习者。书中疏漏和不妥之处在所难免,衷心希望诸位同仁和读者批评指正。

郭顺堂

2012 年 11 月 8 日于北京

目　　录

第 1 章　知识产权法总论 …… (1)
1.1　知识产权的概念和特征 …… (1)
1.1.1　知识产权的概念 …… (1)
1.1.2　知识产权的特征 …… (3)
1.2　知识产权的客体 …… (5)
1.2.1　知识产权的客体——知识财产 …… (5)
1.2.2　知识财产与知识载体 …… (8)
1.3　知识产权的分类和性质 …… (11)
1.3.1　知识产权的分类 …… (11)
1.3.2　知识产权的性质 …… (13)
1.4　知识产权法的概念、历史和性质 …… (17)
1.4.1　知识产权法概念 …… (17)
1.4.2　知识产权法的起源和发展 …… (17)
1.4.3　知识产权法的作用和功能 …… (20)
1.4.4　知识产权法的归类 …… (21)
1.5　知识产权法的基本原则 …… (24)
1.5.1　利益平衡原则 …… (24)
1.5.2　一体一权原则 …… (26)
1.5.3　公示公信原则 …… (27)
1.5.4　知识产权法定原则 …… (29)
1.6　农业知识产权概述 …… (29)
1.6.1　农业专利权 …… (30)
1.6.2　植物新品种权 …… (30)
1.6.3　农业商标权 …… (31)
1.6.4　农业商业秘密 …… (32)
1.6.5　农业著作权 …… (32)
第 2 章　专利权的取得及保护 …… (34)
2.1　专利权的概念及客体 …… (34)

2.1.1 专利权的概念 …………………………………………………………… (34)
2.1.2 专利权的客体 …………………………………………………………… (35)
2.2 我国专利制度的建立与发展 ………………………………………………… (42)
2.2.1 1949 年 10 月 1 日以前……………………………………………………… (42)
2.2.2 1949 年 10 月 1 日起………………………………………………………… (43)
2.3 专利权的获得及维持 ……………………………………………………… (46)
2.3.1 申请获得专利权的原则 …………………………………………………… (46)
2.3.2 授予专利权的条件 ……………………………………………………… (49)
2.3.3 专利权的维持 …………………………………………………………… (56)
2.4 专利权的主体及权利归属 ………………………………………………… (57)
2.4.1 专利权的主体 …………………………………………………………… (57)
2.4.2 专利权的归属 …………………………………………………………… (59)
2.5 专利的申请及审批 ………………………………………………………… (60)
2.5.1 申请专利所需要的文件 …………………………………………………… (60)
2.5.2 专利的受理 ……………………………………………………………… (61)
2.5.3 专利的审批 ……………………………………………………………… (62)
2.6 专利申请的复审与专利权的无效宣告 …………………………………… (69)
2.6.1 复审程序 ………………………………………………………………… (70)
2.6.2 专利权的无效宣告程序 ………………………………………………… (73)
2.7 专利权的强制许可 ………………………………………………………… (77)
2.7.1 强制许可的概念 ………………………………………………………… (77)
2.7.2 强制许可的种类 ………………………………………………………… (78)
2.7.3 强制许可的相关注意事项 ……………………………………………… (80)
2.7.4 强制许可的相关程序 …………………………………………………… (80)
2.8 专利权的保护 ……………………………………………………………… (81)
2.8.1 专利侵权纠纷 …………………………………………………………… (81)
2.8.2 假冒专利 ………………………………………………………………… (82)
2.8.3 专利权属纠纷 …………………………………………………………… (82)
2.8.4 向外国申请专利泄露国家秘密 ………………………………………… (82)
2.8.5 徇私枉法 ………………………………………………………………… (83)
2.9 专利的国际保护 …………………………………………………………… (83)
2.9.1 《巴黎公约》……………………………………………………………… (83)
2.9.2 PCT——专利合作条约 …………………………………………………… (84)

第3章　植物新品种权的取得及保护 …………………………………… (88)
3.1　植物新品种权的起源 ………………………………………………… (88)
3.1.1　植物新品种保护制度的产生 …………………………………… (88)
3.1.2　国际植物新品种保护联盟的建立 ……………………………… (90)
3.1.3　我国植物新品种保护制度的建立 ……………………………… (91)
3.1.4　植物新品种的概念 ……………………………………………… (91)
3.2　国际植物新品种保护联盟公约 ……………………………………… (94)
3.2.1　国际植物新品种保护联盟公约的签署、修改 ………………… (94)
3.2.2　国际植物新品种保护联盟公约的主要内容 …………………… (95)
3.2.3　UPOV公约1978年文本和1991年文本的主要差别 ………… (96)
3.3　我国植物保护新品种制度的建立 ………………………………… (98)
3.3.1　植物新品种保护制度建设的历程 ……………………………… (98)
3.3.2　中华人民共和国植物新品种保护条例 ………………………… (100)
3.4　植物新品种权的授予条件和保护期限 …………………………… (101)
3.4.1　授予品种权的形式条件 ………………………………………… (101)
3.4.2　授予品种权的实质性条件 ……………………………………… (104)
3.4.3　授予品种权的其他条件 ………………………………………… (106)
3.4.4　品种权的期限 …………………………………………………… (106)
3.4.5　品种权的终止 …………………………………………………… (106)
3.5　植物新品种权的申请 ……………………………………………… (107)
3.5.1　申请品种权单一性的原则 ……………………………………… (108)
3.5.2　申请品种权前的分析与思考 …………………………………… (108)
3.5.3　申请品种权应提交的文件 ……………………………………… (109)
3.5.4　品种权申请的受理与审批 ……………………………………… (110)
3.6　植物新品种权的保护 ……………………………………………… (113)
3.6.1　侵犯品种权的行为 ……………………………………………… (113)
3.6.2　品种权的法律保护 ……………………………………………… (114)
3.6.3　我国农业植物新品种保护存在的主要问题 …………………… (118)
3.6.4　促进我国农业植物新品种保护的对策 ………………………… (119)
第4章　商标权的取得及保护 …………………………………………… (122)
4.1　我国商标制度的建立与发展 ……………………………………… (122)
4.1.1　商标制度的产生与发展 ………………………………………… (122)
4.1.2　中国商标制度的产生与发展 …………………………………… (123)

4.2 与商标有关的国际条约 …………………………………… (124)
4.3 商标的概念和类型 …………………………………… (125)
4.3.1 商标的概念和构成要素 …………………………………… (125)
4.3.2 商标的类型 …………………………………… (130)
4.4 商标权的取得方式 …………………………………… (133)
4.4.1 原始取得 …………………………………… (133)
4.4.2 继受取得 …………………………………… (135)
4.5 商标注册的原则及保护期限 …………………………………… (135)
4.5.1 商标注册的原则 …………………………………… (135)
4.5.2 注册商标的保护期限 …………………………………… (137)
4.6 驰名商标 …………………………………… (137)
4.6.1 驰名商标保护概况 …………………………………… (138)
4.6.2 驰名商标特殊保护的理论基础 …………………………………… (138)
4.6.3 驰名商标的认定 …………………………………… (140)
4.6.4 驰名商标的特殊保护 …………………………………… (140)
第5章 商业秘密的保护 …………………………………… (144)
5.1 商业秘密的概念 …………………………………… (145)
5.2 商业秘密的特征 …………………………………… (145)
5.2.1 秘密性 …………………………………… (146)
5.2.2 实用性 …………………………………… (146)
5.2.3 价值性 …………………………………… (146)
5.2.4 保密性 …………………………………… (147)
5.2.5 新颖性 …………………………………… (147)
5.3 商业秘密与国家秘密的联系和区别 …………………………………… (148)
5.3.1 商业秘密和国家秘密的联系 …………………………………… (148)
5.3.2 商业秘密与国家秘密的区别 …………………………………… (148)
5.3.3 商业秘密保护与专利保护的区别 …………………………………… (149)
5.4 商业秘密的范围 …………………………………… (150)
5.4.1 确定商业秘密的原则 …………………………………… (150)
5.4.2 商业秘密的内容 …………………………………… (150)
5.5 商业秘密的侵权行为及保护策略 …………………………………… (152)
5.5.1 商业秘密侵权行为 …………………………………… (152)
5.5.2 我国法律对商业秘密的保护 …………………………………… (153)

5.5.3 商业秘密保护策略 …… (155)
第6章 地理标志产品的保护 …… (162)
6.1 地理标志产品的概念 …… (162)
6.1.1 地理标志产品的定义 …… (162)
6.1.2 地理标志和原产地名称的区别 …… (163)
6.1.3 地理标志和商标的区别 …… (163)
6.2 地理标志产品的保护 …… (164)
6.2.1 我国地理标志产品保护的发展 …… (164)
6.2.2 我国地理标志产品的保护模式及相关法规 …… (165)
6.2.3 我国地理标志产品的保护体系 …… (167)
6.3 地理标志产品保护权的取得 …… (168)
6.3.1 地理标志产品的申请、受理、审核和批准 …… (168)
6.3.2 地理标志产品的专用标志及标准制定 …… (169)
6.4 地理标志产品的案例 …… (171)
6.4.1 张裕葡萄酿酒公司"香槟"商标案例 …… (171)
6.4.2 金华火腿案例 …… (174)
6.5 中国的地理标志产品目录 …… (176)
第7章 现代农业知识产权的利用 …… (182)
7.1 知识产权许可 …… (183)
7.1.1 知识产权许可的含义 …… (183)
7.1.2 知识产权许可的种类 …… (184)
7.1.3 知识产权许可的形式 …… (185)
7.1.4 知识产权许可的限制 …… (188)
7.2 知识产权转移 …… (194)
7.2.1 知识产权转移的含义 …… (195)
7.2.2 知识产权转移的途径 …… (196)
7.2.3 知识产权转移的规则 …… (200)
7.3 其他知识产权利用方式 …… (201)
7.3.1 知识产权出资 …… (201)
7.3.2 知识产权质押 …… (205)
7.3.3 自己实施 …… (208)
第8章 我国农业知识产权保护存在的问题及原因 …… (212)
8.1 农业知识产权保护存在的问题 …… (212)

8.1.1 农业知识产权保护意识淡薄 …… (213)
8.1.2 农业知识产权激励机制不足 …… (214)
8.1.3 企事业单位知识产权申请数量少,创新水平低 …… (215)
8.1.4 部分地区农业高层次人才流失严重 …… (216)
8.1.5 农业知识产权实施及产业化程度较低 …… (216)
8.1.6 农业知识产权侵权容易、保护难 …… (217)
8.2 农业知识产权形成及影响因素 …… (217)
8.2.1 专利权形成过程和保护的关键点 …… (218)
8.2.2 植物新品种权形成和影响因素 …… (219)
8.2.3 商业秘密形成和影响因子分析 …… (220)
8.3 农业知识产权案例及运行模式分析 …… (221)
8.3.1 案例分析 …… (221)
8.3.2 运行模式分析 …… (223)
第9章 农业知识产权保护战略 …… (228)
9.1 农业知识产权保护战略概述 …… (228)
9.1.1 知识产权战略的目标及类型 …… (229)
9.1.2 农业知识产权保护策略 …… (230)
9.1.3 农业知识产权的保障措施 …… (235)
9.1.4 以法律为依据,打击侵权行为,创造良好的知识产权保护氛围 …… (238)
9.2 国外知识产权保护战略经验介绍 …… (239)
9.2.1 美国知识产权战略 …… (239)
9.2.2 日本知识产权战略 …… (240)
9.2.3 韩国知识产权战略 …… (240)
9.2.4 澳大利亚知识产权战略 …… (241)
9.2.5 印度知识产权战略 …… (241)

第1章 知识产权法总论

◈ **本章重点、难点**

知识产权的概念和特征、知识产权的客体、知识产权的性质与分类、农业知识产权的内容为本章的重点;知识产权法的概念、知识产权的有形无体含义、知识产权法的基本原则相关内容为本章的难点。

◆ **内容提要**

知识产权是基于创造性智力成果和工商业标记依法产生的权利的统称。而作为民法的一部分,知识产权法是以保护私权和私人利益为目的的。它是调整和规范知识财产的归属、行使、管理和保护等活动中产生的社会关系的法律规范的总称。随着科技的发展,农业知识产权不断地得到充实和完善。本章对知识产权概念、特征、分类、性质、知识产权的客体以及知识产权法的概念、历史、性质和基本原则进行了分析,同时对我国的农业知识产权进行了介绍。

1.1 知识产权的概念和特征

1.1.1 知识产权的概念

知识产权,英文为 Intellectual Property,法文为 Propriété Intellectuale,德文为 Gestiges Eigentum。在我国,"知识产权"作为正式的法律用语,最早出现在1986年4月12日第六届全国人民代表大会第四次会议通过的《中华人民共和国民法通则》中。在我国台湾地区,称之为"智慧财产权"。在日本,曾将知识产权称作"无体财产权",现在则称之为"知的所有权"。

关于知识产权的概念,主要有"列举主义"与"概括主义"两种。列举主义通过列举知识产权法保护范围来明确知识产权的概念；概括主义通过对保护对象的概括抽象描述方式来界定知识产权的概念。

多数国家的法学著作、立法文件或国际公约都是通过采取列举方式表达知识产权的概念。比如，知识产权法传统上包括专利、商标和版权三个法律领域，或者说“专利权、商标权和著作权等一般结合在一起称之为知识产权”。通过列举方法界定知识产权也广泛见于知识产权国际条约之中，如《成立世界知识产权组织公约》第二条第八款规定，知识产权包括以下有关项目的权利：①文学艺术和科学作品；②表演艺术家的演出、录音制品和广播节目；③在人类一切活动领域内的发明；④科学发现；⑤工业品外观设计；⑥商标、服务标记、商号名称和标记；⑦禁止不正当竞争，以及在工业、科学、文学或艺术领域内其他一切来自知识活动的权利。《与贸易(包括假冒商品贸易在内)有关的知识产权协议》第一部分第一条规定，知识产权保护的范围：①著作权及其相关权利(指邻接权)；②商标权；③地理标记权；④工业品外观设计权；⑤专利权；⑥集成电路布图设计权；⑦对未公开信息的保护权；⑧对许可合同中限制竞争行为的控制。“列举主义”方法表述清楚、明确，但失之繁琐，而知识产权的外延又处在不断的发展变化之中，列举式难免存在遗漏之处。

采取“概括主义”界定知识产权概念，主要有“一元说”和“二元说”两种观点。持“一元说”观点的认为，知识产权是“人们对其创造性智力成果依法享有的专有权利”，或者说，“知识产权就是知识产品所有人公布其知识产品而获得公众承认其在一定时期内有独占支配的专有权利”，或者说，“知识产权是对于财产性信息的私有权利”。持“二元说”观点的认为，“知识产权是基于创造性智力成果和工商业标记依法产生的权利的统称”，“知识产权是人们对于自己的智力活动创造的成果和经营管理活动中的标记、信誉依法享有的权利”，1992 年国际保护工业产权协定(AIPPI)东京大会将知识产权划分为“创造性成果权利”与“识别性标记权利”，显然也是采取的“二元说”观点。概括主义的方法高度抽象，表述简要，但其问题在于能否准确恰当且具有包容性，从以上的各种表述看，对知识产权的“概括主义”定义尚未形成一致的看法。

我们认为，创造性智力成果与工商业标记的价值来源明显不同，创造性智力成果的价值产生于对智力成果的利用上，如实施专利、复制作品，而工商业标识的价值源于标识与特定商业信誉的联系。知识产权法所保护的客体的价值来源截然不同，知识产权应包括创造性的智力成果和工商业标记依法产生的权利。因此，应当将知识产权的概念界定为：知识产权是基于创造性智力成果和工商业标记依法产生的权利的统称。

1.1.2 知识产权的特征

法律关系的构成要素包括主体、客体和内容。知识产权的法律特征是指作为知识产权法律三要素中的内容要素的特征。所以，在讨论知识产权的特征时，应该从权利本身入手，而不应该牵扯到知识产权的主体和客体。知识产权和其他任何权利一样，是受法律保障的特定利益，知识产权是对客体的支配权而不是对人的请求权，是绝对权而不是相对权。知识产权同其他权利特别是同物权相比，具有以下几个法律特征。

1.1.2.1 专有性

知识产权的专有性即知识产权的排他性和绝对性，是指权利人直接支配知识产权客体，并具有排他性的权利。知识产权的专有性主要表现在两个方面：第一，无形财产为权利人所独占，权利人垄断这种专有权利并受到严格保护，没有法律规定或未经权利人许可，任何人不得使用权利人的知识产品；第二，对同一项智力成果，不允许有两个或两个以上同一属性的知识产权并存。知识产权的排他效力不同于物权：第一，法律赋予知识产权以独占或排他的效力，不同类型知识产权的专有形式法律有不同规定。物权的排他性表现为物权人排斥他人对标的物进行不法侵占、妨害或毁损，知识产权的排他性则主要是排斥他人对智力成果进行不法仿制、假冒或剽窃；第二，知识产权的专有性受地域和时间的限制。物权人行使对物的权利，既不允许他人干涉，也不需要他人积极协助，无地域和时间的限制，而知识产权往往要在一定空间地域和有效期限内才发生效力。

1.1.2.2 地域性

知识产权的地域性是指知识产权只能依一定国家的法律产生，又只在其依法产生的领域内有效。一般而言，作为物权标的的"物"受到世界各国法律的保护，A国甲的手机，被甲携到B国之后，仍然受到B国物权法或财产法的保护。但是，在一国受到保护的智力成果到另一国之后可能并不受该国法律保护。例如，基于A国的法律，乙就某项技术在A国申请专利并取得专利权，在该国受法律保护，若乙将该项技术携到B国，但没在B国申请专利，则该项技术并不受B国法律保护；即使乙在B国申请该项技术的专利权，根据B国法律，该项技术也可能不具备该国法律所规定的授予专利权的条件而不授予专利权，在这种情况下，该项技术在该国同样没受到法律保护。

有的学者认为，地域性不是知识产权的独有特征。民事权利都有一定的地域性。各国法律对民事权利的保护并非完全一致，由此产生了国际私法，对各国实体法之间的冲突采用冲突法调整及实体法调整。"有形财产适用财产取得地法"这一冲突法规则，恰恰证明了物权也具有地域性。知识产权之所以凸显出比物权更强的地域性，是由于知识产权法律制度产生较晚，相关理念未深入人心，加之各国经济文化差距较大，导致各国法律规定差距较大造成的。我们认为，知识产权的地域性同其他民事权利的地域性并不完全一致，作为知识财产的知识产权客体在各国并不当然受到法律保护，而物权客体一般受到世界各国的普遍保护；知识产权，特别是工业产权，在世界各国一般都有一个确权程序，否则不受该国法律保护，而物权客体在国与国之间流动时并不需要这样的确权程序。随着世界经济的发展，尽管各国先后签订了一些保护知识产权的国际公约，成立了一些全球性或区域性的国际组织，在世界范围内建立了一套知识产权国际保护制度。使得一国承认或授予的知识产权，根据国际公约在缔约国发生域外效力成为可能。但是，知识产权的地域性特点没有动摇，是否授予权利，如何保护权利，仍须由各缔约国按照其国内法来决定。

1.1.2.3　时间性

知识产权的时间性是指知识产权的效力受法律规定的期间的限制，超过该期间，知识产权绝对消灭，知识财产进入公共领域，而不再是法律意义上的财产，可以为人类所共同使用，不再受法律保护。

众所周知，所有权不受时间限制，只要其客体——"物"没有灭失，权利即受到法律保护。关于所有权的这一特征，罗马法学家将其概括为"永续性"，即"所有权与所有权的标的物相始终，不因所有人是否行使其权利或权利主体的变更而永续存在，直到标的物的消灭"。其实，所有权的永续性在许多情况下存在着事实不能，这是因为该项权利的永续状态是以其标的物的存在为前提的，倘若该物发生灭失、毁损，原所有权人就可能"无所有"了。而知识产权的标的即知识财产，作为一种非物质形态的智力产物则不可能发生毁损、灭失，即具有事实意义上的"永续性"或"永恒性"，但法律却断然限定该类权利只在一定期间内（如专利 20 年，著作权 50 年）有效。

关于知识产权的特征，有学者还提出知识产权具有无形性，有形财产所有人行使权利时，转让的是物本身，而无形财产所有人转让的是一种权利，如专利权、复制权、许可使用权，而非专利产品、作品、商标本身。我们认为，该观点混淆了知识产权和知识产权客体，认为知识产权客体具有无形性，因此得出知识产权具有无形性的结论，是以物权中的"物"与知识产权中的"权"相比较而得出的，其中出现了逻辑上的错误。当然，认为知识产权的"权"具有无形性，这也不具有概括知识产权特征的实际价值，实际上，"无形"是任何一种权利和社会关系的共同属性，因为权利本身不是物质实体。不仅知识产权是无形的，物权、债权也是无形的。因此，知识产权的特征只有专有性、地域性和时间性，而不包括“无形性”。至于也有学者提出知识产权的可复制性的观点，由于可复制性仅为知识产权客体的特征，而不属于知识产权的特征，所以这种说法也不正确。

1.2　知识产权的客体

1.2.1　知识产权的客体——知识财产

民事权利客体即民事法律关系客体，客体为法律保护的特定利益之本体，亦可称为权利的标的或权利的对象。知识产权的客体是指知识产权的标的，即知识产权的对象。

在我国，学者对于知识产权客体的外延认识基本统一，如基本包括作品、专利、商标等。但对于这些外延所共同具备的内涵，则有不同的看法。归纳起来，我国学界关于知识产权的客体的看法，主要有以下几种观点：智力成果说，无形财产说，知识产品说，信息说。下面对这些观点进行简单介绍和评述。

智力成果说（或精神成果说）：持该观点的学者将知识产权的权利客体归结为“智力成果”，并且强调其价值不能用货币衡量。该学说对于构建整个知识产权法律体系作用显著，但用“智力成果”来说明知识产权的客体仍有其难以克服的不足之处。它的范围过于辽阔，它的界限十分模糊。一方面，智力成果一词囊括的内容太多，许多智力成果并不属于知识产权客体；另一方面，作为知识产权客体的许多商业标识很难算得上是什么智力成果。而且，该学说未能突出知识产权客体的商品属性和财产价值，因此未能反映出知识产权客体的本质特征。

无形财产说：有学者认为，知识产权对象的共同特点为无形的非物质财产。该学说认为，作品是具有财产意义的抽象物。该学说从感官描述的角度上认为作品是无形财产，对于人们理解知识产权客体的本质特征是有帮助的，但“无形财产”这一概念的外延十分广泛，究竟什么是“无形财产”本身在不同国家有着不同的理解，或指智力创造性成果（如日本），或指特定财产权利（如法国），或泛指一切具有财产意义之抽象物（如英国）。而且，无形财产与知识产权侵权活动中的复制、模仿、假冒等很难协调，因为，既然客体无形，那么在侵权活动中怎么可能复制、模仿、假冒？

知识产品说：该观点认为，知识产权的对象为知识产品，即人们在科学、技术、文化等知识形态领域中所创造的精神产品。作品是人们在科学、技术、文化等精神领域中所创造的产品。该学说认识到了知识产权客体能够为相关主体带来物质利益这一显著特征。但是知识产品与知识产权客体的范围明显不同，知识产品属于物质世界，是“第一世界”，知识产权的客体属于“第三世界”，这种观点易使人们对知识产权客体与知识产权物质载体相混淆。

信息说：该观点认为，知识产权的对象为财产性信息。该学说认为，客观世界是由物质、能量、信息组成。在物质和能量上设定的财产权为物权，在人类的智力成果这种信息上设定现代意义上的财产权称为知识产权。该学说可以引起我们对知识产权对象、著作权对象、信息的本质等进行深入思考，有一定学术价值。然而，该学说在逻辑上的漏洞显而易见，信息属于“第一世界”，属于物质层面，知识产权的客体属于“第三世界”，信息和知识产权客体不属于同一类事物。

综观以上各种观点，我们认为，将“信息”、“知识产品”这样的概念作为知识产权的客体，本身就存在着逻辑不清和观念混淆问题，明显不当。将知识产权的客体界定为“无形财产”，同样似是而非，他将无法解释知识产权法中的“复制、模仿、假冒”等行为，无法解释侵权行为中行为人究竟是在“复制什么？模仿什么？假冒什么？”显然，复制、模仿、假冒的一定是某种对象，即知识产权客体，如果将客体理解为“无形”，则很难理解无形的东西如何复制、模仿、假冒，所以，将知识产权客体界定为“无形财产”，并不正确。将知识产权的客体界定为“智力成果”，尽管不存在着逻辑上的问题，但是由于所涵盖的范围太大，过于模糊，所以，也不妥当。

我们认为，知识产权的客体是“知识”（或称“知识财产”）。正如物权的客体是“物”一样，知识产权法的客体当然可界定为“知识”。在物权法领域，从物理意义上看，“物”是一个包罗万象的概念，而物权法上的“物”，是指除人的身体之外，凡能为人力所支配，具有独立性，能满足人类生活需要的有体物和自然力。这显然将许多物理意义上的物，如一滴油、一滴水、地球、月亮、人的身体等排除在物权法之外。在知识产权领域，尽管从实然意义上讲，“知识”是一个外延广泛的概念，但在知识产权的客体——“知识”的意义上，它只是包罗万象的知识的一部分，它专指合于法律规制的创造性智力成果和工商业标记。这显然也将那些法律规制之外的“知识”排除在知识产权法的保护范围之外。

理解知识产权的客体，即知识财产时，要注意把握以下几点。

1.2.1.1 知识具有客观性

从本体论意义上讲，这个世界由三部分组成，客观物质世界、客观精神世界和主观精神世界。知识财产属于客观精神世界。就人类而言，其精神活动分为两个方面，精神活动的过程和精神活动的结果。精神活动的过程属于主观范畴，精神活动的结果则是作为科学逻辑专门研究的对象。精神活动过程指人们的主观观念或主观意识，精神活动的结果是客观的知识世界。虽然精神活动的结果是人类主观意识的产物,但仍然具有客观性。客观精神的世界并非虚构,而是"现实地"存在着。这种客观意义上的知识同任何人自称自己知道完全无关;它同任何人的信仰也完全无关,同他的赞成、坚持或行动的意向无关。客观意义上的知识是没有认识者的知识:它是没有认识主体的知识。

作为知识产权客体的知识财产的客观性体现在:知识的存在不具有一定的物质形态,不占有一定的空间,知识是"抽象物",这是知识区别于作为客观物质世界的有体物的根本特性。同时,知识要具有客观性,必须"将人之思想及感情依一定形式表现于外部",如著作权的客体"作品为客观上可感知之表达"。"必须通过一定的客观形式表现出来,使智力创造者以外的人能够了解和认识,这种客观表现形式是法律对其实现知识产权保护的条件之一。"知识的客观性使其具有可认知、可复制的特性。

1.2.1.2　知识财产具有非物质性(无体性)

正是因为知识具有客观性,所以它可以成为法律调整的对象。知识财产是知识产权的客体,不同于物,但它具有"似物性"(thing likeness)。之所以有学者将作品称之为"无体物"、"抽象物"等,关键在于民法对有体物有一套细密而完整的规范——从古罗马发展而来的物权制度。由于知识与有体物之间具有相似性,所以物权法律制度必然会对知识产权法有借鉴指导作用。

1.2.1.3　知识财产是有形的,而不是无形的

世界以"体"(质料)与"形"(结构)二要素而存在,人们也只能从这两个要素出发去认识和理解世界。物质世界有"体"也有"形",客观精神世界,即知识的世界无"体"而有"形"。作为知识财产的"形",是指能为人所感知的知识存在方式。作为有"形"存在的知识是确定的、有限的、可感知的,是可复制、可模仿、可假冒的,而不是不可捉摸的,也不是无形的,它只是无实体的。

1.2.1.4　知识财产在时间上具有永存性的特点,在空间上可以无限地再现或复制

知识财产一旦产生出来,呈现一种为人可感知的客观形态,其后,无论是借助形形色色的物质材料作为介质以支撑其存在,还是被抽象转化为意象,存储于大脑的记忆中,就其形式特征而言,具有永不磨灭的性格。知识的有"形"本质和非物质性决定了它是靠表现或传递而存在,并维系其寿命的。除非作为知识的形式全部灭绝和储存于大脑中的知识全部失传这两种情况同时出现,否则知识的寿命是无限的。

由于知识财产一旦被表达出来并予以公开,客观上就为人们提供了共占共享该知识的可能。当其他人获取或利用该知识时,并不导致知识财产的生产者失去

知识，他仍然拥有它，他可以与众多的人不受限制的、互不干扰的、以同样的方式占有和利用知识。知识财产的无体性决定了其在空间上可以无限地再现或复制，决定了它可以同时为多数人占有。

1.2.1.5 知识财产具有公共产品属性

较早对公共产品和私人产品作出区分的是美国经济学家保罗·萨缪尔森。所谓私人产品是指在消费上具有竞争性(rival)和排他性(exclusive)的产品。公共产品是与私人产品相对应的，其在消费上具有非竞争性(nonrival)和非排他性(non-exclusive)。所谓不具有排他性，是指一旦产品被生产出来，产品的生产者可以与他人以同样的方式拥有和利用产品。就某一物而言，比如一辆汽车，它不可能同时在不同的地域或国家被不同的人所占有和利用。物的自然属性决定了物权先天的具有排他性的特点。知识财产则不同，它可以同时在不同的地域或国家被不同的人所占有和利用。

公共产品不具有竞争性是指“每个人对该产品的消费不会造成其他人消费的减少”。比如马路上的路灯，它为夜里行人提供方便。甲使用路灯并不会使乙就丧失了使用的可能性。甲乙双方对路灯的使用不会形成相互竞争的关系，一方的使用不会造成另一方使用机会的减少。知识财产完全具备非竞争性的特点，每个人对知识财产的消费并不会造成他人消费的减少。

但是，作为公共产品的知识财产，它具有非消耗性，而作为物权客体的“物”(包括作为公共产品的“物”)不具有这一特性。路灯总有被消耗的那一天，可能是自然损耗而无法使用，可能遭到人为破坏而归于毁灭。知识财产则不同，它不会通过使用而被消耗掉，某一个人的使用也不会导致另外一个人使用量的减少，也不会影响另外一个人的使用。知识财产的这一特性导致知识产权的脆弱性，知识产权极易受到侵犯。可以说，在知识产权法领域里，法律对权利人所起的作用要比物权法对物权人所起的作用大得多。特别是在信息高速公路、互联网时代，只有通过法律才能够对作者权益予以有效保护。对知识产权的保护而言，法律的作用越来越大，越来越不可缺少。

1.2.2 知识财产与知识载体

知识财产是有“形”的，是无“体”的，是非物质的，但有形的知识财产要为人们所感知，必须借助于一定的物质材料(或质料)加以表现。知识载体，是指支撑知识财产的物质材料。关于知识财产和知识载体的分辨和区别，直接关系到对知识产权本质的理解，在人类数百年的知识产权发展史中，逐渐经历了一个从模糊到清晰的过程。

18世纪末的德国哲学家康德认为:"书是人们写出来的,它包含某人向公众所作的,通过可以看得见的语言符号来表达的讲话,这和书籍的实际外形无关"。康德的观点具有相当的模糊性,但我们从其哲学语言中可以隐约看到的知识(书)与其载体(书籍的实际外形)并不相同。哲学家费希特(Fichte)在康德理论的基础上对知识和载体进行了较为明确的区分:他认为,"书"与其有形化之"书籍制品"判然有别。书籍制品为有体物,成立物之所有权;而用以表达的"形式"(即语言、符号之组合),则应承认著作人之所有权。这种观点将作品(书)与其载体(书籍制品)明确区分,并认为二者应分别为不同的法权制度调整对象,基本形成现代知识产权法中的客体,即知识财产与其载体区分理论。继康德、费希特后,19世纪的德国古典哲学集大成者黑格尔认为,精神技能、科学知识、艺术等"不是自始就是直接的东西,只是通过精神的中介把内在的东西降格为直接性和外在物,才成为直接的东西"。尽管黑格尔站在客观唯心主义的立场上探讨属于精神的技能、科学技术、艺术等内在的东西,但他同样认为内在的东西可以通过中介(载体)而降格为外在物(即知识财产),成为法律调整对象,黑格尔的理论贡献不可埋没。在以上研究成果的基础上,20世纪德国学者乌玛(Ulmer)认为作品并非有体物,乃"无体的标的",而著作制品为"有体的标的",两者应予区分。所谓著作制品,系指著作所附之具体物件,如书籍、照片、乐谱、录音物等,此类物件概属有体物,应为民法上物权之标的。Ulmer的理论已经相当完备,为我们认识知识与其载体的关系具有理论指导意义。

实际上,正如前文所言,根据波普尔的"三个世界"理论,知识属于"第三世界",是客观知识世界,而知识载体属于"第一世界",是物理世界或物理状态的世界。尽管知识离不开物质载体,但知识本身是客观独立存在着的。从法律状态上看,知识为知识产权客体,知识的载体为物权客体。用这种理论来区分作品与其载体,直观显豁,明白易懂,对于我们正确认识知识与其载体的关系具有重要意义。

知识财产与知识载体分属两个不同世界,但是,世界是普遍联系的,知识财产(第三世界,客观知识的世界)与知识载体(第一世界,物质世界)也是相互联系的。一般而言,任何知识财产都离不开知识载体。但就知识财产本身而言,它是可以被抽象化,可以从知识载体中提取出来,可以脱离特定载体而独立存在,可以成为单独的法权所保护的利益,这也为作为独立部门法的知识产权法的存在提供了客观现实性。知识产权中权利人对"知识财产"的利用价值,并不包含知识载体的价值,而是对纯结构或形式的利用权所表现的市场价值。

以上关于知识财产与知识载体的区分在理论上是成立的,但在现实生活中,特别在既已存在物权法制度的前提下,我们同时要将某些物权客体所承载的知识财产作为知识产权法调整对象，在这种情况下如何处理物权与知识产权的关系，是一个需要认真探讨的问题。康德认为物权与著作权相互矛盾，他曾经指出："一本书，从一个角度看，是一种外在（或有形）的工艺产品，它能够为任何一个可以合理地占有一册此书的人所仿制，于是，根据物权他有仿制此书之权利。但是，从另一个角度看，一本书并不仅仅是外在物，而且是出版人对公众的讲话，他受该书作者的委托，是唯一有权公开这样做的人，这就构成一种对人权。"康德的观点是：一方面，根据权利人对载体所享有的物权，权利人有权仿制；另一方面，作品并不是外在物，而是作者人格的延伸，属于作者内在的东西，只有作者才对其拥有权利，他人无权仿制。康德的这种结论实际上是错误的，因为对知识与载体认识的模糊性导致了康德对作品与载体不加区分。康德认为：作品就是载体，载体也就是作品。由此康德得出了一个互相矛盾的结论。

在物权和知识产权（著作权）的关系上，黑格尔也曾提出疑问："把物的所有权跟复制它的可能——这种可能性连物一并给与受让人——分离开来，在概念上是否容许，是否就不会取消了完全和自由的所有权"。"尽管著作品的作者或技术装置的发明者依然是复制这种作品或物品的普通方式和方法的所有人，因为他没有把这种普遍方式和方法直接转让他人，而是把它作为自己特有的表现方法保留下来，然而这种产品的取得者取得了样品之后，即占有作为单一物的样品的完全使用权和价值，因而他是作为单一物的样品之完全而自由的所有人"。"占有作为单一物的样品"的权利人，即物权人，有权占有物的使用权和价值，他是物的"完全而自由的所有人"，那么，物权人是否有权复制其物（该物承载了作品），黑格尔感到踌躇，他怀疑这在"概念上是否容许？"和康德一样，黑格尔对内在的精神创造劳动满怀敬意，也力图为内在精神通过中介的外化成果设计权利保护制度，但是，内在精神如果要成为外部的定在，必然要"栖身"于物质载体，而该载体又是物权保护对象，如何协调物权和著作权的关系，康德、黑格尔都很困惑，甚至认为根本无法找到较好协调二者矛盾的制度。笔者认为，康德、黑格尔在作品与载体关系认识上的根本不足之处在于他们并没有认识到作品的客观独立性。作品当然依存于物质世界而存在，但作品同样是一个自在的客观世界，是属于客观知识的世界。物质世界通过物权法律制度予以调整，作品（属于客观精神世界）通过著作权法律制度加以规范，两种制度可以并存，在理论上不存在矛盾性，在实践中两种制度分别对两个不同客观世界起着调整规范作用。

知识财产和知识载体分属两个不同的客观世界，在世界各国中也分别用两种不同的法律制度调整这两类现象。知识产权法调整属于客观精神世界的知识财产，物权法调整客观物质世界的物（包括知识载体）。表面上两种制度调整各不相同的领域，彼此可以相安无事。但是，由于知识财产必然存身于物质载体，知识产权与物权发生冲突的可能性仍然存在，特别是当载体具有唯一性或知识财产价值主要体现在最初的原始载体上时，情况更是如此。比如，在我国，就发生过这样的事例，曾被载入中国美术史册的壁画名作《赤壁之战》在湖北省武汉市晴川饭店装修过程中被拆毁。创作此壁画的四位画家向武汉中级法院起诉晴川饭店和湖南省旅游局等侵害其著作权。湖北省武汉市晴川饭店行使物权人权利拆除壁画所在墙壁，势必影响四位画家的著作权的行使，如保持作品完整权和展览权等，其他的权利行使也无不以接触或使用作品载体为前提。在建筑作品著作权和物权分离时也是同样道理，美国著作权法第 120 条(b)项规定："体现建筑作品的建筑物的所有人可以不经该建筑作品的版权所有人或作者的同意而改动或授权他人改动建筑物、毁坏或授权他人毁坏建筑物。"由此可见，在有些时候，知识产权和物权的冲突为不可避免。在这种物权和知识权分别属于不同的主体的情况下，如果知识产权人行使权利，要以接触和使用知识载体为前提，这势必和物权人发生冲突。当知识产权人与物权人不能彼此达成一致时，知识产权会因物权的对抗而无法实现。当这种情况发生后，基于物权人对作为知识载体的物在事实上的管领、占有和控制，而著作权人对作品的控制为法律上的拟制控制，所以，当知识产权和物权发生冲突时，知识产权通常让位于物权。

1.3　知识产权的分类和性质

1.3.1　知识产权的分类

可以从两个不同角度对知识产权进行分类。一种是以对知识的消费方式为标准，可以将知识产权分为著作权和工业产权；另一种是知识产权价值的来源为标准，可以将知识产权分为创造性智力成果权和工商业标记权。

1.3.1.1　著作权和工业产权

著作权的客体又称作品，包括文学、艺术和自然科学、社会科学、工程技术等领域内的作品。根据我国著作权法的规定，著作权客体包括文字作品、口述作品、音乐、戏剧、曲艺、舞蹈、杂技艺术作品、美术、建筑作品、摄影作品、电影作品和以类似摄制电影的方法创作的作品、工程设计图、产品设计图、地图、示意图等图形作品和模型作品、计算机软件以及法律、行政法规规定的其他作品。一般而言，著作权客体的主要功能是赏心悦目，以满足人们的审美需求或精神需求为目的。

工业产权是指著作权以外的知识产权，其客体主要是以实现人们的衣食住行等生产、生活功能，满足人们物质需求的知识财产，另外，还包括以实现规范市场经济秩序为目的的符号、标记类型的知识财产。传统上人们认为，工业产权主要包括专利权和商标权。但是随着经济的发展和国际化进程的加快，工业产权，除了传统的专利权、商标权之外，国际公约、各国立法或判例已将知识产权的客体范围扩大了很多。具体而言，工业产权所涉及的客体除了包括传统意义上的科学技术发明、工业品外观设计、实用新型、商标之外，还包括地理标记、服务标记、商号或商业名称、集成电路布图设计、未披露的信息、科学发现、卫星信号、特许经营、域名、禁止与知识产权有关的不正当竞争等。下面就这些新增的工业产权客体做简要介绍。

(1)地理标志(geographical indications)。TRIPs 规定地理标志指货物来源的成员的领土的一个区域或一个地方的标志。

(2)集成电路布图(layout-design of integrated circuits)。世界知识产权组织《关于集成电路知识产权条约》对此予以保护，TRIPs 基本延续了该条约的内容。国内学者认为集成电路布图具有与传统著作权与工业产权不同的特点。

(3)商号或商业名称(commercial name)。《巴黎公约》第 8 条予以保护。

(4)未披露信息(undisclosed information)。1979 年美国全国统一州法委员会通过《统一商业秘密法》。英国衡平法中的违反信任法对尚未向公众发表的事物予以保护。在 TRIPs 中，规定未披露的信息要获得保护，须满足秘密的、有商业价值的、已采取了合理保护措施等条件。

(5)科学发现(scientific discovery)。《建立世界知识产权组织公约》将其列入知识产权的保护范围。但是否予以保护，各国立法实践中存在争议。一般认为发现的对象是客观世界固有的本质及规律，而不是人类的创造物，产生方式上不具有创造性，而且予以私权保护也不利于社会整体利益。但有的学者认为我国《民法通则》中知识产权一章明确规定了发现权，《自然科学奖励条例》中也保护科学发现。而且从理论上说，科学发现是智力创作之母，虽不直接创造财富，但其财产价值无法估算。不应把知识产权的财产性质作为法律保护的唯一理由，将财产权不占主导地位的发现权列为知识产权法的保护范围并无必要。

(6)载有节目的卫星信号(programme-carrying signals transmitted by satellite)。1974 年的《关于播送由人造卫星传播的载有节目信号公约》保护由卫星发出、供转播之用的节目信号。

(7)特许经营(franchising)。世界知识产权组织曾颁布《特许经营指引》，建议对特许经营权给予保护。

(8)域名(web-site domain name)。《中国互联网络域名注册暂行管理办法》对域名注册、管理进行了行政规范，而最高人民法院也出台《关于审理涉及计算机网络域名民事纠纷案件适用法律若干问题的解释》，对域名权给予保护。

1.3.1.2 创造性智力成果权和工商业标记权

创造性智力成果权的价值直接来源于对该成果的商业利用。比如，获得专利权保护的技术方案的实施或新产品的制造、对文学艺术作品的复制发行或其他方式的传播，都会给权利人带来收益。在这里，创造性智力成果本身是权利人获取财产收益的价值源泉。创造性智力成果权包括专利权和著作权。

相反，工商业标记权，主要是指商标权，作为权利客体的标记本身不是权利人获得财产收益的价值源泉。工商业标记的价值，来源于所标记的商品或服务，来源于它所标记的工商业主体的商业信誉，是市场评价的反映，它们之间是“标”和“本”或“流”与“源”之间的关系。工商业标记本身不产生商业信誉，它的功能只是凝结储存和转移商品或服务，以及工商业主体的商业信誉。所以，工商业标记的价值，只是商品和服务市场信誉的价值符号，而非标记本身的价值。即便工商业标记本身的设计独具匠心，是一项具有独创性的智力成果，该标记本身的价值，与作为工商业标记权客体的标记的价值，是没有关系的。

1.3.2 知识产权的性质

1.3.2.1 知识产权是私权

政治国家和市民社会是人类创造并生存其中的两个最基本的组织体，法律调整的范围包括政治国家，亦包括市民社会。但是，由于政治国家和市民社会二者代表了不同的价值导向，分属两个完全不同的领域，所以法律调整这两个领域的规则也完全不同。政治国家是法律赋予相关组织垄断的、自上而下强制性权力的公共权威领域，它规范国家结构形式及其运作方式，规范国家与个人在政治生活领域中的运作。凡以保护国家公益为目的的法律为公法，包括宪法、行政法、刑法等法律部门规范政治国家的法律称之为公法，公法的基本原则强调强制性和法定性。在公法领域的权利形态称之为公权，即人们在政治领域和社会公共事务方面的权利，公权受法律的严格限制。

而市民社会是“是各个成员作为独立的单个人的联合”，它包括非国家的社会生活一切领域的秩序、结构和过程。市民社会是生产、交换的自由场所，是市民间的自由组织关系，体现着人的基础的也是原生的权利，以维护其私人利益为目的。调整市民社会的法称之为私法，私法以保护私人利益为目的，私法的基本原则是平等原则与意思自治原则。在私法领域的权利形态称之为私权，即人们在经济领域和民间的和私人的事务方面的权利，私权原则上不受任何限制。

私权理论的确立与传播即是在政治国家和市民社会的二元区分的基础上发展而来的，市民社会的成长刺激人们对私人利益的追求，而法治体系的发达则为私人利益的正当性提供了确实的论证基础，两者的结合自然就产生了私权的法律概念。在西方自然法理论认为，私权是个人有自我保护的权利或有生存、自由和获取财产的权利，是一种自然权利（natural right），是“天赋人权”。

关于知识产权的权利属性，《知识产权协定》在其序言中明确宣示“知识产权为私权”，以私权名义强调了知识财产私有的法律形式。这在制度层面上为私人提供了获取财产的新方式，知识财产是独立于传统意义上“物”之外的另类客体。正是由于商品经济和科学技术的发展和推动，才产生了一种与有形财产不同的新型财产形式。这一制度，最先为资本主义国家所承认，尔后为其他各国普遍接受。将知识产权界定为私权，对鼓励技术创新，强化对知识产权的保护具有重要意义，对权利人的人格保障和人格发展具有重要意义，对于市场经济的建设具有重要意义。

作为私权的知识产权有如下特点：第一，它是“自然权利”。知识产权是“天赋”的、“与生俱来”的，它不应由国家特许而产生；知识产权是超时代、超社会的普遍权利，它不可能是个别的、局部的行政庇护。第二，知识产权应该受到法律的严格保护。知识财产的非物质性和可复制性决定了知识产权极易受到侵犯，在“窃书不为盗”的大环境中，人们的知识产权法律意识不高，知识产权更是经常受到侵犯，所以，在现代社会中，知识产权更应该受到法律的严格保护。

知识产权的私权性质，说明了它具有其他私权形态（如物权）所具有的共同属性。但是，就法律价值目标而言，知识产权与物权是有区别的，在传统私法理论中，物权被描绘成权利人对物绝对支配与排他独占的权利，是一个绝对化的私权领域。在知识产权法领域中，知识财产的公共产品属性就决定了对知识财产赋予私权保护在理论上具有一定程度的矛盾性，这在一定程度上会造成公权和私权的界限模糊和相互矛盾。实际上，人类的任何创造，都是基于人类数千年所积累的公共知识的基础之上被产生的。正因为如此，把知识财产的利益在特定的时期内归属于某个具体的人，以及这种归属带来的所有伦理的、阐释的和法律的意含，只能是文化的构筑物。所以，一方面，我们重申知识产权是私权，强调对知识产权的保护对于鼓励创新和保障权利人人格发展具有重要意义，但是，另一方面，我们也应强调知识产权的目的是为了形成一个思想自由的市场而不是造成对思想不适当的垄断，在认真保护知识产权的同时，我们同样应警惕与防范“知识霸权”，知识产权保护的范围应体现政策的平衡调整机制，这要求政策制定者对权利人予以保护的利益和一个充满活力的公共知识领域的利益之间进行权衡。因此，知识产权的保护，并不是绝对的，而是受到法律的严格限制。

1.3.2.2 知识产权是财产权

以权利所含实现利益的性质为区分标准，可以将权利分为财产权和人身权。凡以财产利益为直接实现的权利或者说以涉向财产利益的事物为标的的权利，称财产权。凡以主体自身的人身利益为实现的权利，称人身权，也称非财产权。财产权是以财产为客体的权利。财产权所体现的生活利益具有经济价值，可以给予经济评价，财产权可以移转。人身权是以自然人和法人的人身性要素为客体的权利，人身权所体现的利益与个人尊严密切相关，不具有经济价值，人身权与其主体不可分离。

在我国，关于知识产权的属性，有学者认为，知识产权具有人身权与财产权的双重属性。该观点认为，智力成果是一种精神财产，是社会财产的组成部分，同时，作为人类脑力劳动的产物，也体现一般劳动者的个性，从而包括人身权的内容。因此，知识产权大多具有人身权与财产权的双重属性。实际上，所谓知识产权的人身权属性，是这些论述中提到的“专利权中的人身权”、“著作权中的人身权”。我们认为这些提法并不成立。就专利法而言，专利权是经过行政审查、批准、授予后方产生的一种权利。而发明人就其发明所享有的署名权，与专利权本身，甚至与是否授予专利权都无关系。署名权是发明人的权利，而非专利权人的权利。当专利权发生转移，专利权人变更的情况下，发明人的资格是不会变化的。总而言之，署名权并不是专利权的范畴。在著作权法领域，情况要相对复杂一些，我国学界通常认为著作权具有人身权属性，即著作权人的发表权、署名权、修改权和保持作品完整权。实际上，深入进行分析，这些权利也并不全都具有人身权的特点。著作权中的发表权是指决定作品是否公之于众的权利。的确，作品是作者思想情感的表达，是否披露发表应该由作者来决定，将发表权定性为人身权我们并无疑义。但是，综观世界各国著作权法，发表权并不是普遍受到保护，《伯尔尼公约》也没有保护发表权的规定。至于署名权，与作者并不具有不可分离的关系，我国著作权法中关于法人或者非法人单位可以视为作者的规定，就表明了作品和作者是可以分离的，所以将署名权定性为人身权并不妥当。关于修改权和保护作品完整权，由于同样不具备“人身权与其主体不可分离”的特性，所以也很难就将修改权和保护作品完整权定性为人身权。我国著作权法规定，修改权是作者“修改或者授权他人修改作品的权利”，该定义本身就表明了修改权与作者并不具有不可分离的关系；我国著作权法也规定，作者的保护作品完整权的保护期不受限制。《著作权法实施条例》规定，作者死亡后，其著作权中的保护作品完整权由作者的继承人、受遗赠人或者著作权主管部门保护。这也表明,我国著作权法所规定的保护作品完整权本身就是可以与作者特定的人身相分离的一种权利。根据我国法律的这些规定,所以,将修改权和保护作品完整权定性为人身权并不妥当。

综上所述,我们认为,认为知识产权具有财产权和人身权双重属性的观点并不正确。知识产权以知识财产为标的,知识财产所体现的利益具有经济价值,可以给予经济评价,也可以转移,因此,知识产权是财产权。就知识产权的语源来看,知识产权一词的英文 Intellectual Property,其本意就是“智慧财产权”。知识产权就是人们对“智力成果”所享有的财产专有或独占权。智力成果是无体(非物质)财产,知识产权的属性是财产权。而当人们论及知识产权时,却不加分析地把它说成是财产权和人身权的结合,这是一个逻辑错误和理论失误。

1.3.2.3 知识产权是支配权

权利以其作用为标准,可分为支配权、请求权、抗辩权及形成权。支配权是指权利主体可直接对权利客体予以支配并排除他人干涉的权利。请求权是指请求他人为一定行为或不为一定行为的权利。抗辩权是指对抗请求权的权利。形成权是指权利人得以单方意思表示而使法律关系发生变动的权利。知识产权属于支配权。知识产权是一种对无体财产,比如,精神产物或发明等的支配权,它们是一种在时间上有限制、排除他人对这一财产的使用或变价的权利。和物权一样,无体财产也具有一个和人身分离的客体,只不过这个客体是无体的。

知识产权作为支配权,其第一层含义是指权利人可以在知识产权存续期间长久的或暂时的支配知识财产,而不需他人行为的介入,权利人即可实现其权利。也就是说,法律制度一般承认知识产权人自己的意愿对知识财产的使用收益起决定作用。第二层含义是指知识产权权利人有权禁止他人妨碍其对知识财产的支配,有权排除他人对其知识财产的侵犯。具体而言,著作权人有权排斥那些对自己有独创性的表现形式未经许可的利用,但不能排斥他人独立完成的与之相近似和相同的作品也取得同样的权利。专利权人有权排除他人实施其专利技术,并有权排除他人独立创造的相同技术发明。商标权的排他性权利所涉及的范围,要大于商标权的独占性权利的范围。根据我国《商标法》及其《实施细则》的规定,商标专用权的权利保护范围,即商标权的排他性权利的范围,除核准注册的商标和核定使用的商品之外,还包括与注册商标相近似的商标和与该注册商标核定使用的商品相类似的商品。商标权的排他性权利范围大于独占性权利范围,也是世界各商标法律制度的通例。

1.4 知识产权法的概念、历史和性质

1.4.1 知识产权法概念

知识产权法是调整和规范知识财产的归属、行使、管理和保护等活动中产生的社会关系的法律规范的总称。知识产权法的综合性和技术性特征十分明显，在知识产权法中，既有私法规范，也有公法规范；既有实体法规范，也有程序法规范。知识产权法的概念有广义和狭义之分。广义的知识产权法，即实质意义上的知识产权，不仅包括私法中有关知识产权的法律规范，还包括公法中保护知识产权的法律规范，如宪法、刑法、行政法等。狭义上的知识产权法，即形式意义上的知识产权法，是指按照一定的体例编撰的知识产权法律规范。从立法层面看，它又分为知识产权普通法和知识产权特别法。知识产权普通法是各种具体知识产权共性的法律规范，知识产权特别法是针对特定知识产权领域而制定的法律规范，如《著作权法》、《专利法》、《商标法》等。我国现在还没有知识产权普通法，但较为完备的知识产权法特别法体系已经确立。

知识产权法律体系一般包括以下几种法律制度：①著作权法律制度；②专利权法律制度；③著作权法律制度；④商标权法律制度；⑤商号权法律制度；⑥产地标记权法律制度；⑦商业秘密权法律制度；⑧反不正当竞争法律制度。

1.4.2 知识产权法的起源和发展

1.4.2.1 知识产权法的产生和发展

回顾知识产权的发展历史，知识产权起初只是封建社会的特权，最初并不是一项民事权利，但这种特权后来发展演变为如今的一项民事权利。通常认为，知识产权起源于15世纪的意大利。世界上最早对发明创造给予专利法保护的法规是1474年威尼斯颁布的。该法初步确立了现代专利制度的基本要素。其后，1624年英国颁布了堪称现代专利法鼻祖的《垄断法》，这部法实际上是保护专利权的法律，使英国成为世界上最早实行知识产权制度的国家。根据这部法律规定：专利权授予最初的发明人；专利权人有权在国内制造和使用该项发明；发明必须在英国国内是新颖的；专利无效的情形包括违反法律、有碍贸易及引起商品涨价，有害国家利益的；专利有效期为14年。这部法律确立了专利制度的基本原则和框架，该法对后来各国建立专利制度产生的深远影响。18世纪末、19世纪初，欧美各国相继实行专利制度。美国于1790年颁布了《专利法》，这部《专利法》是当时世界上最系

统、最全面的专利法。之后，法国于1791年、荷兰于1817年、德国于1877年、日本于1885年都颁布了自己的《专利法》。专利制度的建立，极大地激发了人们的创造热情，蒸汽机、发电机、炸药、电话、电灯、汽车、人造纤维和无线电等一系列重大发明相继出现，推动生产力的发展、加速了经济进步。

人类造纸和印刷技术的发明，以及以书籍为载体的科学技术知识、文学艺术作品的广泛传播，产生了对堆积印刷发行商的利益以及作者利益的保护需求。1709年英国的《安娜女王法》是世界第一部著作权法。《安娜女王法》明确指出：颁布此法的主要目的在于防止印刷者不经作者同意就擅自印刷、翻印或出版作者的作品，以鼓励有学问、有知识的人编辑或写作有益的作品。在该法正文的第1条中指出作者是第一个应当享有作品中的无形产权的人，这一宣示是具有重要意义的，使得作者的利益得到强调，现代意义上的著作权也即产生。随后欧美各国也建立了著作权制度。18世纪末，法国大革命时期诞生出的版权法，把版权保护制度推向了一个新的阶段，也就是开始保护作者。1791年，法国颁布保护作者权利之一的《表演权法》，1793年，又颁布了全面的《作者权法》，使版权法从标题到内容离开了"印刷"、"出版"等专有权的基点，注重于保护作者的权利。其后，欧美各国相继也建立了著作权法律制度。

商标、商号等工商业标记在历史上出现很早，但商标保护制度的建立则是17世纪后的事情。1618年英国出现了第一个经法院判决，保护商品提供者专用标识的案例。1804年法国颁布的《拿破仑民法典》，第一次肯定了商标权应与其他财产权同样受到保护。1803年与1809年，法国还先后颁布了两个《备案商标保护法令》，这是最早的保护商标权的成文法，法国是为商标提供注册保护的创始国。1857年，法国又颁布了一部首次确立了全面注册的商标保护制度的更系统的商标保护法——《商标权法》。继法国之后，英国于1862年颁布了成文《商标法》，美国于1870年颁布了《商标法》，德国于1874年颁布了《注册商标法》。现代意义上的商标保护法律制度在欧美各国相继建立。

由于知识产权的客体具有可传播性和国际化的特征，这就要求知识产权制度给予相应的协调和保护。为了相互保护工业产权，1883年，比利时、法国和瑞士等10多个国家缔结了《保护工业产权巴黎公约》，该公约成为国际间保护工业产权的基本公约。100多年来，该公约经过多次修改与完善，适用于越来越多的国家，目前该公约成员国已经发展到100多个，已经成为最重要的知识产权公约之一。在《巴黎公约》中，主要规定了以下内容：国民待遇、优先权、临时性保护、宽限期，另外还规定对于专利和商标等的最低要求。《巴黎公约》保证了一个成员国的国民在申请和取得专利、注册商标等工业产权方面，在其他成员国内享有某些统一的、最低限度的权利，有利于专利技术在国际上的转让活动。

在著作权领域，1886 年以欧洲为主导出现了国际间相互保护著作权的《伯尔尼公约》。该公约于 1896 年在巴黎增补一次，1908 年在柏林修订一次，1914 年在伯尔尼又对柏林文本增补一次，1928 年、1948 年、1967 年及 1971 年又分别在罗马、布鲁塞尔、斯德哥尔摩和巴黎进行了修订。该公约现有的最新文本即 1971 年巴黎文本。1979 年对这个文本的个别行政条款作了一些小的修改，但仍称为"1971 年巴黎文本"。该公约主要规定了国民待遇原则、自动保护原则、版权独立性原则、经济权利、精神权利、权利保护期、追溯力及对发展中国家的优惠。这些规定对国际间著作权的保护和贸易具有重要意义。

20 世纪末，随着世界经济一体化进程的加速，知识产权在国际贸易中的地位日益突出。在此背景下，以美国为首的发达国家积极提议加强知识产权保护的国际合作，通过签订新的条约来保护知识产权。1995 年 1 月 1 日世界贸易组织(WTO)成立，该组织把国际贸易划分为货物贸易、知识产权贸易和服务贸易。知识产权贸易作为世界贸易组织的三大支柱之一，在全球经济中扮演着重要角色。随着世界贸易组织的成立，规范知识产权贸易的知识产权多边条约与贸易有关的知识产权协议(Trade Related Aspects of Intellectual Property Rights，TRIPs)也于 1995 年 1 月 1 日开始生效。该条约是迄今为止最具综合性的知识产权多边条约，把对知识产权的国际保护水平推向了一个前所未有的高度。它规定了国民待遇与最惠国待遇的基本原则，将知识产权保护的范围扩大到相当广泛的领域，对不同知识产权保护规定的具体条款，并有知识产权保护的执法程序条款、临时措施与边境措施、其他程序条款如权利的获得与维持程序、TRIPs 成员之间的争端解决程序等。TRIPs 知识产权的国际间保护必将产生深远的影响。

1.4.2.2 我国的知识产权制度

我国现代意义上的知识产权制度是从近代才开始的。清末开始引入西方知识产权法律制度，进行知识产权立法；后来的国民党政府在清末立法和北洋政府立法的基础上制定了著作权法、专利法和商标法，建立了知识产权法律制度。中华人民共和国成立后，在 20 世纪五六十年代，先后制定了一些有关知识产权方面的法规，实行过短期的专利保护制度与商标保护制度，以及对版权中的印刷复制权的有限承认。但这些随后的一系列政治运动都中止了。而且由于经济和政治条件的限制，那时的我国根本不可能建立起完备的知识产权制度。

1973 年，中国国际贸易促进会代表团首次出席了世界知识产权组织的领导机构会议，回国后该团在写给周恩来的"在中国建立知识产权制度"的建议报告中，首次使用了"知识产权"这一术语。改革开放以后，知识产权制度得到长足的发展。

1982年，我国颁布了《商标法》，1984年颁布了《专利法》，1990年颁布了《著作权法》。至此，我国法制建设总框架中的知识产权保护体系基本形成。1993年、2001年我国两次对《商标法》进行了修订，1992年、2000年我国两次对《专利法》进行了修订。2001年、2010年我国两次对《著作权法》进行了修订。迄今为止，我国已经建立了比较完善的知识产权法律制度。

在参加世界国际公约方面，我国于1984年11月加入《保护工业产权巴黎公约》的斯德哥尔摩文本，1985年3月19日正式成为该公约的成员国；1992年7月15日我国申请加入《保护文学艺术作品伯尔尼公约》，1992年10月15日起该公约对我国生效；1993年12月15日，我国签署了关税与贸易总协定（GW）乌拉圭回合谈判所达成的《与贸易有关的知识产权协议》（TRIPs），并于2001年正式成为世界贸易组织的成员。

1.4.3 知识产权法的作用和功能

在近300年时间里，知识产权相继为世界各国所接受。无论任何国家、任何社会制度与国情，知识产权制度通过设计财产关系，在创立产业、发展经济、激发人民群众的创造热情，促进技术进步和经济文化发展方面起到了无可比拟的作用。知识产权制度是维护人类创造特权的法律保障，也是增加国家和经济组织竞争力的加速器。

1.4.3.1 知识产权法的经济功能

17世纪英国思想家洛克认为“每人对他自己的人身享有一种所有权，除他以外任何人都没有这种权利。他的身体所从事的劳动和他的双手所进行的工作，我们可以说，是正当的属于他的”。洛克在《论国民政府的两个条约》中指出：作者在创作作品时花费的时间和劳动，与其他劳动成果的创作人的花费没有什么不同，因此作品也应当像其他劳动成品一样，获得应有的报酬。霍布斯认为“一个人所说的话和他的行为被认为是……他自己的”，霍布斯认为只有这样，人才是一个“自然的人”，既然一个人拥有他“所说的话和他的行为”，这些思想为著作权法的指定提供了理论依据。这种观点将知识产权视为基于劳动而产生的获得报酬的权利，知识产权法是调整贸易、商业和技术的手段。知识产权法通过对知识财产的权利人提供保护，以促进本国经济的发展。中国改革开放和知识产权30多年的伟大实践证明，知识产权制度对建立现代生产手段、创立以高科技为支柱的现代产业，对提高我国的科技水平和国际竞争力，对扩大国际经济技术交流和吸收投资，对中国经济发展、社会进步的作用，对我国政府誓言在不太长的历史时期内，将中国建设成为一个创新型国家，对中国的和平发展，在可预见的时空内，无论怎样的估计，都不会过分。

财产制度是市场经济的基础。知识产权法律制度对于提高生产效率，增加财富，累积资本及保障自由方面，具有重要作用。知识产权法律制度通过法律规定明确知识产权的人己分界，具有定纷止争的维持社会秩序功能。知识产权法律制度将确定知识财产在法定期间内由权利人支配使用，可以自由转让，变更其主体，使知识财产归属于能作较有效率使用之人。这可促进对有限资源的使用、增进知识财产的使用和交换价值，从而有利于社会经济的发展和进步。

知识产权法律制度通过对知识产权人的合法权益的有效保证，促使知识的广泛传播和有效利用，创造了个人利益和社会利益的有效平衡机制，有利于促使实现公平和效率的统一。此外，知识产权法律制度保护依法取得的知识产权，防止对他人知识产权的侵权行为；另一方面，规范知识产权的行使行为，防止依法取得的知识产权被不正当使用，维护了公平的市场竞争秩序。

1.4.3.2 知识产权法的伦理功能

1789 年法国《人权宣言》宣称“自由交流思想和意见”是“最珍贵的人权”。德国哲学家康德也认为“作者决定如何及何时表达的权利是其人格不可分离的一部分”，黑格尔则认为主体可以将其所特有的、精神内在的东西，通过“表达”而给它们以外部的“定在”。这些观点均认为，知识产权是自然的、绝对的和不应受到限制的人权，这种权利是来自创造智力成果的事实行为。智力成果是作者灵性感受的产物，是作者思想和愿望的表现形式。知识产权法律制度从法律上确立人们基于创造性的智力成果而产生的利益是一项财产，权利人可以正当地对其主张权益。知识产权制度为人的解放，让人掌握自己命运，提供了法律保障。

财产制度的主要意义，在于维护个人的自由和尊严。财产是个人经济独立自主的必要基础。没有独立自主的个人，一个民主的社会将难以存在和发展。知识产权制度“给天才的创造力之火添加了利益的柴薪”，该制度鼓励和保障人们的发明创造，鼓励通过劳动获得知识财产，知识产权法律制度具有伦理基础。另一方面，作为财产制度的知识产权法律制度通所有权一样，“固然使人自私，但也会唤醒所有权人对家庭、对后代的关怀，对社会的回馈，具有伦理的价值”。

1.4.4 知识产权法的归类

关于知识产权应归属何种法律部门，学者们在此方面存在一定争议，主要存在以下 5 种观点：①国际公法。有的学者认为，国际间的多边公约及双边条约对整个知识产权法律制度有重大影响。国际公法已成为知识产权法的主要渊源，因此知识产权法应属于国际公法领域。②行政法。此说认为，知识产权法属于行政法范畴。其理由是:从起源上看,知识产权起源于封建社会的"特权"。这种特权,或由君主个人授予、或由封建国家授予、或由代表君主的地方官授予,属于行政性质;从权利的产生看,知识产权的产生(或称"获得")大多源自行政法。除著作权系自动产生外,商标权和专利权的产生均须国家行政管理部门的认可;从国家对知识产权的保护看,各国均设有专门的知识产权管理机构。我国设立了专利局、商标局、版权局以及地方各级相应的行政管理部门,对知识产权实行管理。在知识产权的保护方面,知识产权办公会议、工商局、版权局、技术监督局和海关发挥着重要的职能。③经济法。此说认为,知识产权法尤其是工业产权法客观上涉及多元的社会关系,既涉及横向财产关系又涉及纵向的管理关系,比如,因国家为发展经济推广应用科技成果而在国家同成果所有方、应用方之间形成的关系,企业单位为组织智力成果的开发而形成的企业自身同开发执行人之间的关系,因国家对智力成果转让的价格控制而形成的关系,以及知识产权税收关系等。④单独法律部门。有学者认为,知识产权法在民法、刑法、行政法、国际公法等各个法律部门中部有所反映,归类很勉强,应为独立的法律部门。⑤民事特别法。有学者认为,知识产权制度应属私法领域,但其保护制度多设行政处罚及刑事制裁的规范,具有公法与私法结合的特点,实为保护私权之民事特别法。

我们认为,将知识产权法归入国际公法并不正确。诚然,国际间的多边条约及双边条约对整个知识产权法律制度会有重大影响,这在我国表现得尤其明显。但是,并不能因此就得出知识产权是国际公法的结论。国际公法是指在国际交往中形成的,用以调整国际关系(主要是国家间关系)的,有法律约束力的原则、规则和制度的总称。我们不否认有关知识产权的国际间的多边条约及双边条约具有国际公法的性质,但国际条约与知识产权法本身并不是一回事,我们所说的知识产权法,尽管各国在适用的原则、规则上具有很大的相似甚至相同的性质,但就知识产权法的法律性质而言,它只能是国内法,而不是国际法。知识产权法调整的只能是作为平等主体之间的法律关系,不可能像国际公法那样是国与国之间的关系。

将知识产权法归属于行政法也不正确。所谓行政法,是指行政主体在行使行政职权和接受行政法制监督过程中而与行政相对人、行政法制监督主体之间发生的各种关系,以及行政主体内部发生的各种关系的法律规范的总称。的确,知识产权法调整的社会关系中有一部分在性质上属于行政关系或者纵向经济管理关系,如商标和专利的申请、审批、管理中产生的社会关系等,但是,单凭这一点,并不能得出知识产权法是行政法的结论,正如我们不能因为物权法中有行政管理性质的物权登记制度,就把物权法也定性为行政法一样。无论从知识产权法的制定宗旨还是从法律规范的数量上看,知识产权法都属于私法的范畴。尽管知识产权法也调整相关行政管理机关与相对人的行政管理关系，但是平等主体之间的人身关系和财产关系仍然是其调整的占主导地位的社会关系。另一方面，知识产权的行政主管机关的作用，与管理某些公权利的行政机关的作用完全不同，我们不能在知识产权领域把私权与公权相混淆。正如法学家江平教授强调的："绝不能把商标管理等同于枪支管理"。

同样，我们也不能将知识产权定位为经济法。经济法是国家从整体经济发展的角度，对具有社会公共性的经济活动进行干预、管理和调控的法律规范的总称。知识产权法显然不属于经济法，从立法目的看，经济法是为了克服市场失灵和维护社会公共利益的需要而存在的，知识产权法的立法目的是通过知识产权人的合法利益，鼓励创作，知识产权法是为了捍卫知识财产这一"私权"而存在的。从法律性质上看，经济法立足社会本位，调整纵向经济管理关系，属于公法，知识产权立足个人本位，调整横向的知识财产关系，属于私法。

将知识产权法界定为一个单独的法律部门同样不能成立。按照法理学上划分部门法的标准：①法律所调整的社会关系种类应该是划分部门法的首要的、第一位标准；②社会关系的法律调整的机制是划分部门法的第二位标准。若要将知识产权法归类于一个单独的法律部门，也应从这两方面去判断有无可能和必要。从知识产权法所调整的社会关系上看，它调整的是平等主体之间的知识财产法律关系，这和民法所调整的平等主体之间的财产关系，并无本质不同，是属于包含与被包含的关系。和民法中的物权法相比较，知识产权客体为无体财产，物权客体为有体物，有体物和无体物之间本身存在根本区别，该区别本身只能表明有必要构建有体物归属和无体物归属的单独的法，即物权法和知识产权法，但并不能因此认为，知识产权法与物权法完全不同，知识产权并不属于财产归属的法，调整的并不是平等主体之间的财产关系。所以从法律所调整的社会关系看，知识产权法与民法并无本质区别，与物权法一样，均属于财产归属的法。从社会关系的调整机制来看，民法调整的是平权主体之间的法律关系，属于公民私权领域，强调平等、自愿、公平、有偿，这也是民事法律关系与具有上下隶属的、属于公权领域的刑事法律关系、行政法律关系的本质不同。显然，知识产权法并不归属于调整公权领域的刑事法律、行政法律等法律，所以，知识产权法理应归属调整私权领域的法律部门，而知识产权法和调整私权的基本法即民法所调整的社会关系有无本质不同，所以，将知识产权法界定为一个单独的法律部门并不妥当。

通过以上的分析，我们已经得出了知识产权法不属于国际公法，不属于经济法，不属于行政法，也不属于一个单独的法律部门，显然，知识产权法属于民法。但是，将知识产权法界定为民事特别法的观点也不正确。知识产权法与民法是部分与整体的关系,但是两者不是特别法与一般法的关系。一般法与特别法的划分,是按其法律效力来分的。所谓一般法是指适用于一般的法律关系主体、通常的时间和一个国家管辖的所有地区的法律;特别法是适用于特别的法律关系主体、特别时间和特别的地区的法律。一般法,具有普遍约束力;特别法,则是仅对特定时间、特定空间、特定主体或者特定事项发生效力的法,不具有普遍约束力。民法与商法即是一般法与特别法的关系,因为商法只对特定主体有效(只适用于商事活动主体)。而民法与知识产权法的关系显然与此不同。知识产权法和物权法、合同法、人身权法、亲属法、继承法一样,是民法的一部分。因此,如果发生知识产权法与其他民法的冲突,应以新法优于旧法的原则进行适用,而不应采取著作权法优于民法通则,或者优于物权法的适用规则。

因此,我们认为,知识产权法是民法的一部分。作为保护知识产权基本法律的知识产权法,是以保护私权和私人利益为目的的。知识产权作为民事权利的属性是客观的,它不以人的主观意志而改变。知识产权的发生、行使和保护,适用于所有民法的基本原则和全部的民事规范和制度。脱离民法的基本原则。知识产权制度就会面目全非,无法生存。民法与知识产权法是整体与部分的关系,不是一般法与特别法的关系。知识产权与物权、债权处于民事财产权中的同一位阶。

1.5 知识产权法的基本原则

法律原则是法律的基础性真理或原理,为其他规则提供基础性或本源的综合性规则或原理,是法律行为、法律程序、法律决定的决定性规则。法律原则是立法的基准,是弥补法律漏洞、适用法律的依据,是解决争议法律问题的共同出发点。知识产权法的基本原则主要包括利益平衡原则、一体一权原则、公示公信原则和知识产权法定原则。

1.5.1 利益平衡原则

在制定任何法律规范时,立法者都应对法律所调整的各种利益予以衡量和判断。“利益衡量乃在发现立法者对各种问题或利害冲突,表现在法律秩序内,由法律秩序可观察而得之立法者的价值判断。”知识财产本身的特性即决定了知识产权的权利人的利益和社会公共利益常常处在紧张冲突之中,因此,“利益平衡原则在知识产权法上无处不在,以协调各方面的利益冲突”。利益平衡原则是知识产权法的第一原则。TRIPs 协议第 7 条规定:“知识产权的保护与权利行使,目的在于促进技术的革新、技术的转让与技术的传播,以及以有利于社会及经济福利的方式去促进技术知识的生产者与使用者互利，并促进权利与义务的平衡。”这一规定体现了该协定对利益平衡目标的肯定和重视。知识产权法的利益平衡机制，是国家平衡知识产权人的垄断利益与社会公众接近知识和信息的公众利益以及在此基础之上更广泛地促进科技、文化和经济发展的社会公共利益关系的制度安排。

人类的知识成果无不是在文化传统的基础上创作出来的，知识财产之间一定会存在类似之处。如果世界上没有荷马，那么早晚会有别的什么人写作一首关于复仇、神灵以及为美女而战的诗歌。但是，一旦《伊利亚特》出现了，就很难确定有关这些主题之作品的后来作者是在抄袭《伊利亚特》还是在抄袭生活。知识财产中必须存在权利人付出创造性劳动的东西——在原有人类公共财产的基础上的增加的部分，才具有赋予知识财产法律保护的正当性。“正义乃是使每个人获得其应得的东西的永恒不变的意志。”知识产权具有正当性，这一点人们往往不再有异议，但是，知识产权人对知识财产中享有权利的，即其“所应获得的东西”究竟是什么？这是一个非常复杂可能永远都无法解决的问题。既然任何知识财产不可能绝对独创，那么，当法律在赋予权利人以知识产权保护时，就一个作品而言，该作品究竟哪部分是作者独创的，哪部分是吸取的他人的作品的就是一个非常复杂甚至是一个根本无法划清的问题。在这种情况下，如果对作品反映的思想都予以保护，就存在着把本来属于公有领域的部分划入私人领域的危险，这无疑很不利于文学科学艺术的繁荣。在专利法领域中同样如此。因此，在极难区分知识产权人的创造部分和公共知识的情况下，知识产权法保护的范围只能体现为政策的平衡调整机制，这要求政策制定者对作者作品予以保护的利益和一个充活力的公共知识领域的利益之间进行权衡。

知识产权法律制度本身有其正当性，该制度在激发创新精神和促进经济文化发展方面，发挥了极其重要的作用。但是，就知识产权法律客体——知识财产本身的特性而言，它具有公共产品属性，有非竞争性、非排他性和非消耗性。公共产品具有社会福利性质，是为给社会公众带来利益。一个国家公共产品的种类、数量以及使用方式等都是基于一国公共政策的考虑而予以规定。这明显具有公法的性质。为公共利益服务的本身也决定了任何人都可以自由予以利用，而不可能对其赋予私权保护。所以，对具有公共产品属性的知识财产赋予私权保护，本身是与公共产品的性质相矛盾的。为了协调这一矛盾，必须“在个人权利和社会福利之间创设一种适当的平衡，乃是有关正义的主要考虑之一”。利益平衡原则既是在这种考虑下作为知识产权的首要原则提出来的。知识产权法应在对知识财产予以保护的利益和一个充活力的公共知识领域的利益之间进行权衡。知识产权法是在知识产权人的垄断利益与社会公众利益以及在此基础之上更广泛的社会公共利益之间的一种利益分配、法律选择和整合。一方面，对知识财产赋予法律保护具有正当性，如果没有知识产权法的保护，“几乎很少有作者或艺术家通过向公众出售他们的作品可以获得经济上的激励；所以，法律赋予作品财产权可以促进艺术的繁荣。”另一方面，知识产权法还有另外一个或许是更为重要的目的——促进技术进步和文学艺术的繁荣发展。我们不能通过知识产权使权利人对知识财产据为己有：允许一个人声称是知识的所有者是危险的。这是因为知识产权法为权利人提供一种垄断，并且是明确的垄断权。由于这种垄断而将知识据为己有是灾难性的。一定要得到思想家的同意后再进行创作，创作就会受到阻碍。例如，科学家的思想是发明的基础，但请试想，介绍科学方面取得的进展，必须先得到科学家的许可后才能进行，做起来就太困难了。

1.5.2 一体一权原则

知识产权法中的一体一权原则，与物权法中的一物一权原则具有相通之处。物权为直接支配特定物并排除他人干涉的一种绝对权，为便于物权人明确地支配标的物并确保其物权的实现，自罗马法以来，逐渐在物权理论上推导出“一物一权原则”，并将其奉为物权法的一项基本原则。一物一权原则又称物权特定原则，即一个物权的客体，应以一物为原则，一个物权（尤其是所有权）不能存在于两个物之上。

由于知识产权法客体——知识财产并不属于物权法中的“物”，具有非物质性，所以在知识产权法领域与物权法中的“一物一权”相应的原则我们称之为“一体一权”原则，其目的一方面是将其物权法区别开来，另一方面则又表明知识产权和物权在确定权利客体的归属上是具有相通之处的。知识产权法中的“一体一权”原则，是指一个知识产权客体，应以一个（或一项）知识财产为原则，一个知识产权不能存在两个知识财产上。我国专利法第九条规定：“同样的发明创造只能授予一项专利权。”即是关于发明创造“一体一权”原则的体现。同样的发明创造，不同的发明人在互相毫无知情的情况下，各自独立作出，世界各国的专利法中对该项发明创造的权利保护，无不坚持“一体一权”原则，即该项发明创造只能有一项专利权，至于是先申请者获得，先发明者获得，还是其他情况，各国可有不同的立法体例，这并不影响“一体一权”原则的普适性。

在著作权法领域，作品受到法律保护的标准是该作品是否具有独创性。根据这一标准，不同的人在同一时间各自独立创作完成了相同或相似的作品，该作品也达到了一定创造性的质的要求，则都受著作权法保护，各自取得独立的著作权。诚如我国台湾“最高法院”1992年在一判决中所称：“按著作权所保护者，为著作人独立创作之作品，两作品只要均来自独立之表达而无抄袭之处，纵相雷同，亦仅巧合而已，仍均受著作权法之保护。不得仅依客观上之雷同类似，即认定有抄袭情事……苟非抄袭或复制他人之著作，纵二作者各自独立完成相同或极相似之著作，因二者均属创作，皆应受著作权法之保护。”台湾板桥地方法院1993年在一判决中亦对独立创作详为举例说明：“所谓原创性，简言之即独立创作而非抄袭他人之著作，唯社会事物往往有相同之处，且同一社会均有相同之文化背景，均无法割裂而错综存在，故在相同社会背景与文化熏陶下，多少有其类似情形，如班上学生在相同之静物写生而绘出之图画，其外表模型大致相同，然其用笔着色各有风格，故各生之写生著作仍属其有原创性，准此，即使该著作与他人著作完全相同，并非抄袭他人之著作，而为自己独立之创作结果，即应受著作权之保护。”可见，在著作权理论上，相同的作品是可以同时享有著作权的，只要相同的作品均为独立创作完成，都具有独创性。这是否就意味着在著作权法领域中就不存在着“一体一权”原则的适用问题？

我们认为，根据独创性理论，尽管可以得出如果两人同时创作了相同或相似的作品，则双方可以都享有著作权的结论；尽管存在着如果某人对其独立创作了与早已存在的作品相同的作品，则他仍然可能享有著作权的可能性。但是，现实中发生这种事情的概率太小，这或许是由于“一个事件发生的概率越小，它所包容的信息量就越大，影响也就越大，从而引起人们更多的关注”。或许只有超自然的魔力才可能使这种情况发生，诚如Hand法官所言，“假设一个有魔力的人未曾读过济慈的作品，而重新创作了济慈的抒情诗——希腊人的骨灰缸，他就是作者。如果他就此获得了著作权，其他人即不得抄袭其诗。虽然他们当然可以抄袭济慈的诗。”因此，我们认为，在著作权法领域，“一体一权”原则仍具有适用性和前面所讨论的特殊性。第一，它的几率小到几乎绝无可能，甚至只是人们喜好理论思维的法律遐想，所以可以完全忽略这种情况，“一体一权”原则在著作权法领域中仍有其普遍适用性；第二，即使这种几率极小的可能性存在，我们也完全可以将其视为“一体一权”原则的例外，所以，我们仍然可以认为“一体一权”原则在著作权领域中适用。

1.5.3 公示公信原则

知识产权法中的公示公信原则也与物权法中的公示公信原则相同。所谓知识产权公示原则，是指知识产权的得丧变更，应依法律的规定采用能够为公众所知晓的外部表现形式。知识产权公示的实质内容，是知识产权的权属状况存在或不复存在。知识产权公示的必要性来自交易安全保护的需要，而此种需要则是来自知识产权的支配性和可让与性。正因为知识产权具有支配性，而且其权利客体可以同时被许多人占有，所以必须公示才能确定其权利的归属；正因为知识产权是财产权，具有可让与性，而第三人依交易行为是否能够获得的知识产权也只有通过公示方法来予以解决。无论是知识产权设立的公示还是变动的公示，其主要作用均在于使知识产权权属关系得以透明，使第三人拥有一种判断知识产权种类、内容以及权利人的途径，保证第三人的信赖利益不致遭受损害。简言之，交易安全的保护，实为知识产权公示制度的基本价值。

知识财产是无体财产，其唯一公示方式是登记，即我国知识产权的得丧变更以登记为要件。我国《专利法》第 10 条第(3)款规定："转让专利申请权或者专利权的，当事人应当订立书面合同，并向国务院专利行政部门登记，由国务院专利行政部门予以公告。专利申请权或者专利权的转让自登记之日起生效。"《专利法实施细则》第 15 条规定："除依照专利法第十条规定转让专利权外，专利权因其他事由发生转移的，当事人应当凭有关证明文件或者法律文书向国务院专利行政部门办理专利权人变更手续。"这里的"其他事由"主要指基于继承、强制执行、法院的判决、国家公用征收等原因而使专利权主体发生变更。我国商标法中也有与此相似的知识产权公示的规定。根据《伯尔尼公约》的有关规定，著作权的产生并不要求登记，我国《著作权法》秉承这一主张，也采取的自愿登记制度。但我们并不能因此就认为在我国著作权法领域不存在权利公示问题。出于对言论自由的保护，我国《著作权法》对著作权产生采取的是自动保护原则，在著作权转让时并不以登记为生效要件。但是，著作权客体和其他知识产权客体一样，是无体财产，舍弃登记的公示方式，我们往往很难判断谁是真正权利人。为了确保交易安全，为使其受让的权利具有对抗第三人的效力，著作权贸易中，通常采取登记公示。我国著作权法实施条例规定："与著作权人订立专有许可使用合同、转让合同的，可以向著作权行政管理部门备案。"尽管这一规定不是强制性规定，但在允许权利人登记公示，保障交易安全方面，无疑具有重要意义。

知识产权法中的公信原则，是指知识产权因公示而产生公信力，善意第三人因信赖知识产权公示，而推定知识产权具有正确性，由此发生的知识产权交易结果受法律保护。知识产权公示原则具有权利正确性推定效力和善意保护效力。权利正确性推定效力，即推定以行政登记机关颁发的、当事人权利证书上的权利内容为正确的权利。即使权利证书所记载的知识产权与实际的权利不一致，但无论其是基于权利人、相对人或者登记机关的过错，登记对任意之善意第三人均为正确。在我国专利法和商标法领域，登记机关登记错误时，公示制度开始起作用。在我国著作权法领域，在权利已经登记的情况下，公示制度仍然在登记错误时发生作用；在没有登记的情况下，第三人只能通过作品上的署名来判断著作权的权利状态，即使署名的不是真正的作者，不是真正的权利人，善意第三人基于“署名”的公信力从而推定署名人是真正的权利享有者而与之交易，善意第三人的信赖利益应给予保护，即应该认可第三人取得著作权。

1.5.4　知识产权法定原则

知识产权法定原则，是指知识产权的种类及其内容等均由法律明确规定，当事人不得任意创设新的知识产权种类或变更知识产权的法定内容。之所以在知识产权法中坚持法定主义，是因为考虑到知识产权是支配权，具有绝对性，若允许通过合同或习惯创设知识产权，有害于公共利益；考虑到经济效应，若允许任意创设知识产权，可能会通过协议对知识产权设置种种的限制及负担，妨碍知识财产的有效利用；考虑到交易安全与便捷，知识产权种类和内容的法定化，便于公示，可确保交易安全和便捷。

知识产权法定原则的内容包括知识产权权利种类法定和权利内容法定。知识产权权利种类法定，即知识产权的种类由法律明确规定，当事人不得以协议的方式创设法律所不认可的新类型知识产权。知识产权内容法定，即知识产权的内容由法律明定，当事人不得创设与法定知识产权内容不符的物权。

有学者指出，知识产权法定原则是一项立法原则，也是一项司法原则。作为一项立法原则，知识产权的创设必须综合考量各方面的因素，坚持谨慎的态度，反对不经过充分解释现有法律的步骤，就动辄创设新型的知识产权；作为一项司法原则，知识产权法定主义坚持整体性知识产权法的观念，否认在相关问题上法官自由裁量权的存在。

1.6　农业知识产权概述

农业科学技术研究对象是动植物，服务对象则是广大农民，整个体系的构成因素多且较为复杂，并且从科研立项到成果转化的周期长，经济效益经常不能即时兑现，此外农业科技具有保密性差、地域性强等特点。长期以来，我国农业科研机构和农业科研人员缺乏市场观念和竞争意识，偏重学术研究和社会价值，忽视经济效益和知识产权的潜在经济价值。在现实生活中，专利技术没有被及时申请，植物新品种被走私或盗窃，商标被抢注的事情时有发生，直接的后果是导致了农业知识产权的严重流失，使企业、个人甚至国家潜在知识产权经济价值遭受损失，也导致中国农业知识产权严重流失。因此，在我国加强农业知识产权的保护具有重要的意义。

农业知识产权是人们对其在农业科学技术、领域做出的创造性智力成果和商业标记依法产生的权利的统称。农业科学研究是一种智力劳动成果，既包括物化于有形物质载体上的技术产品（如农作物新品种、肥料、药剂、农机具等），又包括物化于知识载体上的技术文字、图形、图纸等新技术成果（如养殖技术、栽培技术、农机修理技术等）。一旦经过国家法律的认定，这些技术成果即为农业知识产权，也就具备知识产权的属性和特点。农业知识产权随着科技的发展而不断充实和完善。下面，笔者对有关农业知识产权的农业专利权、植物新品种权、农业商标权、农业商业秘密、农业著作权的法律保护略作叙述。

1.6.1 农业专利权

在当前形势下，特别是随着我国加入 WTO，农业面临的挑战更为严峻。从国际农业科技竞争的角度看，农业专利的多少是一个国家国际农业科技竞争力的主要方面。要实现我国传统农业向现代农业的转变，就必须提高我国的农业科技水平，注重农业专利的保护。实施农业专利保护战略，发展农业高技术产业，是我国面对入世利用高技术对传统农业进行改造升级，增强国际竞争力的必然选择。

根据《中华人民共和国专利法》，农业科技领域主要有农机具和渔机具的发明与改进可申请发明或实用新型专利；种植业、养殖业的新技术，肥料和饲料配方，农药和兽药组合物，食品、饮料和调味品的酿造技术可申请发明专利；新的微生物菌种及产品和培育动植物新品种的方法同样可以申请发明专利。根据《专利法实施细则》的规定，申请专利的发明涉及新的生物材料，该生物材料公众不能得到，并且对该生物材料的说明不足以使所属领域的技术人员实施其发明的，可以申请专利权。但是需要注意的是：申请人应在规定的期限内，将该微生物菌种提交中国专利局指定的微生物菌种保藏单位保藏；申请人按照有关规定进行微生物菌种保藏的，应当在规定的期限到期之日起 3 个月内提交由中国专利局指定的保藏单位出具的保藏证明和存活证明；期满未提交证明的，该菌种被认为未经保藏，进而不会授予专利权。

1.6.2 植物新品种权

植物新品种，是指经过人工培育的或者对发现的野生植物加以开发，具备新颖性、特异性、一致性和稳定性并有适当命名的植物品种。植物新品种保护制度是关于授予植物新品种培育者品种权，保护品种培育者获得该品种独占权利的制度，也是知识产权的一种重要形式。实行这个制度,是维护育种者的合法权益,调动其积极性的重要保障。

一般认为,植物新品种不适合专利法保护。除美国外,世界大部分国家都未将植物品种纳入专利保护范畴。我国的专利法中也规定,植物新品种不能授予专利权。虽然我国专利法规定对动植物品种的培育方法可授予专利保护,但这种方法专利实际上是不能延伸到依照该方法直接获得的植物品种上的。而且如果申请人不将育种材料提供给他人,或者没有相适应的环境条件,他人依据专利说明书上的方法也是培育不出新品种的。由于植物品种繁殖的特点,育种人也很难将其作为商业秘密进行保护。因此,为了切实维护育种者的合法权益,须建立专门的植物新品种法律保护制度。随着《中华人民共和国植物新品种保护条例》(1997 年 3 月)的颁布及《中华人民共和国种子法》(2000 年 7 月)的出台,植物新品种在我国已经得到全面的保护。

农业植物新品种包括粮食、棉花、油料、麻类、糖料、蔬菜(含西甜瓜)、烟草、桑树、茶树、果树(干果除外)、观赏植物(木本除外)、草类、绿肥、草本药材、食用菌、藻类和橡胶树等植物的新品种。根据《植物新品种保护条例》的规定,完成育种的单位或者个人,对其培育的植物新品种,有权依法向国家申请植物新品种权。农业部为农业植物新品种权的审批机关,依照《条例》规定授予农业植物新品种权。农业部植物新品种保护办公室,承担品种权申请的受理、审查等事务,负责植物新品种测试和繁殖材料保藏的组织工作。一旦取得植物品种权,权利人对其授权品种,享有排他的独占权,任何单位或者个人未经品种权所有人(以下称品种权人)许可,不得为商业目的生产或者销售该授权品种的繁殖材料,不得为商业目的将该授权品种的繁殖材料重复使用于生产另一品种的繁殖材料。

1.6.3 农业商标权

农业商标权,除指注册商标所有人对其所注册商标享有的专用权外,对名、优、特、稀农产品的地理标志权或原产地域名称权的保护一般也属于农业商标权保护的范畴。我国土地辽阔,名、优、特、稀农业资源丰富,农业市场广阔,仅靠在当地销售是有限的,只有通过商标设计、注册和宣传来扩大影响,得到广大消费者的认同,进而走向全国乃至打入国际市场。商标及商标权的规范运作可以提高产品的竞争能力和市场占有率。在当今国际竞争日益强烈的趋势下,我国要实现农业品牌战略,调整农业结构,推进农业产业向更高层次发展,必须重视商标注册和商标权的应用,形成市场资源优势,增强在国际市场上的竞争力。

在农业商标权保护方面,我们应特别强调地理标志的保护。地理标志,也称原产地标志，是一个国家、地区或地方的地理名称，表明商品来源于某一地区，而商品的特定品质、信誉或其他特征，主要由该地区的自然因素或人文因素所决定。地理标志可由某一特定地域范围内生产具有相同特征的同一商品的所有经营者共同使用。因为产品具有独特性，其他地方产品的不可替代，所以在国际上具有很高的认可程度。作为一种知识产权，地理标志能给所标志者带来重大经济利益。我们应在这方面有所作为。

1.6.4 农业商业秘密

商业秘密，是指不为公众所知悉、能为权利人带来经济利益，具有实用性并经权利人采取保密措施的技术信息和经营信息。因此商业秘密包括两部分：非专利技术和经营信息。如管理方法、产销策略、客户名单、货源情报等经营信息；生产配方、工艺流程、技术诀窍、设计图纸等技术信息。商业秘密关乎企业的竞争力，对企业的发展至关重要，有的甚至直接影响到企业的生存。

农业商业秘密，是指不为公众所知悉、能为农业科研单位带来经济利益，具有实用性并经权利人采取保密措施的繁殖材料、数据、栽培方法等方面的技术信息，以及农产品经营对其决策、价格、客户名单等方面的经营信息。

我国《反不正当竞争法》规定，以下几种情形属于侵犯商业秘密权益的行为：①以盗窃、利诱、胁迫或者其他不正当手段获取权利人的商业秘密；②披露、使用或者允许他人使用以前项手段获取的权利人的商业秘密；③违反约定或者违反权利人有关保守商业秘密的要求，披露、使用或者允许他人使用其所掌握的商业秘密。第三人明知或者应知前款所列违法行为，获取、使用或者披露他人的商业秘密，视为侵犯商业秘密。农业商业秘一旦受到侵害，权利人有权要求侵权人承担停止侵害、赔偿损失等法律责任。

1.6.5 农业著作权

农业著作权，即权利人对其科技活动中创作的论文、工程设计图纸及说明、农业科技、影音资料及软件等，所享有的权利。农业著作权，应从创作作品的内容上去界定，而不应该从创作主体上去界定。即凡是作品内容是农业科技、农业技术方面的，即属于农业著作权。至于创作者是否为农业科技工作人员，在所不问。农业著作权在法律保护方面，和著作权法中的其他作品相比，并无实质区别。

思考题

1. 简述知识产权的概念和特征。
2. 什么是知识产权的客体?
3. 知识产权是如何分类的?
4. 什么是知识产权法?
5. 知识产权法的基本原则有哪些?
6. 简述农业知识产权的范围。

参考文献

[1] 郑成思. 知识产权法. 北京:法律出版社,1997.
[2] 刘茂林. 知识产权法的经济分析. 北京:法律出版社,1996.
[3] 刘春田. 知识产权法. 北京:高等教育出版社、北京大学出版社,2007.
[4] 沈达明. 知识产权法. 北京:对外经济贸易大学出版社,1998.
[5] 吴汉东. 知识产权法. 北京:北京大学出版社,2000.
[6] 梁慧星. 民法总论. 北京:法律出版社,1997.
[7] 范扬,张企泰译. 法哲学原理. 北京:商务印书馆,1997.

第2章　专利权的取得及保护

◈ **本章重点、难点**

经过三次修改后的专利法的主要内容、专利权的客体和主体、专利的申请及授权条件是本章学习的重点；职务发明创造与非职务发明创造的区分、专利申请的复审与专利权的无效、巴黎公约和专利合作条约两条国际专利申请的重要途径是本章学习的难点。

◆ **内容提要**

专利权可以简称为专利。它既包含专利权人对其发明创造享有的独占实施权的意思；还指获得独占实施权的发明创造，即受法律保护的专利技术本身；同时还包括记载发明创造内容的专利文献或专利证书。本文结合我国专利制度的发展情况，从专利权的基础知识出发，对专利权的概念、专利权的客体、专利权的获得与维持、专利权的主权及权利归属、专利权的申请及审批、专利权的复审与无效宣告程序、专利权的强制许可、专利权的保护及我国专利制度的建立与发展进行了介绍。

2.1　专利权的概念及客体

2.1.1　专利权的概念

专利权可以简称为专利。专利一词是从英语“Patent”翻译而来的。“Patent”在《NEW WEBSTER'S DICTIONARY AND THESAURUS》中的意思是：①名词：给予权利或特权等的官方文件，尤其是指政府发行的保证发明人和其继受人对于其发明、过程等在一给定时间内的独占权的文件；该发明、过程；由政府颁发的公共用地授权文件；该被买卖或准予的土地。②形容词：受专利保护的；有注册商标或商号制造或销售的；与专利的授权有关的；独创或独特的，仿佛有专利保护；显而易见的，明显的；（医学：人体通道）未被阻塞的；（历史：关于文件）未封口的，公开的；（生物学）扩展的，张开的。③动词：获得专利。

目前人们普遍认为，专利包括三个含义：第一是指专利权人对其发明创造享有的独占实施权，即国家专利主管部门依法授予发明创造者或者其权利继受者在一定时期内独占使用其发明创造的专有权。这种权利具有独占的排他性，他人未经专利权人许可不得实施其专利。第二是指获得独占实施权的发明创造，即受法律保护的专利技术本身。第三是指记载发明创造内容的专利文献或专利证书。专利证书是国家专利主管部门颁发的确认申请人对其发明创造享有专利权的证明文件。

专利权具有典型的时间性、地域性和独占性。

2.1.2 专利权的客体

专利权的客体也称专利权的对象，是指可以获得专利权，受法律保护的发明创造。在国际上，专利权的客体一般是指发明专利。按照我国专利法的规定，专利权的客体包括发明、实用新型和外观设计三种类型。

2.1.2.1 发明

发明是指对产品、方法或者其改进所提出的新的技术方案。

发明是人们利用自然规律解决生产生活中各种问题，具有技术效果的技术解决方案。发明分为产品发明和方法发明两大类型。产品发明是关于新产品或新物质的发明。这些新产品或新物质包括具有一定形状和结构的物品以及固体、液体、颗粒、气体类的物质。如机器、设备、零部件、仪器、装置，以及组合物、化合物等，但不包括利用独特地理特性等自然条件建造的物体。方法发明是指为解决某特定技术问题而采用的手段和步骤的发明。即对加工方法、制造工艺、测试方法、试验方法、处理方法或产品的使用方法做出的发明。方法发明包括生产加工方法、试验方法、处理方法和应用方法等。如植物的栽培方法，食品的加工方法等。有的专利申请既包括产品发明，又包括方法发明，如“一种用于防治家禽呼吸道病的药物及其制备方法”、“一种合成寡肽及其用途”、“一种复合长效铁肥、其制备方法及其用途”。

另外，发明也可以是对现有产品或方法的改进。这种改进应该是新的，且具有创造性，能够产生好的技术效果。实际上，大多数授予专利权的发明都属于改进型。

需要注意的是，科学发现，简称发现，不是专利法意义上的发明。发现不属于专利权的客体。发现是人类认识世界的过程，是通过人的视觉、味觉、触觉等感觉器官直接感知到或借助于仪器感知到世人尚未感知到的自然现象，并从中找出自然规律。简单地说，发现主要是揭示未知事物的存在及其属性，这些未知事物实际已经存在于自然界中，发现不是利用了自然规律的技术方案。而发明则是利用自然规律解决特定问题具有技术效果的技术解决方案，这种技术解决方案所提供的新产品或新方法不是自然界已经存在的，是发明人经过创造性的劳动得到的。例如，潮汐是一种客观存在的自然现象，揭示潮汐及其规律，属于发现，而利用潮汐自然规律发电的方法及装置就属于发明。

2.1.2.2 实用新型

实用新型是指对产品的形状、构造或者其结合所提出的适于实用的新的技术方案。

第一，实用新型也是一种技术方案，但是该技术方案只涉及产品，不涉及方法，也就是说，实用新型不保护方法，只保护产品。

第二，实用新型所涉及的产品是具有一定形状、构造的产品，是经过工业方法制造的、占据一定空间的实体。无确定形状的产品，如气态、液态、粉末状、颗粒状的物质或材料不属于实用新型所述的产品。没有形状或结构上的创新，仅仅改变了成分的原材料产品，不属于实用新型保护的客体。未经工业制造，自然存在的物品也不属于实用新型保护的客体。

所谓产品的形状，是指产品具有的、可以从外部观察到的确定的空间形状。关于产品的形状所提出的技术方案可以是对产品的三维空间外形所提出的技术方案，如对开沟犁形状的改进，也可以是对产品的二维形状所提出的技术方案，如对型材的断面形状的改进。这些形状改进的主要目的不是为了装饰，而是为了取得一定的技术效果。

所谓产品的构造，是指产品的各个组成部分的确定的空间位置和相互关系。产品的构造包括机械构造和线路构造。机械构造是指构成产品的零部件的相对位置关系、连接关系和必要的机械配合关系；线路构造是指构成产品的元器件之间的确定的连接关系。物质的分子结构、组分等不属于实用新型保护的产品的构造。但是，复合层可以认为是产品的构造，如产品的渗碳层、氧化层等为复合层结构，属于实用新型保护的客体。

由上述定义可知，实用新型与发明的不同之处是：①实用新型仅限于具有一定形状和构造的产品，而发明的产品除了固态外，还可以是气态、液态、粉末状、颗粒状的，它还可以是关于材料成分的发明。②实用新型不能是一种方法，而发明既包括产品又包括方法。另外，对实用新型的创造性要求不太高，而强调实用性，所以，通常称实用新型为小发明。在实践中,由于实用新型的申请费比发明少,审批时间短,授权快,也有的申请人将创造性程度很高的发明创造申请实用新型专利。

2.1.2.3 外观设计

外观设计是指对产品的形状、图案或者其结合以及色彩与形状、图案的结合所作出的富有美感并适于工业应用的新设计。

上述外观设计的定义包括以下5个方面的内容。

(1)外观设计以产品为载体。外观设计是产品的外观设计,它必须有载体,其载体是产品。产品是指任何用工业方法生产出来的物品。不能重复生产的手工艺品、农产品、畜产品、自然物体等不能作为外观设计的载体。

(2)产品的形状、图案或者其结合以及色彩与形状、图案的结合。形状、图案和色彩是构成产品外观设计的三要素。产品的图案应当是固定、可见的,而不应是时隐时现的或需要在特定条件下才看得见的。产品的色彩不能独立构成外观设计,除非产品色彩变化的本身已经构成一种图案。制造该产品所用材料的本色不是外观设计的色彩。

外观设计与实用新型都可以涉及产品的形状,不同的是,实用新型是一种技术方案,所涉及的形状与产品的技术效果和功能有关,而外观设计是一种设计方案,它所涉及的形状与产品的美感有关。

(3)富有美感。外观设计的目的是要赋予一件产品美感,给人们美的享受,使消费者更愿意去购买,从而提高产品的竞争力,获得更好的效益。两个功能、结构相同的产品,一个外观更美,人们肯定愿意买那个外观漂亮的产品,哪怕是再多花一点钱。美感是人的视觉感受,带有主观性,通常以大众的喜好为准。

(4)适于工业应用。是指该外观设计能够用工业方法再现,即该外观设计可应用于产业,并能形成批量生产。那些仅可以单件生产的工艺美术品就不属于专利权的客体,不能作为外观设计受到法律的保护,如牙雕、壁画等。

(5)新设计。外观设计不是技术上的发明创造,它所涉及的是应用于产品上的某种艺术性的新的设计。这种设计不同于现有设计,是通过创造性的劳动得到的新的设计方案。

2.1.2.4 不授予专利权的客体

建立专利制度的目的是要保护专利权人的合法权益,推动发明创造的应用,提高创新能力,促进科学技术进步和经济社会发展。对发明创造授予专利权必须与上述目的相一致。为此,我国专利法的第五条和第二十五条对不授予专利权的客体做了相应规定。

(1)专利法第五条规定不授予专利权的客体

①违反国家法律的发明创造。"违反国家法律的发明创造"是指该发明创造的目的本身是法律所明文禁止的或是与法律相违背的。例如,赌博、吸毒、伪造公文印章是我国法律所禁止的,所以关于赌博的设备,吸毒的器具,伪造国家货币、票据、公文、证件、印章、文物的设备等发明创造,都属于违反国家法律的发明创造,不能被授予专利权。

需要说明的是,如果发明创造的目的没有违反国家法律,但该发明创造被滥用时有可能违反国家法律的,则该发明创造仍属于可以授予专利权的客体。这类发明创造包括:以国防为目的的枪支弹药,以医疗为目的的毒药、麻醉剂、镇静剂、兴奋剂,以娱乐为目的的游戏机、棋牌等。

②违反社会公德的发明创造。社会公德,是指社会公民普遍认为正当的并且接受的伦理道德观念和行为准则,是在人类长期社会实践中逐渐形成的、要求每个社会公民在履行社会义务或涉及社会公众利益的活动中遵循的道德准则。它的内涵随着时间的推移、社会的进步发生变化,而且还会由于地域的不同而有差异。

违反社会公德的发明创造不能被授予专利权。例如,带有暴力凶杀或淫秽图片或照片的外观设计,非医疗目的的人造性器官或者其替代物,人与动物交配的方法,改变人生殖系遗传同一性的方法或改变了生殖遗传同一性的人,克隆的人或克隆人的方法,人胚胎的工业或商业目的的应用,可能导致动物痛苦但对人或动物的医疗没有实质性益处的改变动物遗传同一性的方法等,这些都属于违反社会公德的发明创造,不能被授予专利权。

③妨害公共利益的发明创造。妨害公共利益,是指发明创造的实施或使用会给公众或社会造成危害,或者会使国家和社会的正常秩序受到影响。

例如,发明创造的实施会严重污染环境、严重浪费能源或资源、破坏生态平衡、致人伤残或损害财物、危害公众健康的发明创造,这类发明创造即为妨害公共利益的发明创造,对其不能授予专利权。又如,专利申请中的文字或者图案涉及国家重大政治事件、经济事件、文化事件,或者涉及宗教信仰,以致妨害公共利益、伤害人民感情或者民族感情,或者宣传封建迷信,对于这样的专利申请不能授予专利权。

④违反法律、行政法规的规定获取或者利用遗传资源,并依赖该遗传资源完成的发明创造。专利法所称的遗传资源,是指取自人体、动物、植物或者微生物等含有遗传功能单位并具有实际或潜在价值的材料;所谓依赖该遗传资源完成的发明创造,是指利用了遗传资源的遗传功能完成的发明创造。

上述的遗传功能是指生物体通过繁殖将性状或者特征代代相传或者使整个生

物体得以复制的功能。遗传功能单位是指生物体的基因或者具有遗传功能的DNA或者RNA片段。取自人体、动物、植物或者微生物等含有遗传功能单位的材料，是指遗传功能单位的载体，包括生物体或其某些部分，如器官、组织、血液、体液、细胞、基因组、基因、DNA或者RNA片段。发明创造利用了遗传资源的遗传功能，是指对遗传功能单位进行分离、分析、处理等，以完成发明创造，实现其遗传功能的价值。

如果遗传资源的获取或者利用未按照我国的有关法律、行政法规的规定事先获得有关行政管理部门的批准或者相关权利人的许可，则视为违反法律、行政法规的规定获取或者利用遗传资源。例如，按照《中华人民共和国畜牧法》和《中华人民共和国畜禽遗传资源进出境和对外合作研究利用审批办法》的规定，向境外输出列入中国畜禽遗传资源保护名录的畜禽遗传资源应该办理相关审批手续，而某发明创造的完成依赖于中国向外出口的列入中国畜禽遗传资源保护名录的某畜禽遗传资源，但未办理审批手续，则该发明创造不能被授予专利权。遗传资源的保护对于农业领域的科研人员来讲尤为重要。

(2)专利法第二十五条规定的不授予专利权的客体

①科学发现。科学发现不是利用自然规律解决技术问题的技术方案，不能被授予专利权，这个问题在前面已有介绍，在此不重述。

②智力活动的规则和方法。智力活动，是指人的思维运动，它源于人的思维，经过推理、分析和判断产生抽象的结果，或者必须经过人的思维运动作为媒介，间接地作用于自然产生结果。智力活动的规则和方法是指导人们进行思维、表述、判断和记忆的规则和方法。它没有采用技术手段或利用自然规律，也未解决技术问题和产生技术效果，所以它不构成技术方案，不能被授予专利权。

例如，审查专利申请的方法，组织、生产、商业实施和经济等方面的管理方法及制度，交通行车规则、时间调度表、比赛规则，演绎、推理和运筹的方法，图书分类规则、字典的编排方法、情报检索的方法、专利分类方法，日历的编排规则和方法，仪器和设备的操作说明，各种语言的语法，汉字编码方法，计算机的语言及计算规则，速算法或口诀，数学理论和换算方法，心理测验方法，教学、授课、训练和驯兽的方法，各种游戏、娱乐的规则和方法，统计、会计和记账的方法，乐谱、棋谱和食谱，锻炼身体的方法，疾病普查和人口统计的方法，信息表述方法，计算机程序本身，这些都属于智力活动的规则和方法，不能被授予专利权。

需要说明的是，按照我国专利法，计算机程序本身不属于专利法保护的客体，但是，当计算机程序与硬件相结合，构成解决技术问题的技术方案时，是可以被授予专利权的。

关于计算机程序到底用什么来保护，目前各国做法不一，我国学者也有些争论。一开始，大多数人认为用著作权法来保护计算机程序比较合适，因为，用著作权法保护，不需要任何审批程序，且保护的时间长，但是随着该领域技术的发展，大家看到，很多计算机程序本身是含有技术方案的，把它排除在专利的客体之外是不合理的。

③疾病的诊断和治疗方法。疾病的诊断和治疗方法，是指以有生命的人体或者动物体为直接实施对象，进行识别、确定或消除病因或病灶的过程。由于人道主义的考虑和社会伦理的原因，医生在诊断和治疗过程中应当有选择各种方法和条件的自由，而不应当是必须经得专利权人的同意后才可以采用该方法对疾病进行诊断和治疗。另外，这类方法直接以有生命的人体或动物体为实施对象，无法在产业上利用，不属于专利法意义上的发明创造。因此不能被授予专利权。

但是，用于实施疾病诊断和治疗方法的仪器或装置，以及在疾病诊断和治疗方法中使用的物质或材料属于可被授予专利权的客体。

诊断方法，是指为识别、研究和确定有生命的人体或动物体病因或病灶状态的过程。例如，血压测量法、诊脉法、足诊法、X 光诊断法、超声诊断法、胃肠造影诊断法、内窥镜诊断法、同位素示踪影像诊断法、红外光无损诊断法、患病风险度评估方法、疾病治疗效果预测方法，基因筛查诊断法等。但是，在已经死亡的人体或动物体上实施的病理解剖方法，直接目的不是获得诊断结果或健康状况，而只是从活的人体或动物体获取作为中间结果的信息的方法，或处理该信息（形体参数、生理参数或其他参数）的方法，直接目的不是获得诊断结果或健康状况，而只是对已经脱离人体或动物体的组织、体液或者排泄物进行处理或检测以获取作为中间结果的信息方法，或处理该信息的方法，则不属于诊断方法，可以被授予专利权，如尸体的防腐、制作标本方法，血液的处理或分析方法等。

治疗方法，是指为使有生命的人体或动物体恢复或获得健康或减少痛苦，进行阻断、缓解或者解除病因或病灶的过程。治疗方法包括以治疗为目的或者具有治疗性质的各种方法，也包括预防疾病或免疫的方法。例如，外科手术治疗方法、药物治疗方法、心理疗法，以治疗为目的的针灸、麻醉、推拿、按摩、刮痧、气功、催眠、药浴、空气浴、阳光浴、森林浴和护理方法，以治疗为目的的利用电、磁、声、光、热等种类的辐射刺激或照射人体或者动物体的方法，以治疗为目的采用涂覆、冷冻、透热等方式的治疗方法，为预防疾病而实施的各种免疫方法，为实施外科手术治疗方法和（或）药物治疗方法采用的辅助方法，例如，返回同一主体的细胞、组织或器官的处理方法、血液透析方法、麻醉深度监控方法、药物内服方法、药物注射方法、药物外敷方法等，以治疗为目的的受孕、避孕、增加精子数量、体外受精、胚胎转移等方法，以治疗为目的的整容、肢体拉伸、减肥、增高方法，处置人体或动物体伤口的方法，例如，伤口消毒方法、包扎方法，以治疗为目的的其他方法，如人工呼吸方法、输氧方法等。

需要指出的是，虽然使用药物治疗疾病的方法不能被授予专利权，但是，药物本身及药物的制备方法是可以被授予专利权的。涂抹防晒霜防止晒伤等防护方法不属于疾病的治疗方法，可以被授予专利权。

如果申请专利的方法既可能包括治疗目的，又可能包括非治疗目的，在明确说明该方法用于非治疗目的的情况下，则不排除该方法被授予专利权的可能性。

可以授予专利权的几类方法：

a. 制造假肢或假体的方法，以及为制造该假肢或假体而实施的测量方法。

b. 通过非外科手术方式处置动物体以改变其生长特性的畜牧业生产方法。例如，通过对活羊施加一定的电磁刺激促进其增长、提高羊肉质量或增加羊毛产量的方法。

c. 动物屠宰方法。

d. 对于已经死亡的人体或动物体采取的处置方法。

e. 单纯的美容方法，即不介入人体或不产生创伤的美容方法。

f. 为使处于非病态的人或动物感觉舒适、愉快或者在诸如潜水、防毒等特殊情况下输送氧气、负氧离子、水分的方法。

g. 杀灭人体或者动物体外部（皮肤或毛发上，但不包括伤口和感染部位）的细菌、病毒、虱子、跳蚤的方法。

④动物和植物品种。动物和植物品种都是有生命的物体。专利法所称的动物不包括人，所述动物是指不能自己合成，而只能靠摄取自然的碳水化合物及蛋白质来维系其生命的生物。专利法所称的植物，是指可以借助光合作用，以水、二氧化碳和无机盐等无机物合成碳水化合物、蛋白质来维系生存，并通常不发生移动的生物。动物和植物品种都不能被授予专利权，但这类品种可以通过其他法律法规保护，例如，植物新品种可以通过《植物新品种保护条例》给予保护。

需要说明的是，尽管动物和植物品种不能通过专利法来保护，但对动物和植物品种的生产方法，是可以授予专利权的。这里所说的生产方法是指非生物学的方法，不包括生产动物或植物主要是生物学的方法。一种方法是否属于“主要是生物学的方法”，取决于在该方法中人的技术介入程度。如果人的技术介入对该方法所要达到的目的或者效果起了主要的控制作用或决定性作用，则这种方法不属于“主要是生物学的方法”。例如，采用辐照饲养法生产高产鸡蛋的母鸡或高产牛奶的乳牛的方法，玉米杂交种的选育方法等属于可被授予专利权的客体。

微生物的发明是指利用各种细菌、真菌、病毒等微生物去生产一种化学物质(如抗生素)或者分解一种物质等的发明。微生物和微生物方法可以被授予发明专利权。

⑤原子核变换方法以及用该方法获得的物质。原子核变换方法以及用该方法获得的物质关系到国家的经济、国防、科研和公共生活的重大利益,不宜为单位或个人所垄断,因此不能被授予专利权。

原子核变换方法,是指使一个或几个原子核经分裂或者聚合,形成一个或几个新原子核的过程。这些方法不能被授予专利权。如完成核聚变反应的磁镜阱法、封闭阱法以及实现核裂变的各种方法。但是,为实现原子核变换而增加粒子能量的粒子加速方法,为实现核变换方法的各种设备、仪器及其零部件等,均属于可被授予专利权的客体。

用原子核变换方法获得的物质,主要是指用加速器、反应堆以及其他核反应装置生产、制造的各种放射性同位素,这些同位素不能被授予发明专利权。但是,这些同位素的用途以及使用的仪器、设备属于可被授予专利权的客体。

⑥对平面印刷品的图案、色彩或者二者的结合作出的主要起标识作用的设计。当一件外观设计同时满足三个条件:第一,使用外观设计的产品属于平面印刷品;第二,该外观设计是针对图案、色彩或二者的结合作出的;第三,该外观设计主要起标识作用,则该外观设计不能被授予专利权。

2.2 我国专利制度的建立与发展

纵观我国专利制度的发展史,从专利制度的萌芽,到现代与国际接轨的专利制度,经历了100多年的时间,按时间顺序分为1949年10月1日前后两个阶段。

2.2.1 1949年10月1日以前

19世纪中叶,太平天国的领导人洪仁玕于1859年到南京主持朝政,提出了《资政新篇》革新方案,其中包含鼓励发明创造,建立专利制度的主张。如:倘若能造如外邦火轮车,一日夜行七八千里者,准其专利,限满准他人仿做。且给不同的发明创造不同的保护期:器小者,赏5年,大者,赏10年,益民多者,年数加多。无益之物有责无赏,期满准他人仿做。文中还包括罚则:他人仿造,罪而罚之。这些主张和现代专利制度的原则基本相同,但由于太平天国革命的失败,未能实现。

1898年5月,清朝光绪帝颁布了《振兴工艺给奖章程》,这是我国近代专利史上第一个有关专利的法规。尽管由于维新运动的失败，该章程在颁布后也没有得到实施，但是它标志着中国专利制度的萌芽。

辛亥革命后，1912 年 12 月，当时的工商部颁布了《奖励工艺品暂行章程》。该章程已经含有现代专利法原则的因素。章程规定，对发明或者改良的产品，除食品和药品外，授予 5 年以内的专利权。之后，章程的内容又不断地得到完善，如保护对象扩大到制造方法的发明或者改进，奖励对象是对工业产品及其制造方法分别授予 15 年、10 年、5 年或 3 年的专利权，增加了新型和新式样专利等。

1944 年 5 月，当时的国民党政府颁布了我国历史上的第一部《专利法》，这是一部具有现代意义的专利法。该法保护的发明创造有发明、新型和新样式，三种专利的保护期限分别是 15 年、10 年和 5 年，均自申请日起计算。该法经过多次修改，台湾地区至今沿用这部专利法。

2.2.2 1949 年 10 月 1 日起

新中国成立以后，1950 年 8 月，中央人民政府政务院颁布了《保障发明权与专利权暂行条例》。该条例对保障专利权，专利申请条件、手续、审批程序，异议制度，专利权人的权利和义务，保护期及违法者的法律责任等，都做了规定。按照该条例，发明人可以对其发明自愿申请发明权或专利权。不过，对有关国防的发明、有关广大人民群众利益并有迅速推广必要的发明、职务发明、接受委托并领取报酬完成的发明，国家只发给发明证书，不发给专利证书。对制造化学物质的新方法可以发给专利证书或发明证书，但对用化学方法获得的物质不发给任何证书。已经下发的发明证书或专利证书可以根据政府的需要改发。即已经发给发明证书的发明，如果政府不需采用，主管机关可以改发专利证书，反之，已经发给专利证书的发明，如果政府需要采用，也可以改发发明证书。该条例采取的是保护发明权与专利权的双轨制。获得发明权的人，可以享有名誉权和获得奖励的权利，发明的处理权归国家。获得专利权的人享有完全的专利权。该条例从 1953 年到 1957 年只批准了 4 项专利权和 6 项发明权。1963 年 11 月，国务院明令废止该条例，颁布了新的《发明奖励条例》。该条例未及实施便进入 10 年“文革”时期。1978 年 12 月我国又颁布了修订的《发明奖励条例》，并依照条例规定，评选出了一大批发明创造成果，颁发了证书并予以奖励。

1978 年 7 月，随着改革开放大潮的兴起，我国作出了建立专利制度的决策。1979 年 3 月开始制定专利法。1980 年 5 月经国务院批准成立国家专利局。1984 年 3 月 12 日，第六届全国人大常委会第四次会议通过了《中华人民共和国专利法》，并于 1985 年 4 月 1 日起开始实行。专利法实施的第一天，国家专利局就收到来自国内外的专利申请 3 455 件，创造了世界专利史的新纪录。我国的专利法历经三次修改。第一次是在 1992 年 9 月，为了落实深化改革，扩大开放的方针，考虑国际协调发展的趋势，履行我国政府在中美保护知识产权谅解备忘录中作出的承诺，我国对专利法进行了首次修改，于 1993 年 1 月 1 日起施行。1994 年，我国加入专利合作条约(PCT)，1995 年，我国加入《布达佩斯条约》。2000 年 8 月，为了适应建立和完善社会主义市场经济体制的需要，使我国专利保护水平进一步向国际标准靠拢，顺应我国加入世界贸易组织的需要，对专利法进行了第二次修改，于 2001 年 7 月 1 日起施行。2001 年我国加入世界贸易组织(WTO)。2008 年 12 月，为提升专利法在促进我国自主创新、建设创新型国家方面的重要作用，加强对专利权的保护，我国对专利法进行了第三次修改，修改后的专利法于 2009 年 10 月 1 日起施行。与专利法的前两次修改相比，专利法第三次修改的动因不是来自外界，而是考虑我国具体国情的实际需要，进一步完善我国的专利制度。

2.2.2.1 1992 年专利法修改的主要内容

(1)扩大了授予专利权的保护范围，将原专利法不保护的药品、用化学方法获得的物质以及食品、饮料和调味品列入保护范围。

(2)方法专利的效力延及到了依该方法直接获得的产品，即未经专利权人许可，不得为生产经营目的使用、销售或者进口依该专利方法直接获得的产品。

(3)完善对专利权的保护，增加了进口权，则专利权人有权要求海关禁止进口与专利产品相同的产品，并可以提起诉讼。

(4)延长了专利保护期，将发明专利保护期从 15 年延长到 20 年，实用新型和外观设计从 5 年延长到 10 年。

(5)取消了授权前的异议程序，增加了授权后的撤销程序。

(6)增加了国内优先权，即申请人就同一发明或者实用新型在中国第一次提出专利申请之日起 12 个月内，又向专利局提出申请的，可以享有优先权。这样规定，申请人就可以在优先权期间进一步完善其发明或者实用新型，或者将发明与实用新型互相转换。

2.2.2.2 2000 年专利法修改的主要内容

(1)增加了发明和实用新型专利权人的许诺销售权。即以做广告、在商店橱窗里陈列或者在展销会上展出等方式做出销售商品的意思表示的权利归专利权人所有。

(2)增加了诉前临时禁令和财产保全。即专利权人或者利害关系人有证据证明他人正在实施或者即将实施侵犯其专利权的行为，如不及时制止将会使其合法权益受到难以弥补的损害的，可以在起诉前向人民法院申请采取责令停止有关行为和财产保全的措施。

(3)取消了撤销程序。作此修改后，任何人若有异议，在专利授权后即可启动宣告专利权无效程序。

(4)改变对实用新型和外观设计专利的终审规定。对专利复审委员会对实用新型和外观设计专利申请做出的复审决定以及对实用新型和外观设计专利权做出的无效宣告决定的终局决定，当事人不服的，可向人民法院起诉。

(5)方法发明专利侵权举证责任倒置。若专利侵权纠纷涉及新产品制造方法的发明专利的，制造同样产品的单位或者个人应当提供其产品制造方法不同于专利方法的证明。这种情况下，举证责任属于被告方，和传统的民事纠纷中原告负有举证责任的情况相反。

2.2.2.3 2008年专利法修改的主要内容

(1)立法宗旨的完善。修改后的专利法第一条规定：为了保护专利权人的合法权益，鼓励发明创造，推动发明创造的应用，提高创新能力，促进科学技术进步和经济社会发展，制定本法。强调“提高创新能力”和“推动发明创造的应用”。

(2)提高了专利授权条件的标准。将专利新颖性标准由相对新颖性改为绝对新颖性；规定“对平面印刷品的图案、色彩或二者的结合作出的主要起标识作用的设计”不授予专利权。

(3)增加了外观设计专利权人的许诺销售权。

(4)增加了遗传资源保护和信息披露要求。专利法第五条第二款规定：对违反法律、行政法规的规定获取或者利用遗传资源，并依赖该遗传资源完成的发明创造，不授予专利权。根据专利法第二十六条第五款，对于依赖遗传资源完成的发明创造，要求申请人在专利申请文件中说明该遗传资源的直接来源和原始来源。

(5)增加了药品和医疗器械实验的侵权例外。专利法第六十九条规定：为提供行政审批所需要的信息，制造、使用、进口专利药品或者专利医疗器械的，以及专门为其制造、进口专利药品或者专利医疗器械的，不视为侵犯专利权。

(6)增加了为公共健康目的进行专利药品的强制许可。专利法第五十条规定：为了公共健康目的，对取得专利权的药品，国务院专利行政部门可以给予制造并将其出口到符合中华人民共和国参加的有关国际条约规定的国家或者地区的强制许可。

(7)增加了现有技术抗辩内容。专利法第六十二条规定：在专利侵权纠纷中，被控侵权人有证据证明其实施的技术或者设计属于现有技术或者现有设计的，不构成侵犯专利权。

(8)增加了证据保全内容。专利法第六十七条规定:为了制止专利侵权行为,在证据可能灭失或者以后难以取得的情况下,专利权人或者利害关系人可以在起诉前向人民法院申请保全证据。

(9)明确了共有专利权人或者是申请人之间的权利和义务。专利法第十五条规定:专利申请权或者专利权的共有人对权利的行使有约定的,从其约定。没有约定的,共有人可以单独实施或者以普通许可方式许可他人实施该专利;许可他人实施该专利的,收取的使用费应当在共有人之间分配。除前款规定的情形外,行使共有的专利申请权或者专利权应当取得全体共有人的同意。

经过三次修改,我国的专利法已经与国际标准接轨,更能鼓励创新能力的提高,更加有利于对专利权的保护,更加有利于专利技术的实施,更能充分发挥专利制度在社会主义建设中的重要作用。

2.3 专利权的获得及维持

一项发明创造要获得专利权,申请人必须遵从相关法定原则提出申请,且所述发明创造必须满足授权条件。

2.3.1 申请获得专利权的原则

所谓申请获得专利权的原则即专利权的获得前提是申请人必须提出专利申请。这是世界各国专利制度普遍采用的原则。根据我国《专利法》的规定,任何一项发明创造不会自动取得专利权,而必须由申请人向国务院专利行政部门提出专利申请,由国务院专利行政部门对该申请进行审查,符合法定的形式条件和实质条件的发明创造即可获得专利权。

根据我国的《专利法》规定,有三种类型的专利可以对发明创造进行保护。专利申请人向国务院专利行政部门提出专利申请请求时,需指明要求获得的是哪种类型的专利,且必须同时提交记载有其发明创造具体内容的申请文件。在这些申请文件中,权利要求书明确了申请人希望获得的发明创造保护的范围。国务院专利行政部门依法对这些申请文件进行审查。在审查过程中,申请人可以对这些申请文件进行修改,对权利要求书要求保护的范围进行重新限定,这种修改不应该超出申请日提交的申请文件所记载的发明创造内容的范围。经审查,符合要求的申请即获得专利权。授权专利文本中记载的权利要求保护范围即成为日后判断他人是否侵权的依据。

申请人在提出申请专利请求的同时提交了记载有其发明创造具体内容的申请文件，这些申请文件以及授权文本通过申请程序向世界公开，从而使他人避免重复劳动，通过这种技术传播实现专利制度促进科技进步的功能。

专利申请人要想其发明创造获得专利权，还需要遵从以下原则。

2.3.1.1 书面申请原则

所谓书面申请原则首先是指专利申请必须以书面形式提交国务院专利行政部门，而不能用口头、电话、胶片、电传、电报、实物等形式提交。

书面申请原则还包括专利申请人在专利申请审查过程中提交的补正、修改等文件都必须以书面的形式提交，不能以口头说明代替对申请进行修改补正。

书面申请原则的第三层意思是专利申请人在专利申请的整个审批程序中以及专利权的保护、终止程序中的所有手续，都必须以书面形式办理。

需要指出的是，书面形式除了纸质版外，在我国逐步推广采用的电子申请文档也是书面形式的一种。

2.3.1.2 先申请原则

由于专利权具有排他性，所以，世界各国的专利制度都规定，同样的发明创造只授予一个专利权。但是，在现实生活中，往往有不同的发明人分别独立地完成了内容相同的发明创造并都提出了专利申请。那么，这个专利权究竟应该授予谁呢？为了解决这个问题，世界各国分别采取了先申请原则或先发明原则。

先申请原则是指，当两个以上的申请人分别就独立完成的相同内容的发明创造申请专利时，专利权授予最先提出专利申请的人。我国和世界上大多数国家一样，专利法采用的是先申请原则。如果遇到两个以上的申请人分别就同样的发明创造同一天申请专利的特殊情况，即申请人不同，发明内容相同，申请日也相同，根据我国《专利法实施细则》第四十一条规定，申请人应当在收到国务院专利行政部门的通知后自行协商确定申请人。申请日即专利申请文件递交到国务院专利行政部门之日，如果是邮寄的，以寄出的邮戳日为申请日。如果邮戳日不清楚，则以国务院专利行政部门收到申请文件日为申请日。

先发明原则是指，当两个以上的申请人分别就独立完成的相同内容的发明创造申请专利时，专利权授予最先完成发明创造的人。

先申请原则的优点是程序简单，成本低，鼓励人们尽早申请专利，尽早公开其发明创造，避免他人进行重复研究。而先发明原则由于要确定谁是最先的发明人，往往需要设立专门的鉴别机构，所以成本高，程序复杂，但其把专利权授予最先完成发明创造的人，更显公平，鼓励人们尽早作出发明创造。

2.3.1.3 优先权原则

优先权原则源于《巴黎公约》，是《巴黎公约》的一项重要原则。该原则的内容包括：申请人就同一发明或者实用新型在某缔约国第一次提出专利申请之日起12个月内，或者就同一外观设计在某缔约国提出专利申请之日起6个月内，又向其他缔约国提出申请的，该其他缔约国应以其在该缔约国第一次提出申请之日为申请日。

上述第一次提出申请之日，称为优先权日。上述特定的期限，称为优先权期限。

优先权原则的制定是为了方便国际间的专利申请。当一个国家的专利申请人在其本国提出专利申请后，再考虑向别国提出申请时，申请文件的准备、翻译等要花很多时间，特别是要向多国提出申请时，就更显得时间紧，往往还在准备的过程中，他人也完成并公开了同样内容的发明创造，或者由于自己第一次提出的申请的公开而丧失了向他国提出的专利申请的专利性。为了解决这个问题，规定了优先权原则。优先权的实际意义是，以其第一次提出专利申请日作为专利审查时判断专利性的时间标准。那么，在优先权期限内，任何人公开的同样的发明创造都不会影响该申请人向他国提出的专利申请的专利性。

我国1985年颁布实施的《专利法》采用了优先权原则，但只对外国申请人适用这一原则，中国申请人在中国申请专利不享有优先权。1992年修改后的《专利法》增加了本国优先权，目的是给予专利申请人一定的修改专利申请的时间，但是只涉及发明和实用新型类型的专利申请。

目前，在我国，优先权的主要内容是，申请人自发明或实用新型在外国第一次提出专利申请之日起十二个月内，或者自外观设计在外国第一次提出专利申请之日起六个月内，又在中国就相同主题提出专利申请的，依照该外国同中国签订的协议或者共同参加的国际条约，或者依照相互承认优先权的原则，可以享有优先权。申请人自发明或实用新型在中国第一次提出专利申请之日起十二个月内，又向国务院专利行政部门就相同主题提出专利申请的，可以享有优先权。前者为外国优先权，后者为本国优先权，两者在适用的专利类型、申请地点上，都有所不同。

申请人要求优先权的，应当在申请的时候提出书面声明，要求外国优先权的还需要在三个月内提交第一次提出的专利申请文件的副本；未提出书面声明或者逾期未提交专利申请文件副本的，视为未要求优先权。第一次申请被放弃或驳回时，其优先权仍然存在。优先权可以随专利申请权一起转让。

2.3.1.4 单一性原则

单一性原则，又称一发明一申请原则，是指一件发明或者实用新型专利申请应当限于一项发明或者实用新型，一件外观设计专利申请应当限于一项外观设计。属于一个总的发明构思的两项以上的发明或者实用新型，可以作为一件申请提出。同一产品两项以上的相似外观设计，或者用于同一类别并且成套出售或者使用的产品的两项以上外观设计，可以作为一件申请提出。

单一性原则的提出主要是考虑了两个因素。首先是考虑费用。因为办理申请、审批手续都需交费，把不同的几项发明创造作为一件申请提出，只缴纳一件的费用显然是不合理的。其次是为了方便专利申请的分类、检索和审查。由于专利分类极为详细，为保证审查质量，审查员分工也很细，不同的发明创造如果放在一件申请中提出，势必会给专利分类及检索造成困难，也会给审查工作带来很大的麻烦。然而，根据我国《专利法》的规定，对于属于同一构思的两项以上的发明和实用新型或者用于同一类别并且成套出售或使用的产品的两项以上的外观设计，可以作为一件申请提出，称为合案申请。国务院专利行政部门经审查认为专利申请不符合发明创造单一性原则时，会通知申请人在规定的期限内将其专利申请分案，即分为几个申请。分案申请保留原申请日，但不得超出原申请文件记载的范围，不得改变原申请的类别。

2.3.2 授予专利权的条件

我国《专利法》对发明专利和实用新型专利授权的条件规定为应具备新颖性、创造性、实用性，即所谓的“三性”标准，且这“三性”应该同时具备；被授予专利权的外观设计应该具有新颖性、创造性。

2.3.2.1 授予发明和实用新型专利权的条件

2.3.2.1.1 新颖性

我国对于发明和实用新型的新颖性要求条件是相同的。2009年10月1日我国颁布实施的经第三次修改的《专利法》中对新颖性的要求是：该发明或实用新型不属于现有技术；也没有任何单位或者个人就同样的发明或实用新型在申请日以前向国务院专利行政部门提出过申请，并且记载在申请日以后公布的专利申请文件中。

上述的新颖性包括两个要点，第一个要点是该发明或实用新型不属于现有技术；第二个要点是没有一个抵触申请存在。具有新颖性的发明和实用新型必须同时满足这两点要求。

(1)现有技术

现有技术是指申请日以前在国内外为公众所知的技术，它包括在申请日(有优先权的，指优先权日)以前在国内外出版物上公开发表、在国内外公开使用或者以其他方式为公众所知的技术。现有技术应当是在申请日以前公众能够得知的技术内容。换句话说,现有技术应当在申请日以前处于能够为公众获得的状态,并包含有能够使公众从中得知实质性技术知识的内容。

我国新颖性的时间标准是以申请日或优先权日划定的,凡是在申请日或优先权日以前(不包括该日)已经有相同的发明创造,由他人完成并公开或者发明人自己公开,如在出版物、新闻发布会、科研鉴定会、展览会上披露了该发明创造的实质性内容,都会使本发明创造丧失新颖性,不能获得专利权。

现有技术的公开方式可有下列三种情况。

①出版物公开。出版物公开指那些在出版物上已经记载了同样发明创造的情况。出版物不受地理位置、语言、发行量或者获得方式的限制,也不受年代的限制,只要在申请日或优先权日以前有相同内容的发明创造在出版物上有过记载,该发明创造即不具有新颖性。这里所说的出版物可以是各种印刷的、打字的纸件,例如专利文献、科技杂志、书籍、学术论文、专业文献、教科书、产品样板、产品目录、广告宣传册等,也可以是用电、光、磁、照相等方法制成的视听资料,例如缩微胶片、影片、照相底片、录像带、磁带、唱片、光盘等,还可是以其他形式存在的资料,例如存在于互联网或其他在线数据库中的资料。对于一些标有"内部资料"、"内部发行"字样的出版物,只要能为不特定的人获得,也认为是公开出版物。

出版物的印刷日为公开日。

②使用公开。使用公开指由于使用导致技术方案的公开,或者导致技术方案处于公众得知的状态。使用公开的方式包括能够使公众得到其技术内容的制造、使用、销售、进口、交换、馈赠、演示、展出等。即使使用公开的产品或者装置需要经过破坏才能得知其结构和功能,也仍然属于使用公开。使用公开是以公众能够得知该产品或方法之日为公开日。

③其他方式公开。其他方式公开是指除了上述出版物公开和使用公开以外的那些能为公众得知其技术内容的公开方式,主要是指口头公开,如口头交谈、报告、讨论会发言、广播、电视、电影等公开。口头交谈、报告、讨论会发言以其发生之日为公开日。公众可接收的广播、电视、电影的报道,以其播放日为公开日。需要强调的是,我国目前规定的新颖性属于绝对新颖性,即上述的公开无论发生在世界哪个地方,也无论是谁公开的,只要这种公开发生在申请日之前,都会影响专利申请的新颖性。所以,申请人自己也不能在申请日之前把发明内容公开。

(2)抵触申请

抵触申请是指任何人在申请日以前已经以相同内容的发明创造向国务院专利行政部门提出过申请,并在申请日之后公布的情况。任何人包括他人和申请人自己。

出现抵触申请时,可视在先申请案为在后申请案的特殊现有技术,故在后申请不具备新颖性。但如果在先申请没有公开而中止申请,则不属于抵触申请。之所以说抵触申请是一种特殊现有技术,是因为在在后申请案的申请日该技术还未公开,实际上是不为公众所知的技术,但是,该技术又可以破坏在后申请的新颖性。

(3)新颖性的审查原则

判断新颖性时采用的是单独对比原则,即将发明或实用新型与每一项现有技术或抵触申请的相关技术内容单独地进行比较,而不是将其与几项现有技术或抵触申请内容的组合、或者与一份对比文件中的多项技术方案的组合进行比较。被审查的发明或实用新型与现有技术或抵触申请的技术内容单独比较,如果二者的技术领域、所解决的技术问题、技术方案和技术效果实质上相同,则认为被审查的发明或实用新型不具备新颖性。

(4)丧失新颖性的例外

通常情况下,申请日以前发明创造技术内容的公开都会使该专利申请丧失新颖性,而我国专利法第二十四条则规定了例外的情况:申请专利的发明创造在申请日前六个月内,有下列情形之一的,不丧失新颖性:

①在中国政府主办或者承认的国际展览会上首次展出的。中国政府主办的国际展览会,包括国务院或者国务院各部委主办或国务院批准由其他机关或者地方政府举办的国际展览会。中国政府承认的国际展览会,是指国际展览会公约规定的在国际展览局注册或者由其认可的国际展览会。

②在规定的学术会议或者技术会议上首次发表的。这里说的学术会议或者技术会议,是指国务院有关主管部门或者全国性学术团体组织召开的学术会议或者技术会议。

③他人未经申请人同意而泄露其内容的。他人未经申请人同意对发明创造所作的公开,包括他人未遵守明示的或者默示的保密信约而将发明创造的内容公开,也包括他人用威胁、欺诈或者间谍活动等手段从发明人或者经其告诉而得知发明创造内容的任何其他人那里得知发明创造的内容而后公开。上述情况的公开都是违反申请人意愿的。

也就是说,上述三种情况所公开的技术不构成影响该专利申请新颖性的现有技术。所述的六个月期限称为宽限期,或优惠期。

需要注意的是,上述宽限期不等于优先权,即并不把上述三种情况的公开日看做专利申请日。在宽限期内,如果他人独立地做出了相同的发明创造,并且在申请人提出专利申请之前提出了专利申请，则这两件专利申请都不会授权。因为，他人的申请不具备新颖性，申请人的专利申请是在后申请，违背了先申请原则。如果在宽限期内，他人独立地做出了相同的发明创造，且在申请日之前公开了该发明创造的内容，则申请人的专利申请也会因为缺乏新颖性而不会授权。

还有一点需要注意的是，前述两种情况指的都是首次公开，如果在6个月内再次公开，则会导致发明创造丧失新颖性。

最后要注意的是，以上三种情况的申请宽限期，是我国法律的规定。如果需要向国外申请专利，是否在申请专利前公开技术，就应当慎重考虑了，因为各国的法律规定不尽相同，该国可能没有相关宽限期的规定。

2.3.2.1.2　创造性

专利法第二十二条对发明和实用新型的创造性作了分别规定。同现有技术相比，发明专利应具有突出的实质性特点和显著的进步，实用新型专利应具有实质性特点和进步。

(1)发明专利的突出的实质性特点和显著的进步

“突出的实质性特点”是指发明与现有技术相比具有明显的本质区别，对于发明所属技术领域的技术人员来说是非显而易见的。所属技术领域的技术人员在现有技术的基础上仅仅通过逻辑分析、推理或者有限次试验是得不到该发明的。

“显著的进步”是指发明与现有技术相比能够产生有益的技术效果。例如，发明克服了现有技术的问题或不足，或者为解决某一技术问题提供了一种不同构思的技术方案，或者代表某种新的技术发展趋势。它常表现在发明解决了人们一直渴望解决，但始终未能获得成功的技术难题，或者该发明克服了技术偏见，或者该发明取得了意想不到的技术效果或商业上的成功。

(2)创造性的审查原则

审查创造性时，将一份或多份现有技术中的不同技术内容组合在一起对要求保护的发明进行比较评价，这点与新颖性“单独对比”的审查原则是不同的。

抵触申请在审查创造性时不予考虑，这点与新颖性的审查也不一样。

审查创造性时既要审查发明是否具有突出的实质性特点，也要审查发明是否有显著的进步。当然，突出的实质性特点和显著的进步往往是相互联系的。如果发明与现有技术相比具有预料不到的技术效果，则不必再怀疑该技术方案的突出的实质性特点，可以确定该发明具备创造性。

(3)实用新型的实质性特点和进步

对于实用新型专利来说，它的创造性标准比发明要低，只要与现有技术相比有所区别并具有进步即可认为具备创造性。

2.3.2.1.3　实用性

专利法第二十二条第四款规定：实用性是指该发明或者实用新型能够在产业上制造或者使用，并且能够产生积极效果。

这里所说的产业，包括工业、农业、林业、水产业、畜牧业、交通运输业以及文化体育、生活用品和医疗器械等行业。能够在产业上制造或者使用，是指该发明或者实用新型符合自然规律，具有技术特征，可以实施，且具有再现性。

能够产生积极效果，是指发明或者实用新型专利申请在提出申请之日，其产生的经济、技术和社会效果是所属技术领域的技术人员可以预料到的。这些效果应当是积极的和有益的。

根据上述实用性的定义，授予专利权的发明或者实用新型，必须能够解决技术问题，并且能够应用。也就是说，如果申请的专利是一种产品，那么该产品必须在产业中能够制造，并且能够解决技术问题；如果申请的专利是一种方法，那么这种方法必须在产业中能够使用，并且能够解决技术问题。只有满足这些条件，申请的产品或者方法专利才可能被授予专利权。

(1)实用性的审查原则

以申请日提交的所有技术文件的整体技术内容为依据，包括说明书(含附图)和权利要求书，而不是仅仅局限于权利要求书所记载的内容。

实用性与发明或者实用新型是怎样创造出来无关，与它们是否已经实施也无关。

(2)几种不具备实用性的情形

①无再现性。再现性，是指所属技术领域的技术人员，根据公开的技术内容，能够重复实施专利申请中为解决技术问题所采取的技术方案。这种重复实施不得依赖任何随机的因素，并且实施结果应该是相同的。反之，则为无再现性。

需要注意的是，无再现性与产品成品率低具有本质的不同。成品率受技术条件的影响，成品率低是由于没有提供良好的技术条件，而无再现性是在确保了技术条件的情况下不能够重复实施专利申请中为解决技术问题所采取的技术方案。

②违背自然规律。具有实用性的发明或者实用新型专利申请应当符合自然规律。违背自然规律的发明或者实用新型专利申请是不能实施的，因此，不具备实用性。没有实用性的典型例子是关于永动机一类的专利申请，它们违背了能量守恒定律。

③利用独一无二的自然条件的产品。利用特定的自然条件建造的自始至终都是不可移动的唯一产品不具备实用性。例如，把长江大桥作为一件专利申请提出，由于大桥利用特定的自然条件建造、自始至终都是不可移动的，所以它不具备实用

性,不能被授予专利权。但是,桥上的构件本身还是可具备实用性的。

④人体或者动物体的非治疗目的的外科手术方法。外科手术方法分为治疗目的和非治疗目的的手术方法。以治疗为目的的外科手术方法,属于疾病的诊断和治疗方法,根据专利法第二十五条的规定是不能授予专利权的。而非治疗目的的外科手术方法,由于是以有生命的人或者动物为实施对象,无法在产业上使用,因此不具备实用性。例如,为美容而实施的外科手术方法、穿牛鼻子的方法等。

⑤测量人体或者动物在极限情况下的生理参数的方法。测量人体或者动物在极限情况下的生理参数需要将被测对象置于极限环境中,这会对人或动物的生命构成威胁,不同的人或动物个体可以忍受的极限条件是不同的,需要有经验的测试人员根据被测个体的具体情况来确定其忍受的极限条件,因此这类方法无法在产业上使用,不具备实用性。

⑥无积极效果。不能产生预期的积极效果,明显无益、脱离社会需要的发明或者实用新型专利申请的技术方案不具备实用性。

发明或者实用新型"三性"的审查顺序是先审查实用性,再审查新颖性,最后审查创造性。如果经过审查,发明或者实用新型专利申请不具备实用性,则不再对其进行新颖性和创造性的审查。

2.3.2.2 授予外观设计专利权的条件

专利法第二十三条规定:授予专利权的外观设计,应当不属于现有设计,也没有任何单位或者个人就同样的外观设计在申请日以前向国务院专利行政部门提出过申请,并记载在申请日以后公告的专利文件中。

授予专利权的外观设计与现有设计或者现有设计特征的组合相比,应当具有明显区别。

授予专利权的外观设计不得与他人在申请日以前已经取得的合法权利相冲突。

现有设计是指申请日以前在国内外为公众所知的设计。

(1)相关概念

①现有设计:现有设计是指申请日(有优先权的,指优先权日)以前在国内外为公众所知的设计。类似于前述的现有技术,现有设计包括申请日以前在国内外出版物上公开发表过、公开使用过或者以其他方式为公众所知的设计。这里的出版物公开、使用公开、以其他方式公开也没有地域限制。

②抵触申请:在该专利申请日以前任何单位或者个人在专利局提出并且在申请日以后(含申请日)公告的同样的外观设计专利申请。其中,同样的外观设计是指相同或者实质相同的外观设计。相同的外观设计是指同种类产品,全部设计要

素相同的外观设计;实质相同的外观设计是指同种类产品、相近种类产品,仅存在局部的细微差异、使用时不易看到或看不到的差异、将某一设计要素置换为惯常的设计要素、设计单元以惯常方式重复排列或互为镜像对称的外观设计。

产品种类的划分主要考虑产品名称、国际专利分类以及销售时在货架上的位置。

③现有设计特征:是指现有设计的各设计要素或其结合,以及现有设计的各组成部分的设计。

(2)外观设计专利应具备的条件

①新颖性。专利法第二十三条第一款规定了外观设计的新颖性,即新颖性是指该外观设计不属于现有设计,也没有抵触申请存在。

②创造性。专利法第二十三条第二款规定了外观设计的创造性,即创造性是指与现有设计或者现有设计特征的组合相比,该外观设计具有明显区别。即该外观设计与现有设计或者现有设计的各设计要素或其结合,以及现有设计的各组成部分的设计相比,具有明显区别。例如,与现有设计的形状、图案、色彩要素或者其结合相比有明显的区别,又如,与现有整体外观设计产品中的零部件的设计相比有明显的区别。这些区别是通过产品的形状、图案、色彩所引起的美感或视觉上的明显区别。

③与他人在先取得的合法权利不相冲突。他人在先取得的合法权利,是指在外观设计专利申请日前,专利申请人以外的自然人或法人或其他组织已经取得的,依照我国法律在申请日依然有效的权利或者权益。这些合法权利主要包括:商标权、著作权、企业名称权(包括商号权)、肖像权以及知名商品特有包装或者装潢使用权等。

相冲突,是指未经权利人许可,外观设计专利使用了在先合法权利的客体,从而导致该专利的实施将会损害在先权利人的相关合法权利或权益。

(3)外观设计的审查原则

将被审查外观设计专利申请的图片、照片、简要说明与对比设计进行比较。

将一般消费者视为判断主体。该判断主体对相同种类或相近种类产品的外观设计及其常用设计手法具有常识性的了解,对外观设计产品之间在形状、图案以及色彩上的区别具有一定的分辨力,但不会注意到产品的图案、形状以及色彩的微小变化。“不会注意到产品的图案、形状以及色彩的微小变化”的意思是,只有图案、形状以及色彩的微小变化的专利申请不具备专利性。

(4)几种不授予外观设计专利权的情形

①取决于特定地理条件、不能重复再现的固定建筑物、桥梁等。

②因其包含有气体、液体及粉末状等无固定形状的物质而导致的形状、图案、色彩，如沙画工艺品。

③产品的不能分割或者不能单独出售且不能单独使用的局部设计。如造型别致的茶杯把手是不能被授予专利权的。

对于由多个不同特定形状或图案的构件组成的产品，如果构件本身不能单独出售且不能单独使用，则该构件不属于外观设计专利保护的客体。如拼图玩具中的单独一个插接块或单张麻将牌、扑克牌等。

④不能作用于视觉或肉眼难以确定，需要借助特定的工具才能分辨其形状、图案、色彩的物品，如需要用放大镜才能看清楚的微雕，其图案是在紫外灯照射下才能显现的产品等。

⑤要求保护的外观设计不是产品常规的形态，如折叠成花朵形状的餐巾。

⑥以自然物原有的形状、图案、色彩作为主体的设计，通常包括两种情形，一是自然物本身，如盆栽植物，二是自然物仿真设计，如动物仿真玩具。

⑦纯属美术、书法、摄影范畴的作品。

⑧仅以在其产品所属领域内司空见惯的几何形状和图案构成的外观设计。

⑨文字和数字的字音、字义不属于外观设计保护的内容。

⑩产品通电后显示的图案。如电脑显示界面。

⑪对平面印刷品的图案、色彩或者二者的结合作出的主要起标识作用的设计。

2.3.3 专利权的维持

2.3.3.1 专利权的期限

根据我国专利法规定，发明专利权的期限为二十年，实用新型和外观设计专利权的期限均为十年，专利申请授权后，专利权保护期限自申请日起计算。严格地说，专利权人实际上并没有完全拥有二十年或十年的专利权保护。就发明专利而言，可以分为三个阶段：在其申请至公开阶段，如果他人使用该发明，专利申请人是没有权利禁止这种使用的；在申请公开至授权阶段，他人使用该发明需要支付合理的费用，但是需要等到该专利授权，专利申请人转变为专利权人后，专利权人才能主张这种权利；专利授权至专利权终止阶段，专利权人完全拥有专利权。这说明发明专利授权前后的保护程度是不同的。实用新型和外观设计可分为两个阶段，在申请至授权阶段，专利申请人没有禁止他人使用的权利；只有在专利授权至专利权终止阶段，专利权人才完全拥有专利权，这一点和发明专利是相同的。

2.3.3.2 专利权的维持

一件发明创造通过申请、审查等程序最后获得了专利权，得到了专利证书，而要在二十年或十年的法定期限内维持该专利权有效，专利权人每年还要按规定缴纳专利年费，否则专利权就会因为欠费而在法定期限前终止。因此，按照规定缴纳年费，对于专利权人是至关重要的。专利权人应该根据专利的实施情况或其他需要决定是否还要继续维持该专利权。如果需要继续维持专利权有效，就应该在每年相应的申请日前缴纳年费。为避免因漏缴或错缴年费而导致专利权被终止，专利法实施细则规定了 6 个月的宽限期，允许在应当缴纳年费期满之日起 6 个月内补缴年费并同时缴纳滞纳金，从而继续维持专利权有效。如果在宽限期内仍然没有足额缴纳年费和滞纳金，专利局将通知专利权人终止其专利权，并向社会公告。如果专利权人有正当理由或因不可抗力而错过宽限期，可以在收到专利局的专利权终止通知书后两个月内或自障碍消除两个月内，最迟自期限届满之日起 2 年内，以书面的形式向国务院专利行政部门请求恢复权利，并缴纳恢复费、相应的年费和滞纳金。

需要注意的是，享有优先权的申请，其新颖性的判断以优先权日为准，但专利申请授权后年费的缴纳，仍按其实际申请日来计算。

2.3.3.3 专利权的终止

专利权的终止是指专利权失去法律效力，专利权人自终止之日起对该专利不再拥有专利权，该专利将进入公有技术领域，成为社会公有技术，任何人都可以免费、自由使用。

有以下三种情况可导致专利权终止：

①没有按照规定交纳专利年费。

②专利权人书面声明放弃专利权。

③专利保护期届满。

在专利保护期届满之前，如果专利权人根据该专利的实施等情况决定终止该专利权，可以按前面两种情况处理。

2.4 专利权的主体及权利归属

2.4.1 专利权的主体

专利权的主体指依法享有专利权并承担相应义务的人，是可以申请专利并获得专利权的人。那么，一件发明创造谁有权申请专利，专利申请经过审查，最后被授予专利权后，谁是专利权的主体？是发明创造的发明人，还是专利申请的申请人？要正确回答这个问题，首先要掌握发明人、申请人和专利权人的概念。

2.4.1.1 发明人与设计人

我国专利法对完成发明创造的人做了不同的规定，对于发明专利和实用新型专利，完成发明创造的人称为发明人；对于外观设计专利，完成发明创造的人称为设计人。为了简捷起见，我们把发明人和设计人简称发明人。

根据我国专利法的规定，发明人是指对发明创造的实质性特点作出创造性贡献的人。在完成发明创造过程中，只负责组织工作的人、为物质技术条件的利用提供方便的人或者从事其他辅助工作的人，不是发明人。由此可见，那些仅为发明创造的完成提供后勤服务、组织领导，而没有对该发明创造的实质性特点作出创造性贡献的后勤工作人员、各级领导不是发明人。

由此可见，发明人只能是自然人，不能是法人或其他单位。发明人享有发明权，发明权包括署名权、获得奖励权和获得报酬权。署名权是一种人身权，不能为了其他需要随便变更，也不能转让、继承，永远归发明人所有。

如果发明创造是由两人或两个以上的人共同完成的，或者说两人或两个以上的人都对该发明创造的实质性特点作出了创造性的贡献，那么这些人就是共同发明人。共同发明人的权利和义务是相等的，排名前后没有本质上的区别，但在实际操作中，人们往往把贡献更大的人排在更前面。

2.4.1.2 申请人和专利权人

申请人是指就发明创造提出专利申请的人。申请人可以是发明人，也可以是法人或其他组织，还可以是专利申请权的权利继受人。

发明人作为发明创造的完成人，理应有权申请专利并获得专利成为专利权人。但是，许多发明创造需要团队的力量和大量的投资才能完成，所以，单位法人或其他组织成为许多发明创造的开发者，也成为许多专利申请的申请人和专利权人。

另外，和其他民事权利一样，专利申请权或专利权也可以转移或被继承，但发明人的署名权是不能被转移或继承的。如果专利申请权发生了转移，那么权利继受人就成为专利的申请人，该专利授权后，该继受人就成为专利权人。

2.4.1.3 外国人、外国企业或者外国其他组织

外国人（自然人、企业或其他组织）要在我国申请专利，成为专利权的主体，分为以下两种情况。

①在中国有经常居所或者营业所的外国人。这部分外国人在中国申请专利获得专利权，享有与我国国民同等的待遇。

②在中国没有经常居所或者营业所的外国人。这部分外国人在中国申请专利的，应当依照其所属国同中国签订的协议或者共同参加的国际条约，或者依照互惠

原则，委托依法设立的专利代理机构办理。

2.4.2 专利权的归属

根据《中华人民共和国专利法》及其实施细则的规定，专利权的归属分下列几种情况。

2.4.2.1 职务发明创造

执行本单位分配的任务，或者主要利用本单位的物质技术条件所完成的发明创造为职务发明创造。职务发明创造的专利申请权和专利权归该单位所有。

(1)执行本单位的任务所完成的发明创造包括以下三种情况：

①在本职工作中作出的发明创造。

②履行本单位交付的本职工作之外的任务所作出的发明创造。

③退职、退休或者调动工作后1年内作出的，与其在原单位承担的本职工作或者原单位分配的任务有关的发明创造。

(2)本单位的物质技术条件是指单位的资金、设备、零部件、原材料或者不对外公开的技术资料等。

(3)在主要利用本单位的物质技术条件完成发明创造的情况下，如果有合同约定，则其专利申请权和专利权的归属依其约定。

2.4.2.2 非职务发明创造

既不是执行本单位分配的任务，也没有利用本单位的物质技术条件所完成的发明创造为非职务发明创造。非职务发明创造的专利申请权和专利权归个人所有。

2.4.2.3 合作完成的发明创造

两个以上单位或者个人合作完成的发明创造，除有协议约定外，其专利申请权和专利权属于完成或者共同完成的单位或者个人。

2.4.2.4 委托完成的发明创造

单位或者个人接受其他单位或者个人的委托完成的发明创造，除委托书中有约定的外，其专利申请权和专利权属于完成或者共同完成的单位或者个人。

2.4.2.5 同样的发明创造

两个以上的申请人分别就同样的发明创造申请专利的，专利权授予最先申请的人。两个以上的申请人在同一日分别就同样的发明创造申请专利的，应在收到国务院专利行政部门的通知后自行协商确定申请人。

2.5 专利的申请及审批

在具有专利制度的国家和地区，发明创造可以利用专利得到独家占有的保护。申请人需要主动向政府主管部门提出申请，经过政府主管部门审核，才能获得专利权。在中国，上述的政府主管部门是国务院专利行政部门，即中国国家知识产权局专利局。

2.5.1 申请专利所需要的文件

2.5.1.1 发明和实用新型专利申请要提交的文件

申请发明或者实用新型专利的，应当提交请求书、说明书及其摘要和权利要求书等文件。

(1)请求书应当写明发明或者实用新型的名称，发明人的姓名，申请人姓名或者名称和地址。另外，请求书中还包括一些其他的事项，如申请人是自然人时的身份证号码，申请人是法人单位时的组织机构代码，第一发明人的身份证号码，联系人的姓名和通信地址，是否委托了代理机构，是否为分案申请，优先权情况，是否有不丧失新颖性宽限期声明，是否有保密请求，该发明创造是否为发明及实用新型同时申请以及递交文件的清单。针对发明专利申请，还包括生物材料保藏的情况，是否有序列表，是否有遗传资源来源披露登记表，是否有提前公开声明和实质审查请求等。请求书要由全体申请人或专利代理机构签字或者盖章。

(2)说明书应当对发明或者实用新型作出清楚、完整的说明，以所属技术领域的技术人员能够实现为准；必要的时候，应当有附图，实用新型必须包括附图。具体的，发明或者实用新型的说明书应当包括下列内容：

①发明创造名称。该名称应当与请求书中的名称一致。

②技术领域。写明要求保护的技术方案所属的技术领域。

③背景技术。写明对发明或者实用新型的理解、检索、审查有用的背景技术，有可能的，并引证反映这些背景技术的文件。

④发明内容。写明发明或者实用新型所要解决的技术问题以及解决这些技术问题采用的技术方案，并对照现有技术写明发明或者实用新型的有益效果。

⑤附图说明。说明书有附图的，对各幅附图作简略说明。

⑥具体实施方式。详细写明申请人认为实现发明或者实用新型的优选方式；必要时，举例说明；有附图的，对照附图。

发明专利申请包含一个或者多个核苷酸或者氨基酸序列的，说明书应当包括符合专利局规定的序列表。

(3)说明书摘要应当简要说明发明或者实用新型的技术要点。

(4)权利要求书应当记载发明或者实用新型的技术特征，以说明书为依据，清楚、简要地限定要求专利保护的范围。权利要求书应当有独立权利要求，也可以有从属权利要求。独立权利要求应当从整体上反映发明或者实用新型的技术方案，记载解决技术问题的必要技术特征。从属权利要求是用附加的技术特征，对引用的权利要求作进一步限定。

依赖遗传资源完成的发明创造，申请人应当在专利申请文件中说明该遗传资源的直接来源和原始来源；申请人无法说明原始来源的，应当陈述理由。

2.5.1.2 外观设计专利申请要提交的文件

申请外观设计专利的，应当提交请求书、该外观设计的图片或者照片以及对该外观设计的简要说明等文件。

(1)请求书应当写明使用外观设计的产品名称，设计人的姓名，申请人姓名或者名称和地址。另外，请求书中还包括一些其他的事项，如申请人是自然人时的身份证号码，申请人是法人单位时的机构代码，第一发明人的身份证号码，联系人的姓名和通信地址，是否委托了代理机构，是否为分案申请，国外优先权情况，是否有不丧失新颖性宽限期声明，是否为同一产品的相似外观设计，是否为成套产品的多项外观设计以及递交文件的清单。请求书要由全体申请人或专利代理机构签字或者盖章。

使用外观设计的产品名称对图片或者照片中表示的外观设计所应用的产品种类具有说明作用。使用外观设计的产品名称应当与外观设计图片或者照片中表示的外观设计相符合，准确、简明地表明要求保护的产品的外观设计。

(2)外观设计的图片或者照片应当清晰。外观设计专利权的保护范围以表示在图片或者照片中的该产品的外观设计为准。

(3)简要说明用于解释图片或者照片所表示的该产品的外观设计。简要说明应当包括:外观设计产品的名称，外观设计产品的用途，外观设计的设计要点，指定一幅最能表明设计要点的图片或者照片。

2.5.2 专利的受理

专利局收到发明或者实用新型专利申请的请求书、说明书(实用新型必须包括附图)和权利要求，或者外观设计专利申请的请求书、外观设计的图片或者照片和简要说明后，应当明确申请日、给予申请号，并以受理通知书的形式通知申请人。

请求书中至少要有申请人姓名或者名称和地址，否则专利局将不予受理该专利申请。本节第一部分申请专利所需要的文件中所列出的请求书中的其他项目，如果申请的时候没有填写完全，可以通过补正程序弥补。

申请日是专利局收到专利申请文件之日。如果申请文件是邮寄的，以寄出的邮戳日为申请日。

申请号是专利局对该申请的编号，每一件专利申请的编号均不相同。专利申请号对于每个专利申请都是唯一确定的，当该专利申请授权后，申请号即变为专利号，为了便于区分，在专利号之前加上"ZL"。

2.5.3 专利的审批

2.5.3.1 发明专利申请的审批

我国对发明专利申请实行早期公开、延迟审查制度。专利局受理了申请人的发明专利申请后，经过初步审查、公布和实质审查步骤，决定是否对该申请授予专利权。

(1)初步审查

发明专利申请的初步审查是受理发明专利申请之后、公布该申请之前的一个必要程序。初步审查的主要任务和审查范围是：

①审查申请人提交的申请文件及其格式是否符合专利法及其实施细则的规定。如是否有请求书、说明书及其摘要和权利要求书；请求书中除了发明名称、发明人的姓名、申请人姓名或者名称及地址外，其他内容的填写是否明显不完善；说明书是否明显不包括本节第一部分所述的六部分内容；说明书附图是否明显没有按顺序编号；权利要求书是否明显没有记载发明的技术特征；权利要求是否明显没有按顺序编号；说明书摘要是否明显没有记载发明专利申请所公开内容的概要等；申请文件的字迹、版面和页码编排是否符合要求。

②审查申请人在提出专利申请的同时或者随后提交的与专利申请有关的其他文件是否符合专利法及其实施细则的规定。如委托代理机构的委托书、请求提前公开声明、实质审查请求书和遗传资源来源披露登记表的填写是否规范，优先权证明文本是否合格，不丧失新颖性宽限期的证明是否合格，生物材料保藏证明是否合格等。

③审查申请人提交的与专利申请有关的其他文件是否是在专利法及其实施细

则规定的期限内或者专利局指定的期限内提交。如优先权证明文本是否是申请日起三个月内提交的，生物材料保藏证明是否申请日起四个月内提交的，不丧失新颖性宽限期的证明是否是申请日起二个月内提交的。

④对申请人的主体资格和专利代理事项是否符合专利法的要求进行审查。发明专利的申请人可以是法人单位，也可以是自然人。职务发明，申请专利的权利属于法人单位；非职务发明，申请专利的权利属于发明人。中国单位或者个人申请发明专利的，可以委托专利代理机构，也可以不委托专利代理机构。在中国没有经常居所或者营业所的外国人、外国企业或者外国其他组织在中国申请发明专利的，必须委托专利代理机构。

⑤审查发明创造是否明显属于违反法律、社会公德或者是妨害公共利益的。审查所申请保护的是否是明显属于专利法第二十五条所规定的不授予专利权的内容。

⑥审查专利要求保护的客体是否明显不符合专利法第二条第二款对发明的定义，即是否是对产品、方法或者其改进所提出的新的技术方案。

⑦审查是否明显不符合专利法第三十一条有关单一性的规定；审查是否明显不符合专利法第三十三条有关修改超范围的规定。所谓单一性，是指一件申请只能保护一项发明。所谓修改超范围是指对申请文件的修改超出了原始递交文件所记载的范围。

⑧审查是否属于专利法第二十条规定的没有经过保密审查即在外国申请了专利，又在国内申请专利的。

⑨审查申请人提交的申请文件和与专利申请有关的其他文件是否有相应的盖章和/或签字。

⑩审查申请人缴纳的有关费用的金额和期限是否符合专利法实施细则的规定。例如，申请费、公布印刷费和必要的申请附加费（有优先权的包括优先权费），是否是在自申请日起 2 个月内或者是在收到受理通知书之日起 15 日内缴纳的。实质审查费是否是在自申请之日起 3 年内缴纳的。

(2)发明公开

专利法第三十四条规定，专利局收到发明专利申请后，经初步审查认为符合专利法要求的，自申请日（有优先权的，为优先权日）起满十八个月，即行公布。专利局也可以根据申请人的请求早日公布其申请。发明专利申请在发明专利公报上公布，专利公报以期刊形式发行，同时以电子公报形式在国家知识产权局政府网站上公布。

(3)实质审查

实质审查是对专利的全面审查。专利法第三十五条规定,发明专利申请自申请日起3年内,专利局可以根据申请人随时提出的请求,对其申请进行实质审查;申请人无正当理由逾期不请求实质审查的,该申请即被视为撤回。国务院专利行政部门认为必要的时候,可以自行对发明专利申请进行实质审查。

实质审查的内容包括以下几个方面:

①专利要求保护的客体是否符合专利法第二条第二款的规定,是否是对产品、方法或者其改进所提出的新的技术方案。

②审查发明创造是否属于违反法律、社会公德或者是妨害公共利益的。

③审查发明创造是否属于下述专利法第二十五条所规定的不授予专利权的内容:

a. 科学发现。

b. 智力活动的规则和方法。

c. 疾病的诊断和治疗方法。

d. 动物和植物品种。

e. 用原子核变换方法获得的物质。

④审查说明书和权利要求书的撰写和内容是否符合专利法及其实施细则的规定。主要包括审查说明书是否对发明作出了清楚、完整的说明;权利要求书是否以说明书为依据,清楚、简要地限定了要求专利保护的范围;独立权利要求是否从整体上反映了发明的技术方案,记载了解决技术问题的必要技术特征。

⑤审查发明创造是否具有新颖性、创造性和实用性。如前文所述,所谓新颖性,是指该发明创造不属于现有技术;也没有任何单位或者个人就同样的发明创造在申请日以前向专利局提出过申请,并记载在申请日以后公布的专利申请文件或者公告的专利文件中。创造性,是指与现有技术相比,该发明具有突出的实质性特点和显著的进步。实用性,是指该发明能够制造或者使用,并且能够产生积极效果。

⑥审查发明是否符合专利法第三十一条有关单一性的规定。即看该发明专利申请是否满足限于一项发明的要求。

⑦审查对申请文件的修改或者分案的申请是否超出了原始提交说明书和权利要求书记载的范围。

⑧审查该专利申请是否属于同样的发明创造既申请实用新型专利又申请发明专利的情况。如果该发明是同一申请人同日既申请了实用新型又申请了发明的,根据专利法第九条第一款的规定,先获得的实用新型专利权尚未终止,且申请人声

明放弃该实用新型专利权的，可以授予发明专利权。

⑨审查是否属于专利法第二十条规定的没有经过保密审查既在外国申请了专利，又在国内申请专利的。

专利局在对发明专利申请进行实质审查过程中，认为有不符合专利法、专利法实施细则和审查指南规定的，应当通知申请人，要求其在指定的期限内陈述意见或者对申请文件进行修改，对不符合专利法第三十一条有关单一性规定的，应通知申请人进行分案。经申请人陈述意见或者进行修改后，专利局仍然认为不符合专利法或专利法实施细则规定的，应当予以驳回。无正当理由逾期不答复的，其申请被视为撤回。

(4)专利权的授予

发明专利申请经实质审查没有发现驳回理由的，由专利局作出授予发明专利权的决定，发给发明专利证书，同时予以登记和公告。

2.5.3.2 实用新型专利申请的审批

我国对实用新型专利申请实行初步审查制度。对于经过初步审查，实用新型申请符合专利法及其实施细则规定，没有发现驳回理由的，作出授予实用新型专利权的决定，发给实用新型专利证书，同时予以登记和公告。

实用新型专利申请初步审查的范围是：

(1)申请文件的形式审查

对申请文件的形式审查主要包括：审查申请人提交的申请文件及其格式是否符合专利法及其实施细则的规定。如是否有请求书、说明书及其摘要、说明书附图及其摘要和权利要求书；请求书中除了发明名称、发明人的姓名、申请人姓名或者名称及地址外，其他内容的填写是否完善；如果有要求优先权或者分案申请的，是否符合相应的规定；说明书是否包括本节第一部分所述的六部分内容；说明书附图是否按顺序编号；权利要求书是否记载了发明的技术特征；权利要求的撰写是否符合专利法实施细则中对撰写格式的要求；权利要求是否按顺序编号；说明书摘要是否明显没有记载发明专利申请所公开内容的概要等；申请文件的字迹、版面和页码编排是否符合要求；如果有对实用新型的内容进行主动修改的，是否符合时间、修改的方式和修改不能超范围的规定；申请文件是否有相应的盖章和/或签字。

(2)申请文件的明显实质性缺陷审查

对申请文件的明显实质性缺陷审查主要包括：

①审查发明创造是否明显属于违反法律、社会公德或者是妨害公共利益的。审查所申请保护的是否是明显属于专利法第二十五条所规定的不授予专利权的

内容。

②对申请人的主体资格和专利代理事项是否符合专利法的要求进行审查。实用新型专利的申请人可以是法人单位，也可以是自然人。职务发明，申请专利的权利属于法人单位；非职务发明，申请专利的权利属于发明人。中国单位或者个人申请实用新型专利的，可以委托专利代理机构，也可以不委托专利代理机构。在中国没有经常居所或者营业所的外国人、外国企业或者外国其他组织在中国申请实用新型专利的，必须委托专利代理机构。

③审查是否属于专利法第二十条规定的没有经过保密审查既在外国申请了专利，又在国内申请专利的。

④审查专利要求保护的客体是否明显不符合专利法第二条第三款的规定。即是否是对产品的形状、构造或者其结合所提出的适于实用的新的技术方案。

⑤审查发明创造是否明显不具有新颖性和实用性。所谓新颖性，是指该实用新型不属于现有技术；也没有任何单位或者个人就同样的发明创造在申请日以前向专利局提出过申请，并记载在申请日以后公布的专利申请文件或者公告的专利文件中。实用性，是指该实用新型能够制造或者使用，并且能够产生积极效果。

⑥审查说明书是否明显未对实用新型作出清楚、完整的说明；审查权利要求书是否明显未以说明书为依据，清楚、简要地限定了要求专利保护的范围。说明书和权利要求书的撰写格式是否明显不符合专利法实施细则的规定。

⑦审查发明创造是否明显不符合专利法第三十一条有关单一性的规定。

⑧审查对申请文件的修改或者分案的申请是否明显超出了原始提交说明书和权利要求书记载的范围。

⑨审查该专利申请是否属于同样的发明创造既申请实用新型专利又申请发明专利的情况，如果属于这种情况，是否依照专利法第九条规定不能取得专利权。

(3)其他文件的形式审查

对其他文件的形式审查主要包括：审查申请人在提出专利申请的同时或者随后提交的与专利申请有关的其他文件是否符合专利法及其实施细则的规定。如不丧失新颖性宽限期的证明、优先权证明文本、请求恢复权利的证明、委托代理机构的委托书、撤回声明请求、中止审查程序的请求书以及费用减缓请求书及证明是否合格，审查所提交的文件是否是在专利法及其实施细则规定的期限内或者专利局指定的期限内提交的。如优先权证明文本是否是申请日起 3 个月提交的，不丧失新颖性宽限期的证明是否是申请日起 2 个月提交的

审查申请人提交的与专利申请有关的其他文件是否有相应的盖章和/或签字。

(4)审查申请人缴纳的有关费用的金额和期限是否符合专利法实施细则的规定。如申请费和必要的申请附加费(有优先权的包括优先权费),是否是在自申请日起2个月内或者是在收到受理通知书之日起15日内缴纳的。

专利局在对实用新型专利申请进行初步审查过程中,认为申请文件存在可以通过补正克服的缺陷的专利申请,应当发出补正通知书,要求申请人在指定的期限内对申请文件进行补正。当认为申请文件存在不可能通过补正方式克服的明显实质性缺陷时,应当发出审查意见通知书,通知申请人,要求其在指定的期限内陈述意见或者对申请文件进行修改。经申请人陈述意见或者进行修改后,专利局仍然认为不符合专利法或专利法实施细则规定的,应当予以驳回。无正当理由逾期不答复的,其申请被视为撤回。

2.5.3.3 外观设计专利申请的审批

我国对外观设计专利申请实行初步审查制度。对于经过初步审查,外观设计申请符合专利法及其实施细则规定,没有发现驳回理由的,作出授予外观设计专利权的决定,发给外观设计专利证书,同时予以登记和公告。外观设计专利申请初步审查的范围是:

(1)申请文件的形式审查

对申请文件的形式审查主要包括:审查申请人提交的申请文件及其格式是否符合专利法及其实施细则的规定。如是否有请求书、该外观设计的图片或者照片以及对该外观设计的简要说明;请求书中除了使用外观设计的产品名称,设计人的姓名、申请人姓名或者名称及地址外,其他内容的填写是否完善;如果有要求优先权或者分案申请的,是否符合相应的规定;申请人请求保护色彩的,是否提交了彩色的图片或者照片;外观设计的简要说明是否写明了外观设计产品的名称、用途,外观设计的设计要点等内容;外观设计的图片或者照片的视图名称及编号是否正确;如果有对外观设计的内容进行主动修改的,是否符合时间、修改的方式和修改不能超范围的规定;申请文件的字迹、版面和页码编排是否符合要求;申请文件是否有相应的盖章和/或签字。

(2)申请文件的明显实质性缺陷审查

对申请文件的明显实质性缺陷审查主要包括:

①审查外观设计是否明显属于违反法律、社会公德或者是妨害公共利益的。审查所申请的外观设计是否是明显属于专利法第二十五条第一款第(六)项规定的不授予专利权内容,即是否为对平面印刷品的图案、色彩或者二者的结合作出的主要起标识作用的设计。

②对申请人的主体资格和专利代理事项是否符合专利法的要求进行审查。外观设计专利的申请人可以是法人单位，也可以是自然人。职务发明，申请专利的权利属于法人单位；非职务发明，申请专利的权利属于发明人。中国单位或者个人申请外观设计专利的，可以委托专利代理机构，也可以不委托专利代理机构。在中国没有经常居所或者营业所的外国人、外国企业或者外国其他组织在中国申请外观设计专利的，必须委托专利代理机构。

③审查外观设计是否明显不符合专利法中对外观设计的定义：外观设计，是指对产品的形状、图案或者其结合以及色彩与形状、图案的结合所作出的富有美感并适于工业应用的新设计。

④审查外观设计是否明显不具有新颖性。所谓新颖性，是指该外观设计不属于现有设计；也没有任何单位或者个人就同样的外观设计在申请日以前向专利局提出过申请，并记载在申请日以后公告的专利文件中。

⑤审查申请人提交的有关图片或者照片是否明显没有清楚地显示要求专利保护的产品的外观设计。

⑥审查发明创造是否明显不符合专利法第三十一条有关单一性的规定，即一件外观设计专利申请应当仅限于一项外观设计。但是，同一产品两项以上的相似外观设计（不得超过10项），或者用于同一类别并且成套出售或者使用的产品的两项以上外观设计，可以作为一件申请提出。

⑦审查对申请文件的修改或者分案的申请是否明显超出了原始提交照片或者图片表示的范围。

(3)其他文件的形式审查

对其他文件的形式审查主要包括：审查申请人在提出专利申请的同时或者随后提交的与专利申请有关的其他文件是否符合专利法及其实施细则的规定。如不丧失新颖性宽限期的证明、优先权证明文本、请求恢复权利的证明、委托代理机构的委托书、撤回声明请求、中止审查程序的请求书以及费用减缓请求书及证明是否合格，审查所提交的文件是否是在专利法及其实施细则规定的期限内或者专利局指定的期限内提交的。如优先权证明文本是否是申请日起三个内月提交的，不丧失新颖性宽限期的证明是否是申请日起二个月内提交的，审查申请人提交的与专利申请有关的其他文件是否有相应的盖章和/或签字。

(4)审查申请人缴纳的有关费用的金额和期限是否符合专利法实施细则的规定。如申请费（有优先权的包括优先权费），是否是在自申请日起2个月内或者是在收到受理通知书之日起15日内缴纳的。

专利局在对外观设计专利申请进行初步审查过程中，认为申请文件存在可以通过补正克服的缺陷的专利申请，应当发出补正通知书，要求申请人在指定的期限内对申请文件进行补正。当认为申请文件存在不可能通过补正方式克服的明显实质性缺陷时，应当发出审查意见通知书，通知申请人，要求其在指定的期限内陈述意见或者对申请文件进行修改。经申请人陈述意见或者进行修改后，专利局仍然认为不符合专利法或专利法实施细则规定的，应当予以驳回。无正当理由逾期不答复的，其申请被视为撤回。

2.6　专利申请的复审与专利权的无效宣告

根据专利法第四十一条的规定，国家知识产权局设立专利复审委员会。专利复审委员会设主任委员、副主任委员、复审委员、兼职复审委员、复审员和兼职复审员。专利复审委员会主任委员由国家知识产权局局长兼任，副主任委员、复审委员和兼职复审委员由局长从局内有经验的技术和法律专家中任命，复审员和兼职复审员由局长从局内有经验的审查员和法律人员中聘任。

专利复审委员会的主要任务是：

(1)对复审请求进行受理和审查，并作出决定。在专利申请的初步审查和实质审查过程中，专利申请人如果对专利局驳回专利申请的决定不服，可以自收到通知之日起 3 个月内，向专利复审委员会请求复审。专利复审委员会对复审请求进行受理和审查后，作出决定，并通知专利申请人。

(2)对专利权的无效宣告请求进行受理和审查，并作出决定。自专利局公告授予专利权之日起，任何单位或者个人认为专利权的授予不符合专利法或专利法实施细则有关规定的，可以请求专利复审委员会宣告该专利权无效。专利复审委员会对专利权无效宣告请求进行受理和审查，作出决定，并通知无效宣告请求人和专利权人。

(3)出庭应诉。当事人对专利复审委员会的决定不服，依法向人民法院起诉的，专利复审委员会可出庭应诉。

专利复审委员会对专利申请的复审请求与专利权的无效宣告请求审查过程中普遍适用的原则包括：

①合法原则。专利复审委员会应当依法行政，复审和无效宣告案件的审查程序和审查决定应当符合法律、法规、规章等有关规定。

②公正执法原则。专利复审委员会以客观、公正、准确、及时为原则，坚持以事实为根据，以法律为准绳，独立地履行审查职责。

③请求原则。复审和无效宣告程序均应当基于当事人的请求启动。

④依职权审查原则。专利复审委员会可以对所审查的案件依职权进行审查，而不受当事人请求的范围和提出的理由、证据的限制。

⑤听证原则。在作出审查决定之前，应当给予审查决定对其不利的当事人针对审查决定所依据的理由、证据和认定的事实陈述意见的机会。

⑥公开原则。除了根据国家法律、法规等规定需要保密的案件，其他各种案件的口头审理应当公开举行，审查决定应当公开出版发行。

专利复审委员会合议审查的案件，应当由三或五人组成的合议组负责审查，其中包括组长一人、主审员一人、参审员一或三人。对于简单的案件，可以由一人独任审查。合议组依照少数服从多数的原则对复审或者无效宣告案件的审查所涉及的证据是否采信、事实是否认定以及理由是否成立等进行表决，作出审查决定。

2.6.1 复审程序

为了维护专利申请人的正当权益，防止本应当被批准的专利申请得不到批准，设置了复审程序。复审程序是因申请人对驳回决定不服而启动的救济程序，同时也是专利审批程序的延续。专利复审委员会一般仅针对驳回决定所依据的理由和证据进行审查，不承担对专利申请全面审查的义务，但是专利复审委员会可以依职权对驳回决定未提及的明显实质性缺陷进行审查。

2.6.1.1 请求复审需要提交的文件

复审请求书：复审请求书是专利局统一制定的表格（表 2-1 是复审请求书的第 1 页），填写时应注意复审请求人一定是被驳回专利申请的申请人。如果专利自申请起没有变更过申请人，复审请求人与专利申请请求书中的请求人应该是一致的。如果专利申请过程中变更过申请人，复审请求人应该是最后一次著录项目变更合格后的专利申请人。

说明复审的理由：复审理由应简明、清楚，填写不下时，可以使用附页。

必要时需要提供证据。

必要时可以对专利文件进行修改。提出复审请求时，申请人可以对申请文件进行修改，但是仅限于消除驳回决定指出的缺陷，且不能超过原始提交文件所记载的内容。

缴纳复审请求费。

表 2-1 复审请求书

<table>
<tr><td colspan="4">请按照“注意事项”正确填写本表各栏</td><td>此框内容由专利复审委员会填写</td></tr>
<tr><td rowspan="2">②专利申请</td><td colspan="3">申请号</td><td>①案件编号</td></tr>
<tr><td colspan="4">发明创造名称</td></tr>
<tr><td rowspan="8">③复审请求人</td><td rowspan="5">申请人</td><td colspan="2">姓名或名称</td><td>电话</td></tr>
<tr><td colspan="3">居民身份证件号码或组织机构代码</td></tr>
<tr><td colspan="3">电子邮箱</td></tr>
<tr><td colspan="2">国籍或注册国家(地区)</td><td>经常居所地或营业所所在地</td></tr>
<tr><td>邮政编码</td><td colspan="2">详细地址</td></tr>
<tr><td rowspan="3">申请人</td><td colspan="2">姓名或名称</td><td>电话</td></tr>
<tr><td colspan="2">国籍或注册国家(地区)</td><td>经常居所地或营业所所在地</td></tr>
<tr><td>邮政编码</td><td colspan="2">详细地址</td></tr>
<tr><td rowspan="2">④收件人</td><td colspan="2">姓名</td><td>电话</td><td>电子邮箱</td></tr>
<tr><td colspan="2">邮政编码</td><td colspan="2">详细地址</td></tr>
<tr><td rowspan="4">⑤专利代理机构</td><td colspan="2">名称</td><td colspan="2">机构代码</td></tr>
<tr><td rowspan="3">代理人(1)</td><td>姓名</td><td rowspan="3">代理人(2)</td><td>姓名</td></tr>
<tr><td>执业证号</td><td>执业证号</td></tr>
<tr><td>电话</td><td>电话</td></tr>
<tr><td colspan="5">⑥
根据专利法第 41 条第 1 款及专利法实施细则第 60 条第 1 款的规定，对国家知识产权局于____年____月____日发出的对上述专利申请的驳回决定不服，请求复审。</td></tr>
</table>

2.6.1.2 复审的流程

(1)形式审查

专利复审委员会收到复审请求书后，首先进行形式审查，对于符合专利法及其实施细则规定的复审请求，专利复审委员会发出“复审请求受理通知书”，通知复审请求人。否则，专利复审委员会发出“补正通知书”、“复审请求不予受理通知书”或“复审请求视为未提出通知书”。

(2)前置审查

经形式审查合格后，专利复审委员会将复审请求书(包括附具的证明文件和修改后的申请文件)连同案卷一并转交作出驳回决定的原审查部门进行前置审查。原审查部门进行前置审查后，应当提出前置审查意见，作出前置审查意见书。前置审查意见分为下列三种类型：

①复审请求成立，同意撤销驳回决定。

②复审请求人提交的申请文件修改文本克服了申请中存在的缺陷，同意在修改文本的基础上撤销驳回决定。

③复审请求人陈述的意见和提交的申请文件修改文本不足以使驳回决定被撤销，因而坚持驳回决定。

前置审查意见属于第①或第②种类型的，专利复审委员会不再进行合议审查，根据前置审查意见作出复审决定，通知复审请求人，并且由原审查部门继续进行审批程序。前置审查意见属于第③种类型的，专利复审委员会成立合议组，进行合议审查。

(3)合议审查

合议组对复审请求的审查，可以采取书面审理、口头审理或者书面与口头审理相结合的方式进行。审查的内容主要有理由和证据，以及修改文本两个方面。合议组一般仅针对驳回决定所依据的理由和证据进行审查。当有下列情形之一的情况时，合议组应当发出复审通知书：

①复审决定将维持驳回决定。

②需要复审请求人依照专利法及其实施细则和审查指南有关规定修改申请文件，才有可能撤销驳回决定。

③需要复审请求人进一步提供证据或者对有关问题予以说明。

④需要引入驳回决定未提出的理由或者证据。

请求人在对专利复审委员会的复审通知书作出答复时，可以修改专利申请文件，但是修改应当仅限于消除复审通知书指出的缺陷，而且不能超过原始提交文件所记载的内容。

(4)作出复审决定

专利复审委员会对复审请求作出复审决定,并通知复审请求人。复审决定有下列三种类型:

①复审请求不成立,维持驳回决定。

②复审请求成立,撤销驳回决定。

③专利申请文件经复审请求人修改,克服了驳回决定所指出的缺陷,在修改文本的基础上撤销驳回决定。

复审决定属于第②或第③种类型的,专利复审委员会将有关的案卷返回原审查部门,由原审查部门继续审批程序。原审查部门应当执行专利复审委员会的决定,不得以同样的事实、理由和证据作出与该复审决定意见相反的决定。

对专利复审委员会的复审决定不服的,可以在收到复审决定之日起 3 个月内向北京市第一中级人民法院起诉。对北京市第一中级人民法院的一审判决不服的,可以在收到一审判决通知之日起 15 日内向北京市高级人民法院上诉。北京市高级人民法院作出的判决是终审判决。

(5)复审决定的生效

复审请求人在收到复审决定之日起 3 个月内没有向北京市第一中级人民法院起诉的,复审决定生效。

2.6.2 专利权的无效宣告程序

无效宣告程序是专利公告授权后依当事人请求而启动的。专利权无效宣告程序通常是双方当事人参加的一个纠正专利错误授权的程序。

在专利权无效宣告过程中,专利复审委员会除了要遵循前述普遍适用的原则外,还应当遵循以下三个原则:

(1)一事不再理原则。对已作出审查决定的无效宣告案件涉及的专利权,以同样的理由和证据再次提出无效宣告请求的,不予受理和审理。

(2)当事人处置原则。请求人可以放弃全部或者部分无效宣告请求的范围、理由及证据;专利权人可以放弃部分专利权。在无效宣告程序中,当事人有权自行与对方和解。

(3)保密原则。在作出审查决定之前,合议组的成员不得私自将自己、其他合议组成员、负责审批的主任委员或者副主任委员对该案件的观点明示或者暗示给任何一方当事人。

2.6.2.1 无效宣告请求需要提交的文件

无效宣告请求书:无效宣告请求书是专利局统一制定的表格。无效宣告请求书中应当明确无效宣告请求范围以及无效宣告的理由，提交有证据的，应当结合提交的证据具体说明无效的理由。

必要时需要提供证据。

有委托的需要提交无效宣告程序授权委托书，并写明委托权限。

在规定时间内缴纳无效宣告请求费。

2.6.2.2 无效宣告的理由

无效宣告的理由仅限于专利法实施细则第六十五条第二款规定的理由，并且应当以专利法及其实施细则中有关的条、款、项作为独立的理由提出。具体包括以下内容：

(1)不符合专利的定义。授予专利权的发明、实用新型或者外观设计不符合专利法对其作出的定义，不属于相应专利保护的内容。

(2)未遵守有关保密审查的规定。专利法规定，任何单位或者个人将在中国完成的发明或者实用新型向外国申请专利的，应当事先报经专利局进行保密审查。如果没有经过保密审查向外国申请专利的发明或者实用新型，在中国申请专利的，不授予专利权。

(3)发明或实用新型缺乏三性。授予专利权的发明或实用新型不具备新颖性、创造性和实用性。

(4)相同或相近似的外观设计。授予专利权的外观设计应与申请日前的外观设计不同，并且与现有设计或者现有设计特征的组合具有明显区别，且不得与他人在申请日以前已经取得的合法权利相冲突。

(5)说明书公开不充分。说明书应当对发明或者实用新型作出清楚、完整的说明，以所属技术领域的技术人员能够实现为准。

(6)权利要求没有得到说明书的支持。权利要求应当以说明书为依据，清楚、简要地限定要求专利保护的范围。

(7)外观设计的图片或者照片没有清楚地显示要求专利保护的产品的外观设计。

(8)修改超范围。对发明和实用新型专利申请文件的修改超出了原说明书和权利要求书记载的范围，对外观设计专利申请文件的修改超出了原图片或者照片表示的范围。

(9)独立权利要求缺乏必要技术特征。独立权利要求应当从整体上反映发明或者实用新型的技术方案，记载解决技术问题的必要技术特征。

(10)分案申请超范围。分案申请(包括享有优先权的分案申请)超出了原始递交文件所记载的范围。

(11)属于违反国家法律的发明创造。对违反法律、社会公德或者妨害公共利益的发明创造，不授予专利权。对违反法律、行政法规的规定获取或者利用遗传资源，并依赖该遗传资源完成的发明创造，不授予专利权。

(12)属于专利法规定不授予专利权的内容。专利法规定不授予专利权的内容有以下六项：

①科学发现。

②智力活动的规则和方法。

③疾病的诊断和治疗方法。

④动物和植物品种。

⑤用原子核变换方法获得的物质。

⑥对平面印刷品的图案、色彩或者二者的结合作出的主要起标识作用的设计。

(13)属于重复授权或者违反了先申请原则。专利法规定，同样的发明创造只能授予一项专利权。两个以上的申请人分别就同样的发明创造申请专利的，专利权授予最先申请的人。

2.6.2.3 无效宣告的证据

无效宣告请求的证据应明确，所付证据的清单填写在无效宣告请求书的第⑥栏中。证据的清单应写明附具证明文件的名称、页数，是原件还是复印件。证明文件为专利文献的，应注明专利号或者申请号。证明文件为非专利文献的，应注明文献的名称和出版日期。证明文件为法人单位、其他组织或者自然人出具的证明的，应写明单位名称或证明人姓名。

当事人提交外文证据的，应当在提交该外文证据的举证期限内提交所使用部分的中文译文。

2.6.2.4 无效宣告理由的增加及新证据的提交

请求人可以在提出无效宣告请求之日起一个月内增加无效宣告理由，但是应对所增加的无效宣告理由作具体的说明。请求人也可以在提出无效宣告请求之日起一个月内提交新的证据，用以支持新的无效宣告理由或者是无效宣告请求提出时的理由。

请求人在提出无效宣告请求之日起一个月后增加的无效宣告理由和提交的新证据，专利复审委员会一般不予考虑，但下列情形除外：

①针对专利权人以合并方式修改的权利要求，在专利复审委员会指定期限内增加无效宣告理由，并在该期限内对所增加的无效宣告理由具体说明的；

②对明显与提交的证据不相对应的无效宣告理由进行变更的；

③针对专利权人以合并方式修改的权利要求或者提交的反证，请求人在专利复审委员会指定的期限内补充证据，并在该期限内结合该证据具体说明相关无效宣告理由的；

④在口头审理辩论终结前提交公知常识性证据或者用于完善证据法定形式的公证文书、原件等证据，并在该期限内结合该证据具体说明相关无效宣告理由的。

2.6.2.5 无效宣告程序的审查流程

(1)形式审查

专利复审委员会收到无效宣告请求书后，需要对以下内容进行审查：

①审查无效宣告请求的客体是否合格。

②审查无效宣告请求人的资格是否合格。

③审查无效宣告请求范围以及理由和证据是否合格。

④审查无效宣告请求的文件形式是否合格。

⑤审查无效宣告请求的费用是否已经按时足额缴纳。

⑥有委托代理的，审查委托手续是否合格。

无效宣告请求经形式审查符合专利法及其实施细则和审查指南有关规定的，专利复审委员会应当向请求人和专利权人发出无效宣告请求受理通知书。

(2)转送文件给专利权人

专利复审委员会在向专利权人发出无效宣告请求受理通知书的同时，将无效宣告请求书和有关文件副本转送专利权人，要求其在收到该通知书之日起一个月内答复。专利权人期满未答复的，视为已得知转送文件中所涉及的理由、事实和证据，并且未提出反对意见。专利权人修改了申请文件的，通常应将专利权人的答复连同修改的专利文件送给请求人，给予请求人一次发表意见的机会。

(3)合议审查

在无效宣告程序中，针对不同的情形，采用下列方式进行审查：

①专利权人未要求进行口头审理，专利复审委员会认为请求人提交的证据充分，其请求宣告专利权全部无效的理由成立，可以直接作出宣告专利权全部无效或者部分无效的审查决定。

②专利复审委员会认为请求人请求宣告无效的范围部分成立，可能会作出宣告专利权部分无效的决定，专利复审委员会应当发出口头审理通知书，通过口头审理结案。

③专利权人在指定期限内已经答复，专利复审委员会认为专利权人提交的意

见陈述理由充分，将会作出维持专利权的决定的，专利复审委员会应当根据案情，选择发出转送文件通知书或者无效宣告请求审查通知书进行书面审查，或者发出口头审理通知书随附转送文件通知书，通过口头审理结案。

④专利权人在指定期限内没有答复，专利复审委员会认为请求人提交的证据不充分，其请求宣告专利权无效的理由不成立，将会作出维持专利权的决定的，专利复审委员会应当根据案情，选择发出无效宣告请求审查通知书进行书面审查，或者发出口头审理通知书，通过口头审理结案。

在发出口头审理通知书后，由于当事人原因未按期举行口头审理的，专利复审委员会可以直接作出审查决定。

(4)作出审查决定

无效宣告请求审查决定分为下列三种类型：

①宣告专利权全部无效。

②宣告专利权部分无效。

③维持专利权有效。

(5)无效宣告请求审查决定送达、登记和公告

专利复审委员会应当将无效宣告请求审查决定送达双方当事人。

对专利复审委员会宣告专利权无效(包括全部无效和部分无效)或者维持专利权的决定不服的，当事人可以自收到通知之日起3个月内向北京市第一中级人民法院起诉。人民法院应当通知无效宣告请求程序的对方当事人作为第三人参加诉讼。对北京市第一中级人民法院的一审判决不服的，可以在收到一审判决通知之日起15日内向北京市高级人民法院上诉。北京市高级人民法院作出的判决是终审判决。当事人未在收到审查决定之日起3个月内向人民法院起诉或者人民法院生效判决维持该审查决定的，宣告专利权无效的决定，由专利局登记和公告。

宣告无效的专利权视为自始即不存在。

2.7 专利权的强制许可

2.7.1 强制许可的概念

强制许可，又称为非自愿许可，是指在法定情形下，国务院专利行政部门可以不经专利权人的同意，直接允许强制许可申请人实施专利权人的发明或实用新型的行政措施。简单地说，强制许可是指政府强制给予专利权人之外的人实施其专

利的权利。

我们知道,专利权是专利权人对其发明创造享有的独占实施权,任何单位和个人要实施他人的专利,都必须得到专利权人的同意,并与专利权人签订书面实施许可合同。如果专利权人不同意给予实施许可,任何单位或者个人都不得实施其专利,否则,就是侵犯其专利权。但是,和其他财产权一样,专利权的内容、范围以及权利人的权利、义务也要受到某些限制,专利权也不是一种绝对的权利。为了防止专利权人滥用权利,我国专利法在赋予专利权人独占实施权的同时,也规定了专利实施的强制许可制度。

强制许可有如下特点:

①强制许可为普通许可,是非独占性的,除了被授予许可的人外,专利权人仍然可以自己使用、制造、销售专利产品,使用专利方法,仍有权将该专利许可他人实施。

②申请人获得强制许可后,必须向专利权人支付许可费。

③申请人获得强制许可后,只可以自己实施该专利,不能再许可他人实施该专利,即强制许可不得分许可,强制许可也不得转让,除非连同被许可单位一起转让。

2.7.2 强制许可的种类

2.7.2.1 不实施专利时的强制许可

专利权人的义务除了缴纳专利年费外,就是实施其专利。根据《专利法》第四十八条第一款的规定,专利权人自专利权被授予之日起满三年,且自提出专利申请之日起满四年,无正当理由未实施或者未充分实施其专利的,可以给予实施发明专利或者实用新型专利的强制许可。

所谓实施,是指专利权人自己或者许可他人制造其专利产品、使用其专利方法。所谓未充分实施其专利,是指专利权人及其被许可人实施其专利的方式或者规模不能满足国内对专利产品或者专利方法的需求。

具备专利实施条件的人,以合理的条件请求专利权人许可实施其专利,在合理的期限没有获得许可,该请求人就可以向国务院专利行政主管部门提出强制许可申请。

获得此种强制许可必须有证据证明同时具备下述条件:

①申请人必须具备实施条件,也就是具备生产、制造、销售专利产品或使用专利方法的基本条件;

②专利权人自专利权被授予之日起满三年,且自提出专利申请之日起满四年,

无正当理由未实施或者未充分实施其专利；

③申请人曾以合理的条件请求发明或者实用新型专利权人许可实施其专利，合理的条件主要是指使用费的支付、技术服务等双方需履行的基本义务；

④申请人未能在合理长的时间内获得这种实施许可。

此种强制许可的实施应当主要为了供应国内市场。

2.7.2.2 反垄断性的强制许可

根据《专利法》第四十八条第二款的规定，如果专利权人行使专利权的行为被依法认定为垄断行为，为消除或者减少该行为对竞争产生的不利影响，可以给予发明或实用新型的强制许可。是否构成垄断行为要依据《反垄断法》判断。

2.7.2.3 为了国家利益或公共利益需要的强制许可

根据《专利法》第四十九条的规定，在国家出现紧急状态或者非常情况时，或者为了公共利益的目的，国务院专利行政部门可以给予实施发明专利或者实用新型专利的强制许可。此种强制许可的实施也应当主要为了供应国内市场。

2.7.2.4 针对药品的强制许可

根据《专利法》第五十条的规定，为了公共健康目的，对取得专利权的药品，国务院专利行政部门可以给予制造并将其出口到符合中华人民共和国参加的有关国际条约规定的国家或者地区的强制许可。

上述的药品，是指解决公共健康问题所需的医药领域中的任何专利产品或者依照专利方法直接获得的产品，包括取得专利权的制造该产品所需的活性成分以及使用该产品所需的诊断用品。

2.7.2.5 从属专利的强制许可

从属专利是一种在后的专利技术，它是对在先的专利技术的改进或者改良，它比在先的专利技术更先进，但实施该技术有赖于前一项专利技术的实施。为了促进先进专利技术的实施，根据《专利法》第五十一条的规定，根据后一专利权人的申请，可以给予实施前一专利技术的强制许可。获得此种强制许可必须有证据证明符合下述条件：

①一件取得专利权的发明或者实用新型比前已经取得专利权的发明或者实用新型具有显著经济意义的重大技术进步；

②该件专利的实施有赖于前一发明或者实用新型的实施；

③申请人曾以合理的条件请求发明或者实用新型专利权人许可实施其专利，但申请人未能在合理长的时间内获得这种实施许可。

在后一专利权人获得强制许可的前提下，国务院专利行政部门根据前一专利权人的申请，也可以给予实施后一发明或者实用新型专利的强制许可。

从属专利的强制许可的实施也应当主要为了供应国内市场。

2.7.3 强制许可的相关注意事项

(1)强制许可只适用于发明专利和实用新型专利，不适用于外观设计。

(2)强制许可涉及的发明创造为半导体技术的，其实施限于公共利益的目的和构成垄断的情形。

(3)强制许可可以被终止。国务院专利行政部门给予实施强制许可的决定，应当根据强制许可的理由规定实施的范围和时间。强制许可的理由消除并不再发生时，国务院专利行政部门应当根据专利权人的请求，经审查后作出终止实施强制许可的决定。

2.7.4 强制许可的相关程序

(1)请求给予强制许可的申请人，应当向国务院专利行政部门提交《强制许可请求书》，说明理由并附具申请人与专利权人不能达成协议的证明文件。

(2)国务院专利行政部门应当将强制许可请求书的副本送交专利权人，专利权人应当在国务院专利行政部门指定的期限内陈述意见；期满未答复的，不影响国务院专利行政部门作出决定。

(3)国务院专利行政部门在作出驳回强制许可请求的决定或者给予强制许可的决定前，应当通知请求人和专利权人拟作出的决定及其理由。

(4)国务院专利行政部门作出的给予实施强制许可的决定，应当予以登记和公告。

(5)取得实施强制许可的单位或者个人应当付给专利权人合理的使用费，或者依照中华人民共和国参加的有关国际条约的规定处理使用费问题。付给使用费的，其数额由双方协商；双方不能达成协议的，由国务院专利行政部门裁决。请求国务院专利行政部门裁决使用费数额的，当事人应当提交《强制许可使用费数额裁决请求书》，并附具双方不能达成协议的证明文件。国务院专利行政部门自收到请求书之日起 3 个月内作出裁决，并通知当事人。

(6)专利权人对国务院专利行政部门关于实施强制许可的决定不服的，专利权人和取得实施强制许可的单位或者个人对国务院专利行政部门关于实施强制许可的使用费的裁决不服的，可以自收到通知之日起三个月内向人民法院起诉。

2.8 专利权的保护

2.8.1 专利侵权纠纷

发明和实用新型专利权被授予后，除专利法另有规定的以外，任何单位或者个人未经专利权人许可，都不得实施其专利，即不得为生产经营目的制造、使用、许诺销售、销售、进口其专利产品，或者使用其专利方法以及使用、许诺销售、销售、进口依照该专利方法直接获得的产品。

外观设计专利权被授予后，任何单位或者个人未经专利权人许可，都不得实施其专利，即不得为生产经营目的制造、许诺销售、销售、进口其外观设计专利产品。

未经专利权人许可，实施其专利，即为侵犯专利权的行为。

专利的侵权纠纷，可以由当事人协商解决，不愿协商或者协商不成的，专利权人或者利害关系人可以向人民法院起诉，也可以请求管理专利工作的部门处理。所谓利害关系人是指专利权的被许可人，包括独占许可、排他许可或普通许可的被许可人(其中排他许可或普通许可的被许可人只有在许可合同无相反规定，且专利权人在规定期限内又不提起诉讼时，才可以提起诉讼)。所谓管理专利工作的部门是指由省、自治区、直辖市人民政府以及专利管理工作量大又有实际处理能力的设区的市人民政府设立的管理专利工作的部门。

侵犯专利权的赔偿数额按照权利人因被侵权所受到的实际损失确定；实际损失难以确定的，可以按照侵权人因侵权所获得的利益确定。权利人的损失或者侵权人获得的利益难以确定的，参照该专利许可使用费的合理倍数确定。赔偿数额还应当包括权利人为制止侵权行为所支付的合理开支。权利人的损失、侵权人获得的利益和专利许可使用费均难以确定的，人民法院可以根据专利权的类型、侵权行为的性质和情节等因素，确定给予一万元以上一百万元以下的赔偿。

管理专利工作的部门处理侵权纠纷时，认定侵权行为成立的，可以责令侵权人立即停止侵权行为，当事人不服的，可以自收到处理通知之日起十五日内依照《中华人民共和国行政诉讼法》向人民法院起诉；侵权人期满不起诉又不停止侵权行为的，管理专利工作的部门可以申请人民法院强制执行。处理侵权纠纷的管理专利工作的部门应当事人的请求，可以就侵犯专利权的赔偿数额进行调解；调解不成的，当事人可以依照《中华人民共和国行政诉讼法》向人民法院起诉。

侵犯专利权的诉讼时效为二年，自专利权人或者利害关系人得知或者应当得知侵权行为之日起计算。

2.8.2 假冒专利

假冒专利的，除依法承担民事责任外，由管理专利工作的部门责令改正并予公告，没收违法所得，可以并处违法所得四倍以下的罚款；没有违法所得的，可以处二十万元以下的罚款；构成犯罪的，依法追究刑事责任。

下列行为属于假冒专利的行为：

①在未被授予专利权的产品或者其包装上标注专利标识，专利权被宣告无效后或者终止后继续在产品或者其包装上标注专利标识，或者未经许可在产品或者产品包装上标注他人的专利号；

②销售第1项所述产品；

③在产品说明书等材料中将未被授予专利权的技术或者设计称为专利技术或者专利设计，将专利申请称为专利，或者未经许可使用他人的专利号，使公众将所涉及的技术或者设计误认为是专利技术或者专利设计；

④伪造或者变造专利证书、专利文件或者专利申请文件；

⑤其他使公众混淆，将未被授予专利权的技术或者设计误认为是专利技术或者专利设计的行为。

在上述假冒专利的行为中，如果假冒专利的行为人所标识的专利标记或专利号实际上是不存在的，即属于冒充专利，是假冒专利的一种表现形式。

管理专利工作的部门根据已经取得的证据，对涉嫌假冒专利行为进行查处时，可以询问有关当事人，调查与涉嫌违法行为有关的情况；对当事人涉嫌违法行为的场所实施现场检查；查阅、复制与涉嫌违法行为有关的合同、发票、账簿以及其他有关资料；检查与涉嫌违法行为有关的产品，对有证据证明是假冒专利的产品，可以查封或者扣押。

2.8.3 专利权属纠纷

专利权属纠纷案件主要是指专利申请权和专利权权属纠纷案件。专利申请权和专利权权属纠纷的案件主要发生在职务发明和非职务发明的认定、非职务发明中发明人或设计人的认定、委托或者合作研发的专利申请权归属等方面。管理专利工作的部门应当事人的请求，可以对专利权属纠纷进行调解。对于侵夺发明人或设计人非职务发明创造专利申请权的，由所在单位或者上级主管机关给予行政处分。

2.8.4 向外国申请专利泄露国家秘密

专利法第二十条规定，任何单位或者个人将在中国完成的发明或者实用新型向外国申请专利的，应当事先报经专利局进行保密审查。对违反上述规定向外国申请专利，泄露国家秘密的，由所在单位或者上级主管机关给予行政处分；构成犯罪的，依法追究刑事责任。

2.8.5 徇私枉法

从事专利管理工作的国家机关工作人员以及其他有关国家机关工作人员玩忽职守、滥用职权、徇私舞弊，构成犯罪的，依法追究刑事责任；尚不构成犯罪的，依法给予行政处分。

2.9 专利的国际保护

随着科学技术的日益进步和工业生产的迅速发展，专利的地域性特点对技术的国际间交流的限制越来越显突出，在这种情况下，很多国家，特别是发达国家的工商业界和工业产权界人士都迫切希望在各国间成立一个协调组织，制定一套各国共同遵守的准则，以达到统一各国专利制度的目的。《保护工业产权巴黎公约》(简称《巴黎公约》)和《专利合作条约》(Patent Cooperation Treaty，简称“PCT”)是所制定的专利国际保护中的最重要的代表，是向外国申请专利的两条重要途径。

2.9.1 《巴黎公约》

《巴黎公约》于1883年3月20日在巴黎签订，于1884年7月正式生效。我国于1985年3月19日正式成为《巴黎公约》的成员国。截至2012年3月，已有174个国家参加了该公约。

《巴黎公约》的内容包括实质性条款、行政条款和最终条款三大类，适用于最广泛的工业产权。实质性条款主要包括国民待遇、优先权、专利独立、强制许可、宽限期、取得专利的装置过境问题、进口依专利方法制造的产品和国际展览会的临时保护等原则。行政及最终条款主要包括建立公约行政机构、联盟大会、执行委员会、国际局联盟财务的规定以及公约的修订、加入、退出和签字的规定。《巴黎公约》规定工业产权保护的对象有专利、实用新型、外观设计、商标、服务标记、厂商名称、货源标记或原产地名称以及制止不正当竞争。该公约还规定，对工业产权应作广义的理解，不仅应适用于工业和商业本身，而且也应同样适用于农业和采掘业，适用于一切制成品或者天然产品。

《巴黎公约》的几个重要原则：

(1)国民待遇。《巴黎公约》规定，任何《巴黎公约》成员国的国民，在其他成员国国内应享有各该国法律现在或今后给予该国国民的各种便利，不论他们在各该国有无永久住所或营业所。非联盟成员国的国民如果在成员国领土内有永久住所或者有真实正当的工商营业所，享有与《巴黎公约》成员国国民同样的待遇。

(2)优先权。优先权原则系指以某一申请人在一个《巴黎公约》成员国为一项工业产权提出的正式申请为基础，在此后一定时期内(6 个月或 12 个月)，同一申请人或者他的继承人在其他成员国就同一工业产权申请保护时，该后来的国家应当把该申请人第一次提出申请的日期视为在后来国家的申请日期。《巴黎公约》规定，即使作为优先权基础的第一个申请最终被驳回，优先权仍然有效。

(3)专利独立。《巴黎公约》规定，各成员国授予专利权或者商标权是相互独立的，各国均依据本国法律决定是否给某一申请以工业产权保护，在审查申请是否符合法律规定时，其他国家对同一申请是否授予工业产权不应作为考虑的因素。

(4)强制许可。《巴黎公约》规定，各成员国可以采取立法措施，规定在一定条件下可以核准强制许可，以防止专利权人可能对专利权的滥用。强制许可的条件是，专利权人自提出专利权申请之日起满 4 年，或者自批准专利权之日起满 3 年未实施专利且又提不出正当理由的。

(5)国际展览会的临时保护。公约成员国应按其该国法律对在公约各成员国领域内举办的官方或经官方认可的国际展览会上展出的产品所包含的专利和展出产品的商标提供临时法律保护。

2.9.2 PCT——专利合作条约

PCT 是英文 Patent Cooperation Treaty 的简称，其中文意思是专利合作条约。

PCT 是由世界知识产权组织国际局管理的在《巴黎公约》下的一个方便专利申请人获得国际专利保护的国际性条约。申请人只要根据该条约提交一份国际专利申请，即可以同时在该条约所有成员国中要求对其发明创造进行保护。

PCT 于 1970 年 6 月在华盛顿签订，于 1978 年 1 月正式生效。截至 2012 年 3 月，已有 144 个国家成为了 PCT 成员国。我国于 1994 年 1 月 1 日正式成为 PCT 的成员国，从该日起，中国国家知识产权局就成为了 PCT 申请的受理局，接受我国国民和居民提交的 PCT 申请，同时，国家知识产权局还被指定为国际检索单位和国际初步审查单位，负责对 PCT 申请进行国际检索和国际初步审查。

PCT 所建立的体系是国际申请体系，不是国际授权体系，不涉及专利权的授予，授予专利的任务仍保留在被指定的各国家局。申请人使用一种语言、向一个专利局(称之为受理局)提交一份申请(国际申请)，该申请自国际申请之日起在所指定的国家中具有正规国家申请的效力。

2.9.2.1 PCT的流程

申请人首先可以向本国专利局提出国家申请,然后在12个月内以上述国家申请为优先权,提出PCT申请,该申请的法律效力延至所有指定国。当然,申请人也可以不提出国家申请,而是直接提出PCT申请。

自优先权日起16个月的时候,申请人会收到由指定的国际检索单位作出的国际检索报告及有关申请专利性的书面意见。国际检索的期限为收到检索本起3个月或自优先权日起9个月,以后到期的期限为准。

自优先权日起18个月的时候,国际局会对该国际申请进行国际公布。

在自优先权日起22个月或收到检索报告和书面意见3个月内(以后到期限为准),申请人可以对该申请作出国际初步审查请求。对于提出了国际初步审查请求的,国际初步审查单位会在优先权日起28个月或启动审查起6个月的时候作出有关该申请专利性的国际初步审查报告,并传送给申请人。

自优先权日起30个月内,申请人应启动进入国家阶段的程序。进入国家阶段,申请人应当按照各国的具体规定进行操作,主要要进行的工作包括提供国际申请被翻译成目的国家官方语言的译文、指定当地的代理人和支付规定的国家费用等。

2.9.2.2 PCT申请的文件

PCT申请需要准备的文件包括:请求书、说明书、权利要求书和摘要,如果有附图或者有涉及核苷酸和/或氨基酸序列表的,还包括附图和序列表。

中国国家知识产权局接受以中文或者英文递交的文件。

2.9.2.3 PCT文件的递交

PCT文件可以通过纸件形式申请,也可以通过电子形式申请。纸件形式申请可以选择到专利局受理大厅面交、通过邮寄方式寄交和通过传真方式提交三种办法。电子形式申请是通过PCT-SAFE软件在线提交。

2.9.2.4 费用

申请人必须缴纳的费用包括:传送费、国际申请费和国际检索费。费用可以通过面交、缴费公司和银行转账三种形式缴纳。

如果申请人提出了国际初步审查,还需要缴纳手续费和初步审查费。

2.9.2.5 国际公布的内容

国际公布的内容包括国际公布文本(即小册子)和PCT公报两部分内容。国际公布文本中包括扉页、说明书、权利要求书、修改的权利要求、附图、序列表、检索报告和其他规定公布的内容。PCT 公报包含国际公布文本扉页的部分内容，以英语和法语两种语言公布。国际公布使申请人在指定国会获得临时保护，对于以中文提交的 PCT 申请，自国际公布之日起，申请人可以享受在中国的临时保护。对于以英文提交的 PCT 申请，要等到进入中国国家阶段，并且以中文进行国家公布以后，申请人才能享受临时保护。

2.9.2.6 PCT 的优势

(1)简化提出申请的手续。

(2)推迟决策的时间。

(3)准确投入资金。

(4)完善申请文件。

(5)减轻成员国国家局的负担。

思考题

1.专利权的客体有哪些?

2.简述专利法三次修改的主要内容。

3.授予专利权的实质性条件有哪些?

4.发明专利与实用新型专利的区别有哪些?

5.申请专利要提交哪些文件?

6.专利申请为什么要具备单一性?

7.什么是优先权?

8.什么是专利权的强制许可?强制许可有哪几种类型?

9.侵犯专利权的赔偿方法有哪几种?

10.李先生 1996 年 12 月 12 日在美国申请了一种设备专利。李先生于 1997 年 10 月 10 日回国递交了该设备的中国专利申请(两年后授权，一直维持有效)，并在中国建立了自己的机构生产该专利设备。2000 年 10 月他发现另外一家公司生产和他的专利相同的设备。于是，李先生起诉该公司侵犯其专利权，要求其停止生产，赔偿损失，可是该公司说他们 1997 年 5 月就做好了生产该设备的准备，没有侵权。问李先生起诉另外一家公司能否胜诉?为什么?

参考文献

[1] 吴汉东. 知识产权法通识教材. 北京:知识产权出版社,2007.

[2] 郑成思. 知识产权法. 北京:法律出版社,2004.

[3] 刘春田. 知识产权法. 北京:高等教育出版社,2000.

[4] 王兵. 知识产权基础教程. 北京:清华大学出版社,2008.

[5] 李长健. 知识产权概论. 北京:中国农业大学出版社,2006.

[6] 中华人民共和国国家知识产权局. 审查指南. 北京:知识产权出版社,2010.

[7] 文希凯. 专利法教程. 北京:知识产权出版社,2003.

第3章 植物新品种权的取得及保护

◈ **本章重点、难点**

对植物新品种保护公约条例的准确掌握，UPOV公约不同文本的规定和区别的深入了解是本章的重点。植物新品种、派生品种、品种行政诉讼保护等名词术语的准确理解，品种权的维护和保护是本章的难点。

◆ **内容提要**

第一次世界大战之后，人们第一次普遍意识到系统的植物育种工作给社会带来的潜在利益以及对育成的植物新品种缺乏有效的保护制度。因此，人们开始试图寻找一种能够有效保护植物新品种的制度，由此便诞生了植物新品种保护权。本章对植物新品种的起源、概念、国际植物新品种保护联盟公约、我国植物保护新品种制度的建立、植物新品种权的授予条件和保护期限、植物新品种权的申请和植物新品种权的保护进行了简单介绍。

3.1 植物新品种权的起源

3.1.1 植物新品种保护制度的产生

植物新品种保护是知识产权保护的一种形式，在历史上是专利保护的一个分支。一般认为，专利制度产生于15世纪，并于19世纪末在世界范围内得到迅猛发展。就专利制度而言，其起源较早。1421年，意大利城市佛罗伦萨对建筑师勃罗纳莱什的发明——装有吊机的驳船，授予了三年的垄断权。在1474年3月19日，意大利威尼斯颁布了第一部具有现代专利制度特点的专利法。但当时的专利法只是针对工业的发明创造活动，与农业特别是新品种保护没有关系。在1833年9月

3日，罗马教皇发布了在技术和农业领域给予所有权的宣言，宣言称："自1826年9月23日起，利用其智力并在工业上发现新产品、发明、改进或引进新文化或新的技术解决方案或应用新方法的人应当在科学、文化和艺术方面对其研究和发现享有被奖权利。对涉及农业进步及其更加可靠技术和更加高效的方法成果授予专有权"。从该宣言可判断，发现天然产品或引入农业新植物的人可被授予排他的知识产权。罗马教皇的这个法令虽没有真正付诸实施，但仍被普遍认为是植物新品种保护制度的起源。但是传统的专利制度不保护动、植物的本身，这就意味着将植物新品种排除在了保护范围之外。

到19世纪，西方农业发展出现了鼎盛时期。随着农机制造业、化肥工业的建立和发展，使农业成为世界经济的重要组成部分。而当时的孟德尔遗传规律的发现和运用也引起了植物育种的革命和发展，那时的惊人变化之一是农业越来越依赖于特殊的能胜任的专业化的农民供应生产用种子。这些农民为更好地服务于种植用户，发展起育种计划，从而使种子贸易和植物育种活动从商业角度紧密地结合在一起。到了19世纪下半叶，与育种有关的专业组织开始建立。瑞典于1886年建立了瑞典种子协会，奥地利于1881年建立了国家研究机构——奥地利农业与种子检验联邦研究所。随着农业(特别是植物育种)和种子贸易的发展，植物新品种保护的重要性越来越突出。

第一次世界大战之后，人们第一次普遍意识到系统的植物育种工作给社会带来的潜在利益以及对育成的植物新品种缺乏有效的保护制度。植物育种者曾尝试对新品种寻求专利保护，但由于种种技术问题一直未成功。因此，人们开始试图寻找一种能够有效保护植物新品种的制度。

在植物新品种保护的孕育和发展过程中不得不提到美国。美国首创了植物新品种在知识产权方面的实际保护。这与美国著名育种家拉色·勃邦克的直接贡献有关。在1880年左右，他的著名的勃邦克土豆品种只要价124美元。同样，1914年他的著名的"金美味"苹果被一个农民卖给斯达克苗圃，售价51 000美元。勃邦克杰出的贡献在于，尽管当时没有任何规定，但他的产品是和其财产权一起出售的。勃邦克是植物育种者权利的热情促进者，19世纪末，在美国就动植物品种及其产品是否给予专利保护，展开了一场争论，勃邦克全力支持技术发明者与文学作者的平等权利，他向众议院提交的辩词有一段是这样写的："一个人可以对其老鼠夹拥有专利或对其平庸作品拥有版权，然而，如果一个人为世界提供了一种新的水果，而该水果为人类的丰收每年增加数以百万计的价值，如果他在姓名和成果上得以回报，他将十分幸运。"1930年，美国出台了植物专利法，将无性繁殖的植物品种

(块茎植物除外)纳入了专利保护的范畴。

从20世纪的20年代至50年代,除美国之外的其他一些西方国家如法国、德国、比利时、荷兰等也都在探索用工业专利和其他方式来保护育种者的权利,并取得了不同程度的成功。此时,植物新品种保护制度在西方发达国家逐渐形成。

3.1.2 国际植物新品种保护联盟的建立

植物品种的培育总是针对和适应于某一特定农业生态环境,而且该环境的边界常常又不与国境一一对应。通常情况是植物育种者希望在那些农业生态环境相似的国家寻求新品种保护。在1961年以前,一些国家(如荷兰、德国)对植物育种者提供有限的保护,然而由于各国授权条件不同,甚至对品种的概念也不完全一致,因此不能保证在一国得到保护的新品种在另一国也能得到同样的保护,并由此带来贸易障碍。这些种种困难导致一些欧洲国家走到一起以寻求解决问题的出路。

到20世纪50年代,荷兰和德国先后建立起真正带有现代色彩的植物新品种保护制度,正是这两个国家促进了国际植物新品种保护联盟(International Union for the Protection of New Varieties of Plants,简称UPOV)公约的建立。此外,国际工业产权保护协会(AIPPI)和国际植物品种保护育种者协会(ASSINSEL),为UPOV的建立也发挥了重要的作用。国际工业产权保护协会1952年在维也纳会议和1954年布鲁塞尔会议上均通过决议,要求成员国平等对待农业、林业等领域的发明创造,像保护工业发明那样给植物新品种以法律保护。

1957年法国外交部邀请12个国家和保护知识产权联合国际局(BRIPI)、联合国粮农组织(FAO)、欧洲经济合作组织(OEEC)3个政府间国际组织,在法国召开第一次植物新品种保护外交大会。本次大会形成了决议,并预定了下次外交大会的时间和需要进一步准备的工作。1957—1961年,经过几轮专家会议,拟定了国际植物新品种保护公约(简称公约)草案。1961年,第二次植物新品种保护外交大会在巴黎举行。这次外交大会对公约草案做了相应的修改,最终通过了具有41条内容的公约,并由比利时、法国、德国、意大利和荷兰等5个国家的全权代表签署了公约。之后,丹麦、瑞士、英国于1962年11月也签署了公约。但按照外交大会决议,公约的生效需由3个国家批准才行。公约于1968年8月10日正式生效,第一个批准公约的国家是英国(1965),第二个国家是荷兰(1967),第三个国家是德国(1968)。公约的生效标志着国际植物新品种保护联盟(UPOV)这个政府间国际组织的正式成立。从此,国际植物新品种保护进入了一个新的历史时期。

3.1.3 我国植物新品种保护制度的建立

1985年我国开始实施的《中华人民共和国专利法》和1993年新修订的《专利法》规定，对植物新品种不予以专利保护。此时农业科技体制改革正迅速向纵深发展，国家拨付的经费缺口越来越大，若对其知识产权不给予保护，其生存和发展将面临严重挑战。因此，保护植物新品种，不仅是影响到科研单位的生存和发展的大事，而且是关系农业持续发展的大事。鉴于此，农业科技人员及一些有识之士强烈呼吁保护育种者的知识产权。1993年4月，时任国务院副总理的朱镕基同志到湖南省视察，农业科技人员当面反映这个问题时，朱镕基副总理就对有关农作物知识产权保护问题作了重要指示，要求有关部门加强对农作物品种保护立法的调查研究。1993年5月，中国专利局、农业部、国务院法制局组成联合调研组，由时任专利局局长高卢麟同志带队赴湖南省就农作物品种知识产权保护问题进行专门调研，并写出调研报告。1993年6月，朱镕基、宋健、陈俊生等国务院领导同志对调研报告批示，同意对植物新品种进行立法保护。1993年8月，农业部、专利局、林业部、国家科委联合成立了《中华人民共和国植物新品种保护条例》(以下简称《条例》)立法领导小组和工作小组并于1995年5月开始着手起草《条例》。1995年8月，《条例》(征求意见稿)下发近400个行政、教学、科研单位征求意见，并于1995年10月经农业部、中国专利局、林业部、国家科委四个部门会签上报国务院。国务院经过进一步论证、修改后，于1997年3月20日，正式以第213号令发布了《中华人民共和国植物新品种保护条例》。该《条例》符合1978年UPOV公约的基本要求，九届全国人大会常委会第4次会议于1998年8月做出了我国政府加入UPOV公约的决定。1999年3月23日，由科学技术部、农业部和国家林业局组成的政府代表团在日内瓦向UPOV递交了我国申请加入公约的加入书。1999年4月23日，我国成为UPOV第39个成员国，并开始接受国内外植物新品种权申请。

3.1.4 植物新品种的概念

植物虽然多种多样，但都是从原始植物演变而来的。现有的植物，一部分属于野生植物，是原始植物自身有机体在与环境长期的相互作用下，通过遗传与变异进行自然进化、自然选择所形成的产物；另一部分则属于栽培品种(cultivated variety)，是在自然选择的基础上，人工选择所形成的产物。现代农业、林业生产上所使用的植物新品种，都是根据人类的需要通过定向培育而产生的栽培品种。随着现代植物育种工作的迅速发展，具有高产或抗病虫害等特性的植物新品种，已成为农业增产、增效和品质改善的重要内因。据联合国粮农组织统计，近25年来，世界粮食产量翻了一番，其中75%来自于提高单产，而在单产的提高中，品种的贡献占了30%～35%。众所周知，培育植物新品种需要大量的投资，包括人才、技术、资源、物资和资金，以及花费长期的时间(许多植物种类要10～15年)。然而，由于植物新品种的可控性差，容易在试验、示范或者生产过程中被他人通过各种手段获取，并很快被繁殖推广应用，若新品种一旦落入他人之手，即没有失而复得的机会，即使再得到了，其经济效益通常也化为乌有，从而使该品种的培育者失去了从他的投资中收回成本的机会。正因为如此，为了鼓励单位和个人为植物育种进行投资，鼓励育种者不断地培育新品种，促进农业、林业生产发展，世界各国已经或正在制定法律法规对植物新品种实施知识产权保护。

植物新品种是植物新品种权(以下简称品种权)保护的客体。在植物新品种保护方面，植物新品种的概念，由于不同国家有不同的法律规定而不同。如1991年UPOV公约，将植物新品种定义为：植物新品种是指已知植物最低分类单元中单一的植物群体，不论授予育种者的权利的条件是否充分满足，该植物群可以是以某一特定基因型或基因组合产生的特性表达来确定；至少表现出一种特性以区别于任何其他植物群；并作为一个分类单元，其适用性经过繁殖不发生变化。

法国植物新品种保护法(1970年)对植物新品种定义为：无论其是培育产生的还是发现的，它们应当与已知的、相同的品种在某一重要的、精确的并且能够产生细微变化的特征方面存在差异，或者在数个能够组合成新品种的特征方面存在差异；在性质上属于同一物种；并且具有稳定性，即它们在每一个繁殖周期结束时都与其原始的轮廓相同。

意大利保护植物新品种准则(1985年)将植物新品种定义为：就其有性繁殖或无性繁育的特定方面来说，它必须是充分一致的；在其基本特征方面，它必须是稳定的，即在反复繁殖或繁育后，以及当育种者已限定了繁殖或繁育周期时，在每一个周期终止后，它必须与说明书保持一致；不论该品种是来源于原始的、人工的活天然的，它必须在申请保护之时，以一个或多个重要特征显著区别于已公知存在的其他植物品种；在申请专利(实际相当于我国的品种权申请)时，经育种者或其合法继受人同意的相关植物品种的商业行为，在意大利必须没有超过1年，或者在藤本植物、树木、果树和装饰树以及它们的根茎的情况下，必须没有超过6年，或者在任何其他国家境域内必须没有超过4年等。

从上述UPOV及法国、意大利对植物新品种的定义来看，我们至少可以认为："植物新品种"存在着广义和狭义之分。UPOV公约、法国的植物新品种属于广义的植物新品种，而意大利的植物新品种属于狭义上的植物新品种。

我国过去通常所说的植物新品种，一般将其定义为，是人类在一定的生态和经济条件下，根据人类的需要所选育的某种植物的某种群体，这种群体具有相对稳定的遗传特性，在生物学、形态学及经济性状上表现为相对一致性，而与同一植物的其他群体在特征、特性上有所区别，在相应地区和种植条件下可以种植或栽培，在产量、抗性、品质等方面都能符合生产发展的需要，在植物分类学上属于一定的种及亚种，但不同于分类学上的变种（“变种”被认为是自然进化、自然选择的产物）。而《条例》第二条将“植物新品种”定义为：“植物新品种是经过人工培育的或者对发现的野生植物加以开发，具有新颖性、特异性、一致性和稳定性并有适当命名的物种”。由此可见，我国《条例》所称的“植物新品种”，与意大利的相似，属于狭义上的植物新品种；我们过去通常所说的“植物新品种”，与法国的相似，属于广义上的植物新品种。现将品种保护的“植物新品种”与过去通常（主要是品种审定）的“植物新品种”比较如下：

第一，从范围来看。品种审定的新品种可以是新育成的品种，也可以是新引进的品种；品种权的新品种，既可以是新育成的品种，也可以是对发现的野生植物加以开发所形成的品种。

第二，从判定特异性所选对比品种来看。审定所选的仅是当地主要推广的品种；而品种保护所选的则是世界范围内至少是全国范围已知的品种。

第三，从新品种构成要素来看。品种保护，除要求新品种具有相对稳定的遗传特性，在生物学、形态学性状方面具有相对一致性，并与同种植物的其他品种在特征、特性上有所区别以及拥有适当的名称外，还需具备新颖性，即在申请植物新品种保护以前不能在市场上出售或者在市场上出售不能超过规定的年限；而作为品种审定，对新颖性则不作要求。

第四，从特异性的要求来看。品种审定突出产量，要求新品种的产量水平高于当地同类型的主要推广品种的5%，或者产量与当地同类型的主要推广品种的原种相近，但在品质、成熟期、抗病虫性、抗逆性等有一项乃至多项性状表现突出；品种保护突出特征性（通常以外观形态为主），要求新品种诸如植株高矮、花的颜色、叶片宽窄、株型等一个或几个方面，明显区别于递交申请以前的已知品种，或者在品质、抗性上与已知品种比较，达到显著差异即可，并不一定要求高于已知品种产量。

第五，从使用价值来看。品种审定通过的新品种，一定可以在生产上推广应用；品种保护授权的新品种，有的能够通过品种审定在生产上推广应用，有的则因产量不高等原因可能通不过审定，不能在生产上推广应用，但作为科研育种仍可能为好材料。

3.2 国际植物新品种保护联盟公约

3.2.1 国际植物新品种保护联盟公约的签署、修改

1956 年,国际植物品种保护育种者协会(ASSINEL)决定由法国政府主持召开国际会议,商讨植物新品种保护的相关问题。1957 年 2 月 22 日,法国政府邀请欧洲 12 个国家在巴黎聚会,研讨并拟定植物新品种保护的主要原则,会议将达成的共识变成最终法案。该法案于 1957 年 3 月 11 日正式通过,它承认了育种者权利的合法性,并将新颖性、一致性和稳定性作为品种保护的前提,确立了品种保护的独立性原则。法案在经过三次起草委员会和两次专家委员会研讨后,最终形成国际植物新品种保护公约,即所谓 UPOV 公约。1961 年 12 月 2 日,比利时、法国、联邦德国、意大利和荷兰首先签署了 UPOV 公约。1962 年 11 月 26 日,丹麦和英国加入并签署了公约。1962 年 11 月 30 日,瑞典也签署加入。1968 年 8 月 10 日,UPOV 公约正式生效。

UPOV 公约是现今对植物新品种保护条款规定最为详细,并且成员国最多的国际公约。其中,UPOV 公约 1978 年文本和 1991 年文本是当前 UPOV 成员国参照的主流文本。世界上大多数国家的植物新品种保护制度的建立都以 UPOV 公约为基础。

和专利制度相比较,UPOV 公约借鉴了品种权法中的大部分内容,具有以下几点特殊性:①不用进行价值测试。一件新的植物品种不必确立在现存工艺状态下的任何改进。②对新颖性的要求被高度精简了,仅仅只要求育种者证明其商业新颖性。③不需要证明其创新性步骤。对于一个品种,只要满足在申请期内与现存所知的其他所有品种相区别即可。④通过提交品种和进行田间试验来确定品种的特性来达到新品种公开披露的目的。由于 UPOV 顺应了当时欧洲种子市场管理规范统一的要求,并在先前种子认证制度的基础上扩大了育种者的权利范围,增加了对种子生产的排他性控制,并以此来保证种子的质量满足农民的需求,加强了对育种者利益的保护,而且其在品种检测和授权程序上具有不同于专利制度的易操作性,因而成为当时欧洲各国普遍认可的品种保护制度选项。然而,1962 年签署的公约存在许多局限性,远不能满足各成员国对育种者权利保护的现实要求。因此,UPOV 公约于 1972 年、1978 年和 1991 年在日内瓦进行了三次修改。1978 年修改后的文本(称 UPOV 1978 年文本)于 1981 年 11 月 8 日生效。1991 年修改后的文本(称 UPOV 1991 年文本)于 1999 年 4 月 24 日生效。

3.2.2 国际植物新品种保护联盟公约的主要内容

UPOV公约借鉴了很多植物品种保护法的内容,其13条实质性规定涉及新品种权保护申请的条件和赋予植物新品种的育种者的权利。

3.2.2.1 植物新品种权申请的条件

依照UPOV公约,如果一个植物品种,满足一定的特殊性、新颖性、一致性和稳定性,并有其育种者和合适的命名,那它就是可注册登记,并可申请被保护的。公约指出,如果一个品种与其他已知品种有明显的区别,则此品种可被认为是特殊的;如果一个品种经历可预测的环境变化,仍能具有人们所期望的繁殖特征,那么这个品种在繁殖方面的有关特征上是一致的;如果一个品种在重复繁殖之后,其有关特性仍然保持不变,那么这个品种可被认为是稳定的;如果一个品种或者它的繁殖材料还没有在育种者的同意下被卖给其他人,那么这个品种可被认为是还没有被开发,即具有商业新颖性。这就是说,只要某一品种区别于现有的公知植物品种,并具有充分一致性、稳定性和新颖性,即可申请品种权保护和获得新品种权授权。

3.2.2.2 植物育种者权或者新品种权

UPOV公约规定,获得品种权的育种者在品种保护期限内,对该品种的一些商业行为,如以商业为目的的生产、繁殖和销售繁殖材料等,具有排他性权利,并且有一定长度的保护期限。这种排他性的权利即所谓的植物育种者权,以UPOV公约1978年文本为例,具体包括要求其他人从事以下行为应获得育种者的许可:

①繁殖;

②对该植物新品种的繁殖材料商业化开发并投放市场;

③许诺销售该繁殖材料;

④将该繁殖材料投放市场,以及为商业性繁殖其他新品种的目的而重复使用该植物新品种。

3.2.2.3 对育种者权的限定

UPOV公约还在科研、非商业目的的私人行为、农民权利方面规定了品种权的豁免和例外,并对社会需要但没被转化为商品的品种规定强制许可的特例,以此来调节公众和育种者之间的利益平衡。但随着发达国家私人育种者的强大,UPOV公约的天平逐渐偏向育种者一边,虽然1991年文本和1978年文本同属于同一制度体系之下,但其中看似细小的差别,却造成保护本质的差别。UPOV公约不断创新的基本指向是强化育种者的权利,这从如下的1978文本和1991年文本的对比分析中可以看出。

3.2.3 UPOV 公约 1978 年文本和 1991 年文本的主要差别

这两个文本的主要区别体现在受保护植物品种的范围、保护的方式、育种者权利、新颖性、例外、农民权利等方面，其中育种者权利、授权条件和权利例外是关注的重点。

3.2.3.1 受保护植物品种的范围

UPOV 公约 1978 年文本第四条规定"本公约适用于一切植物属和种，每一个联盟成员国自本公约在其领土生效之日起，应至少对五个属或种实施本公约的规定。随后，每个联盟成员国于自本公约在其领土生效之日起的以下期限内，应对更多的属或种实施本公约的规定"，但是"应意欲批准、接受、核准或加入本公约之任何国家的要求，理事会可以根据该国经济或生态的特殊条件，为该国决定减少上述条款规定的最低限额，或延长该款规定的期限，或两者同时进行"。这就是说成员国可以根据自己的国情和需要，将某些植物种类排除在品种权保护范围之外。

UPOV 1991 年公约文本规定，对接受 1972 年文本和 1978 年文本的联盟成员国家，"应实施 1991 年文本公约规定的条款"，并且"从受本公约约束之日起，最迟至五年期满，适用于所有植物属和种"；对于新成员，"自受本公约约束之日起，至少适用于 15 个植物属和种"，并且"最迟自上述之日起，至 10 年期满时，适用于所有植物属和种"。

由此可以看出，1991 年文本中没有给予成员国在品种保护范围上自主选择的权利，尤其没有考虑到将知识产权扩展到粮食和医药作物上对那些技术不发达，并存在公共健康和粮食安全隐患的国家不利的影响。一些发展中国家可能因无力支付高昂的医药技术转移费用，或者由于市场的激励，将育种投资集中在赢利性的品种上，而对关系民众生存的品种却置之不理，这可能引发较大范围的粮食安全和社会贫困问题。而与之同时，一些发达国家则可能通过科研合作与交流等方式掠取发展中国家品种权资源，通过品种权等形式对发展中国家的种业市场形成控制和垄断。

3.2.3.2 保护的条件

1978 年文本和 1991 年文本在品种的特殊性、商业新颖性、一致性和稳定性中都做了说明，但在特殊性上有较大的差异。UPOV 公约 1978 年文本"无论原始变种的起源是人工的还是自然的，在申请保护时，该品种应具有一个或数个明显的特性有别于已知的任何其他品种。'已知'的存在可参考以下因素：已在进行栽培或销售,已经或正在法定的注册处登记,已登在参考文献中或已在刊物中准确描述过。使品种能够确定和区别的特性,必须是能准确辨认和描述的”。而1991年文本对特异性的解释是“如果一个品种在申请书登记之时明显区别于已知的任何其他品种,则这个品种应被认为是特异的。特别是,在任何国家,如果一其他品种的品种权申请或在法定的品种登记处登记的申请,当获得了品种权或者在法定的品种登记处登记,则应认为从申请之日起,该其他品种便是已知的品种”。

可以看出,1991年文本将已知品种的定义内涵缩小,只针对被授权、申请和登记的品种,忽视了更广阔的物种范围,是狭隘的“特殊性”。这一方面可能减少品种特殊性审查的难度,但在另一个方面却使对野生植物授权成为可能,这也许会形成某些国家对发展中国家物种资源盗取的激励,也在某种程度上承认了派生品种的可授权性。此外,UPOV公约1978年文本和1991年文本对一致性和稳定性都做了相似的规定,农民用传统技术培育的品种,大都因不具备较强的一致性和稳定性,也就不太可能被保护和登记。

3.2.3.3 育种者的权利

UPOV公约1978年文本规定在对受保护品种的有性或无性繁殖材料进行“以商业销售为目的;为生产提供出售;市场销售”活动中,必须事先征得育种者授权,但“利用品种作为变异来源而产生的其他品种或这些品种的销售,均无须征得育种者同意。但若为另一品种的商业生产重复使用该品种时,则必须征得育种者同意”。1991年文本中育种者权利包含了1978年文本的范围,并在此基础上将其扩展到“生产或繁殖;为繁殖而进行的种子处理;出口;进口;用于上述目的存储”。不仅如此,当受保护品种的收获材料、利用收获材料直接制作的产品、派生品种、不能明显区别的品种,和那些需要反复使用受保护品种而获得的品种涉及上述活动时,也必须事先征得育种者授权。两相比较,UPOV公约1991年文本从保护活动范围和品种范围上均做了相当程度的扩展,非常有力地加强了对育种者利益的保护。

需要指出的是,这些条款如对派生品种的保护有可能限制其他育种者围绕受保护品种从事育种创新的权利。将育种者权利扩展到再生产,存储,收获材料和农产品,以及那些需要反复使用受保护品种的品种,更进一步限制了农民和当地居民从研究和新品种中收益的权利范围。

3.2.3.4 权利例外

首先,UPOV公约1978年文本在权利限制中说明“除非出于公共利益考虑,育种者可不受限制自由行使所给予的独占权利;若为了广泛推广品种而使育种者权利受到限制，该联盟成员国应采取一切必要措施，给予育种者相应之报酬”。1978年文本没有明确做出例外的说明，但其保护范围的相对狭小，如没有对派生品种、收获物等的要求，在一定意义上为科学研究和农民特权提供了较充足的空间。1991年文本中提出了强制性例外的说明，“私人的非商业性活动；试验性活动”，和仅仅为培育其他品种的活动。这种例外在1991年文本下已显得作用微弱了，对于实验者，如果得到的品种是不能明显区别的派生品种，一旦涉及商业行为，其实验结果可能会被育种者占用，收获的材料和农产品也可能被占用。在其非强制性例外中，1991年文本规定“各缔约方在合理的范围内，并在保护育种者合法权益的条件下，仍可对任何品种的品种权予以限制，以便农民在自己土地上为繁殖之目的，而使用在其土地上种植的保护品种所收获的产品”。首先农民的权利受到了限制，农民只有在自己的土地上留种自用的权利，而失去了农民间自由交换和出售的权利，使农村人口大部分的商业行为受到限制，而且非限制性的规定使得农民权利处在更被忽视的地步，这对于像中国这样一个农业人口众多的国家影响是很大的。

其次，尽管1991年文本增加了权利用尽的规定，即“受保护品种的材料或依赖性派生品种的材料，已由育种者本人或经其同意在有关缔约方领土内出售或在市场销售，或任何从所述材料派生的材料，品种权均不适用”，但该品种、繁殖材料或者由此而来的任何农产品，却不能用来繁殖该品种或者出口到非UPOV国家。

通过上述描述，可以得出这样的初步结论：从其保护强度和对社会利益主体的权衡上来评价，1978年文本在保护育种者利益同时，也为科研和农民权利提供了较为充足的空间，而1991年文本加大了保护的范围和力度，过分的强调商业育种者权利，同时限制农民和社区居民的权利，以及政府在公众利益上的活动范围，并以此文本作为“TRIPs”协议（是《与贸易有关的知识产权（包括假冒商品贸易）协议（草案）》的简称）中的专门特殊制度的模本在国情多元化的UPOV成员国中推行和扩展，这有失公平，特别是对小农经济占主要地位的发展中国家来说更是这样。

3.3 我国植物保护新品种制度的建立

3.3.1 植物新品种保护制度建设的历程

我国植物新品种权保护制度的建设起步较晚。长期以来，我国沿用的是品种审定制度，这种制度安排是一种行政管理措施，通过颁发省级或国家级品种审定证书，品种方可进行许可推广。这种制度要求在审定初期就要将育种信息全部公开。

由于育种基地控制在种子公司手里，研究单位与个人几乎无法从他们所培育的品种中获得任何收益，这严重影响了育种者的品种收益权力和能力，也制约育种者进行育种创新的积极性与能动性。

1985 年 4 月 1 日，我国开始实施《中华人民共和国专利法》(以下简称《专利法》)。但该法规定，对动植物品种不授予专利权，而仅对其非生物学培育方法授予专利权，这就将农业科研领域创新最活跃、应用价值和商业前景明显的动植物品种繁育成果，特别是植物新品种排除在专利保护之外。但由于当时人们知识产权保护缺乏认识，农业科研领域对此反应并不强烈。在《专利法》实施以后 3 年多的时间里，国内一些育种科研单位和育种者曾向国家专利局申请了一些农作物育种方法的专利，但其申请专利的目的却在于保护品种本身。而育种方法专利又保护不了品种权益，而且引起了争论。有人认为给予育种品种的方法授予专利并不合适，因为它没有像申请微生物方法专利那样将微生物本身送交指定的保藏中心保藏。品种方法专利的申请人在申请专利时，没有送交其种子繁育材料进行保藏而仍然在申请者手中处于保密状态，即公众不能通过正常渠道得到繁殖材料，这在专利法上叫“公开不充分”，而“公开不充分”的专利申请是不能被授予专利权的。

1988 年，农业部为配合《专利法》的修改曾就植物新品种保护的利弊征求了农业系统的意见，农业科研教学单位对保护植物新品种的态度明确，要求保护；种子生产经营部门态度不明朗，认为眼下保护时机不成熟，可采用技术合同的方式给育种者一些利益。20 世纪 90 年代初，国家专利局在确定《专利法》修改草案之前，反复与农业部进行协商，一致认为，根据国际通行做法，植物品种本身不纳入《专利法》的保护范围。1992 年颁布实施的新修订的《专利法》第 25 条明确规定不保护植物品种，只保护植物品种的生产方法。尽管其第 11 条规定方法专利可延伸到产品，但由于方法专利必须符合专利法新颖性、创造性、实用性“三性”要求，对植物新品种而言要求过高，尤其是新颖性标准几乎可以排除绝大部分植物新品种的方法专利申请。因此，我国专利法对植物新品种所起的保护作用非常有限。

1989 年 3 月 13 日，国务院发布的《种子管理条例》，只是在第 8 条第 2 款和第 14 条规定：“国家鼓励集体和个人选育农作物新品种和林木良种”、“种子技术的专利保护和技术转让，依照《专利法》及国家有关技术转让规定办理”。这体现了立法者已经意识到育种者的创造性劳动成果应当得到鼓励和保护，但严格说来，该《条例》并未提及育种者的权益。1993 年 9 月 2 日，我国颁布的《反不正当竞争法》第 10 条有关商业秘密保护条款，使植物新品种可以获得一定程度的保护，但由于植物新品种能够“自我繁殖”以及农业生产须在田间进行等因素，其对植物新品种保护的效果十分微弱。1999 年，我国颁布的《合同法》使育种者在某种程度上可以通过与生产单位签订技术开发、技术合作等技术合同手段维护自身的权益，但此时育种者权益保护的效力仅限于当事人之间，合同不能为第三人设定义务，通过技术合同对植物品种的保护也很有限。一些研究者指出，长期以来，植物品种经营者富，育种者穷，国家投资得不到回收，育种单位和个人也得不到报偿，是我国种子产业存在的突出问题，而植物育种产权弱化是导致这一问题的根本原因。

1997 年 3 月 20 日，《中华人民共和国植物新品种保护条例》颁布，标志着我国对植物新品种保护的良好开端，拉开了我国对植物新品种进行系统的产权保护的序幕。条例颁布后，农业部、国家林业局按照职责分工分别制定了配套规章和保护名录，并从 1999 年 4 月 23 日开始接收国内外植物新品种权申请。1999 年 3 月，我国加入了《国际植物新品种保护条约》1978 年文本，正式成为国际植物新品种保护联盟 UPOV 的第 39 个成员国。2000 年 12 月 1 日实施的《中华人民共和国种子法》作为我国第一部关于种子的专门立法，明确指出我国实施植物新品种保护制度。2000 年 4 月 26 日，农业部首批 38 个玉米、水稻新品种获得了品种权，在农业领域首先实现了知识产权保护的历史性跨越。从 1999 年到 2004 年 5 月 31 日，农业部 5 年内共受理植物新品种权申请 1 566 件，授予品种权数量达 465 件，为充分发挥植物新品种保护制度的效果奠定了良好的基础。

此外，我国还颁布了相应的配套法规，如《中华人民共和国植物新品种保护条例实施细则》（以下简称“实施细则》”）、《农业部植物新品种复审委员会审理规定》、《农业植物新品种权侵权案件处理规定》、《农业植物新品种权代理规定》、《农业植物新品种保护繁殖材料保藏中心管理办法》、《关于审理植物新品种纠纷案件若干问题的解释》等，我国植物新品种保护的制度体系初步形成。

3.3.2 中华人民共和国植物新品种保护条例

中国的《中华人民共和国植物新品种保护条例》是基于 UPOV 公约的 1978 年文本的精神制定。《条例》的颁布实施标志着我国植物新品种保护制度初步建立。根据《条例》规定，属于国家植物品种保护名录中列举的植物的属或者种，并满足新颖性、特异性、一致性、稳定性、有适当命名的品种均可以授权保护，但条例明确规定对危害公共利益、生态环境的植物新品种不授予品种权。品种权拥有者在保护期限内有一定的权利和义务，其权利包括生产权、销售权、被奖赏权、使用权、标记权、许可权、转让权、优先权、诉讼权、追偿权、放弃权，并负担三方面的义务：按审批机关的要求提供资料和新品种的繁殖材料；缴纳品种保护费用的义务（申请费、审查费、测试费、年费）；实施品种权的义务、使用登记注册品种名称的义务。藤本植物、林木、果树和观赏植物的保护期限是从授权之日起 20 年，其他植物包括粮食、油料作物和纤维作物是 15 年。条例还规定两条例外：一是为科学研究和实验目的生产授权品种繁殖材料，即所谓的育种者豁免(breeders exemption)；二是农民自繁自用授权品种繁殖材料，即所谓的农民特权(farmers exemption)。此外，条例规定，为了国家利益或公共利益，审批机关可以强制许可生产授权品种繁殖材料。

植物品种保护《条例》由国家农业部和国家林业局这两个独立的行政主体行使，他们按照职责分工共同负责植物新品种权申请的受理和审查并对符合本条例规定的植物新品种授予植物新品种权。其中国家林业局负责树种，包括林木、竹子、木本植物和干果树种，农业部负责所有的农作物(农业植物新品种包括粮食、棉花、油料、麻类、糖料、蔬菜(含西瓜、甜瓜)、烟草、桑树、茶树、果树(干昊除外)、观赏植物(木本除外)、草类、绿肥、草本药材等植物以及橡胶等热带作物的新品种)。保护农作物品种的行政程序由农业部的植物品种保护办公室来执行。另有 15 个检测中心负责新品种的评估和检测工作。其中一个主要中心在北京，其他 14 个分布在中国主要农业地区，这些中心为品种检测编制了玉米、水稻等近 8C 种植物新品种测试指南。2005 年 1 月，全国植物新品种测试标准化技术委员会成立，为进一步提升植物新品种审查授权的标准化、规范化，公正化管理水平，提供了组织与技术保障。

植物新品种保护条例及相关规定的制定和出台，保障了育种者的利益，在一定程度上激励了育种者的创造积极性，顺应市场经济发展和国际竞争要求。

3.4 植物新品种权的授予条件和保护期限

获得新品种权的植物品种，必须同时具备以下几个条件：一是该新品种必须是国家植物新品种保护名录范围的品种；二是该新品种必须是不违反国家法律、妨害公共利益或者破坏生态环境的品种；三是该新品种必须具备新颖性、特异性、一致性和稳定性，还应当有适当的命名。

3.4.1 授予品种权的形式条件

3.4.1.1 保护范围

申请品种权的植物新品种应当属于国家植物新品种保护名录中列举的植物属或种，植物新品种保护名录由审批机关确定和公布。我国是 UPOV 公约的第 39 个成员国，执行该公约 1978 年文本。该文本规定，自公约在本国生效之日起应至少对 5 个属或者种给予保护，3 年内保护不少于 10 个属或者种，6 年内保护不少于 18 个属或者种，8 年内保护不少于 24 个属或种。我国是发展中国家.科技水平还比较落后，植物新品种保护范围将逐步扩大；只有属于保护范围的植物新品种才能申请品种权，不属于保护范围的植物新品种，不能申请品种权。1999年，我国首批列入农业植物新品种保护名录的10个属或者种是：水稻、玉米、大白菜、马铃薯、春兰、菊属、紫花苜蓿、草地早熟禾、石竹属、唐菖蒲属。2000年，发布的第二批农业植物新品种保护名录的9个属或者种是：普通小麦、大豆、甘蓝型油菜、花生、普通番茄、黄瓜、辣椒属、梨属、酸模属。2001年，发布的第三批农业植物新品种保护名录的4个属或者种是：兰属、百合属、鹤望兰属、补血草属。2002年，发布的第四批农业植物新品种保护名录的7个属或者种是：甘薯、谷子、桃、荔枝、普通西瓜、普通结球甘蓝、食用萝卜。到2010年公布的第八批为止，共有80个属或者种。国内外申请人拥有的凡属上述保护名录范围内培育的植物新品种，可以按《条例》规定向我国审批机关申请品种权。上述保护名录以外的植物新品种暂不能申请品种权，但随着品种保护工作的开展，农业部将逐步公布新的保护名录。

申请的植物新品种除了是审批机关公布的保护名录范围内的品种，还必须满足我国条例第二条的规定，即申请品种必须是经过人工培育的或者对发现的野生植物加以开发的植物新品种。

3.4.1.2 品种名称

申请品种权的植物新品种应当具备适当的名称，并与相同或者相近的植物属或者种中已知的名称相区别。该名称经正式注册登记后即为该植物新品种的通用名称。

有下列情形之一的，根据《条例》第十八条和《实施细则》第十五条规定，不得用于新品种的命名：

①仅以数字组成的，如65-6-3-21；

②违反国家法律或者社会公德或者带有民族歧视性的；

③以国家名称命名的，如法国1号，瑞典2号；

④以县级以上行政区划的地名或者公共知晓的外国地名命名的，如长沙芦柑，北海道小麦；

⑤同政府间国际组织或者其他国际国内知名组织及标示名称相同或者近似的，如UPOV、FAO、国徽、红十字等；

⑥对植物新品种的特征、特性或者育种者的身份等容易引起误解的，如特秆小麦、大穗水稻、刘氏玉米等；

⑦属于相同或者相近植物属或者种的已知名称的；

⑧夸大宣传的。

3.4.1.3 新颖性

新颖性,“是指申请品种权的植物新品种在申请日前该品种的繁殖材料未被销售,或者经育种者许可,在中国境内销售该品种繁殖材料未超过1年;在中国境外销售藤本植物、林木、果树和观赏树木品种繁殖材料未超过6年,销售其他植物品种繁殖材料未超过4年”。由此可见,确定植物新品种的新颖性主要是以商业销售为依据。

(1)销售行为

销售与否是判断申请品种是否具有新颖性的重要依据。所谓销售,就是一种商业活动,包括买卖和以物易物行为。至于销售数量的多少,价格的高低,与是否存在销售行为没有直接关系;哪怕只是卖50克,售价只有一角钱,其销售行为也已构成。销售行为存在应有时间、地点、销售发票或者其他证据,特别是销售发票是确定植物新品种申请品种权是否发生销售行为的重要依据。一有销售发票,就可确定销售行为已经存在。

应当明确的是,上述销售活动,都是指经育种者同意或许可的情况下进行的。

(2)时间界限

时间界限是指植物新品种申请品种权的申请日。确定植物新品种是否具有新颖性,销售行为是否存在,以销售行为发生的时间和申请日两者结合起来考虑。一种是申请日前申请保护的植物新品种没有被销售,这种是绝对新颖性。另一种是销售行为发生在申请日前的限定期限内,这称之为相对新颖性。根据《条例》规定,相对新颖性是指申请日前可以销售,但销售行为根据地域和品种的不同,具有不同的时间限制。具体说,在申请日前,在国内申请保护的品种销售不超过1年,在国外藤本和木本植物销售不超过6年,其他草本植物的销售不超过4年,不影响植物的品种的新颖性。凡是销售时间超过上述时间界限的,都将导致新颖性的丧失。

(3)范围限制

范围限制是指销售行为发生的地域和品种类别。销售行为地域和品种类别不同,销售行为发生的时间与申请日之间的长短作为判断植物新品种新颖性的标准,如上提及的是不一样的。在我国境内发生的任何品种销售行为时间较短为1年,在中国境外发生的销售时间较长,即草本植物不超过4年,木本和藤本植物不超过6年。这主要是为了同国际植物新品种保护联盟的规定相一致。

(4)宽限期

我国《实施细则》第十四条规定,在《条例》实施前首批列入植物新品种保护名录的和《条例》实施后新列入植物新品种保护名录的植物属或种,从名录公布之日起2年内提出的品种权申请,凡经过品种所有人许可,在中国境内销售该品种的繁殖材料，从申请之日起未超过 4 年，可视为不丧失新颖性，这是特定情况下对品种权申请人的一种宽限。

在审查新颖性时，申请人有责任提供证明，表明申请保护的植物新品种在申请日以前该品种是否已经及何时进行商业销售，如果申请人没有提供新颖性的材料，植物新品种审批机关有权要求申请人提供有关补充情况。审批机关也可以依职权从任何领域搜集有关植物新品种新颖性的情报来检查该品种的新颖性。审批机关也可以在公报上发表该品种的信息，通过公众异议的方式，审查其新颖性。审批机关一旦发现有关品种缺乏新颖性的情况，就应要求申请人提供具备新颖性的相应证据，如果申请人在规定的期限内提不出证据，该申请将被视为缺乏新颖性而被驳回。

3.4.2 授予品种权的实质性条件

根据我国《条例》的规定，授予品种权的植物新品种，除了应当是植物新品种保护名录中列举的植物属或者种，并有适当的名称和具备新颖性外，还应当同时具备特异性、一致性、稳定性。这就是说，在我国一项植物新品种要取得品种权，就必须同时具备这些条件。如果缺少这些条件中的任何一条，就不能获得品种权。植物新品种的特异性、一致性和稳定性是授予品种权的实质性条件。

3.4.2.1 特异性

特异性是植物新品种取得品种权的第一个实质性条件。

所谓特异性是指申请品种权的植物新品种应当明显区别于在申请日以前已知的植物新品种。换句话说，植物新品种的特异性是指该品种至少应当有一个特征明显地区别与申请日前已知的所有其他相同植物品种的特征。

在植物新品种的特异性审查过程中，审批机关重点考虑的是申请品种与现有品种在特征方面的差异，而不考虑申请品种的经济性状和经济价值。审批机关在审查植物新品种的特异性时，要考虑质或者量的概念。植物新品种有的性状是质量特征特性，如颜色（白色或红色），花型（单花或双花），种子形状（圆的或皱褶的）。植物新品种有的性状是数量特征特性，在一定范围内是可以测量的，如叶片数、株高、叶片的长短、长度/宽度比例等。无论是质量特征特性还是数量特征特性，只要申请品种与现有品种相比差异明显，就可以认为具有特异性。

审批机关应当依照申请人的要求，从已知相同植物的品种中选择对申请品种特异性有对比意义的每一个品种的特征，这些特征必须能够精确识别和描述。

已知相同植物品种是指已被收入品种目录的，在出版物上有详细说明的，众所周知已栽培了的或者众所周知收入参考样品，或者其繁殖材料或者收获物已经有了商业目的的销售的品种。如果有一品种已在申请日前提出了品种权申请，并已受理，无论该品种是否公布，则该品种应被视为自申请日起已知的。

上述明显的区别，是指申请品种权的植物新品种至少有一个特征或者特性与现有相同植物品种相比较显然不相同或者不相近。如申请品种的籽粒颜色与现有品种不同，或者申请品种在株型方面明显高于现有品种。审批机关判断特异性可以对申请文件进行书面审查，也可以通过田间测试或者实验室分析进行审查。

植物新品种特异性得以确定和区分的特征，以生物学形态特征为主。

判断特异性的时间界限仍然是以申请日为标准。在申请日前已知相同植物的品种是审查对比的参照品种。

3.4.2.2 一致性

一致性是植物新品种能够取得品种权的第二个实质性条件。

所谓一致性是指申请品种权的植物新品种经过繁殖，除可预见的变异外，其相关的特征或者特性一致。所谓可以预见的变异，主要是指受外界环境因素的影响，有的特征或者特性有一定的变异，如植物的株高或生育期等。由于各个育种手段不同，后代所分离的世代的多少也不同，如远缘杂交和辐射育种分离的世代长，要求新品种的一致性就考虑繁殖世代长一些。植物新品种的一致性只有通过田间测试各个特征或者特性才能判断。

评价品种的一致性主要考虑以下因素。

①繁殖方式：该品种是有性繁殖还是无性繁殖，若是有性繁殖还要考虑该品种是自花授粉还是异花授粉。

②育种方式：该品种是通过何种育种方法选育而成的，是通过有性杂交、亲本亲缘关系远近、因偶然混杂、突变或者其他原因所产生的变异等。

3.4.2.3 稳定性

稳定性是植物新品种能够获得品种权的第三个实质性条件。

所谓稳定性是指申请品种权的植物新品种经过反复繁殖后或者在特定繁殖周期结束时，其相关的特征或者特性保持相对不变。这就是说，经过多代繁殖或者特定繁殖期，申请品种权的植物新品种的有关特性相对稳定，没有发生变化。稳定性也只有通过田间测试来判断。

一般来说，稳定性在很大程度上取决于育种者对该品种所做的持续的努力。审批机关经过一定周期的测试，其主要特征特性一直保持不变，那么可以考虑该品种是稳定的。

3.4.3　授予品种权的其他条件

我国《实施细则》第四条明确规定："对危害公共利益、生态环境的植物新品种不授予品种权。"

由于植物新品种保护条例是通过授予品种权来保护品种权人的合法权益，目的是调动育种者的积极性，从而推动我国农业和林业的发展，最终是为了国家和人民的利益。从这个总目标出发，授予的品种权当然不能违背国家和人民的根本利益。所以对危害公共利益的品种，尽管从技术上它可能符合授予品种权的条件，但对这类申请不能授予品种权，如罂粟、大麻或者其他危害环境的植物新品种。当然，不同社会制度的国家，对"公共利益"会有不同的理解和规定。

3.4.4　品种权的期限

品种权的期限即品种权的保护期限，是指法律规定的植物新品种保护审批机关授予的品种权从生效到失效之间这一段有效时间。也就是说，只有在这一段时间内，任何人未经品种权人许可(法律另外规定的除外)，不得使用授权的品种。超过了这段时间，则任何人都可以自由地使用。

从理论上讲，品种权期限的长短考虑了两个方面的因素：一是育种者的利益，保护期限太短，不利于调动育种者进行新品种选育的积极性；二是国家和公众的利益，保护周期太长，不利于农业科学技术成果的推广应用。因此，要同时考虑二者的利益，选择一个适当的保护期。目前，从 UPOV 及其成员国的情况来看，品种权的保护期大都在 15～20 年，保护期自授权之日算起。我国《条例》将品种权的保护期规定为，自授权之日起，藤本植物、果树、林木、观赏植物是 20 年，其他植物为 15 年。

应指出的是，我国《条例》第二十三条规定了有关临时性保护："品种权被授予后，在自初步审查合格公告之日起至被授予品种权之日止的期间，对未经申请人许可，为商业目的生产或者销售该授权品种的繁殖材料的单位和个人，品种权人享有追偿的权利。"同时，在统一的品种权保护期限内，品种权人可以根据该新品种的周期以及品种权的实施情况，通过不缴纳年费或声明放弃品种权的办法，自行决定其保护期的长短。

3.4.5　品种权的终止

品种权的终止是指品种权保护期届满或因其他原因而自动失去法律效力。一旦品种权终止，品种权人的财产权便成为社会的公共财富，任何人都可为商业目的无偿生产、销售该品种的繁殖材料，或者将其重复使用于生产另一品种的繁殖材料。世界上实行植物新品种保护制度的国家，都对品种权设置了终止的规定。

依照我国《条例》第三十六条之规定，品种权终止的原因大体有以下几种：

(1)因保护期届满而终止

品种权具有时间效力，有特定的保护期限，一旦保护期届满，品种权自行终止，这是品种权终止的最普遍原因。

(2)由于品种权人的自动放弃而终止

在一般情况下，品种权人是要竭力维护其品种权的，但在有些情况下，例如：由于科学技术的进步，新品种换代的加快使其拥有的品种权已失去存在的实际价值，品种权人可以以书面声明放弃其品种权，品种权即宣告终止。应指出的是如果品种权人已将其许可他人实施的，那么，在放弃其权利之前须征得许可人同意。

(3)因没有按期缴纳年费终止

品种权人应当自被授予品种权的当年开始缴纳年费。这是品种权人的义务，也是其享受权利维持品种权效力的必要条件。品种权人若想在保护期届满前保持其品种权的效力，就必须按期缴纳年费。未按规定缴纳年费的，该品种权终止。但是，品种权人对因不可抗的事由或其他正当理由逾期缴费而导致丧失品种权的，根据我国《条例》第六十二条规定，可采取相应的补救办法，仍可恢复品种权人的合法权益。

(4)由于不按规定提供检测所需繁殖材料而终止

如果品种权人不按照新品种保护审批机关规定的时间、地点或者数量与质量要求，提供用于检测所需的该授权品种的繁殖材料时，新品种保护审批机关可根据《条例》第三十六条规定宣告其品种权无效，该品种权终止。

(5)由于已不再符合授予的特征和特性而终止

如果品种权人提供的某授权品种和繁殖材料，经法定测试机构检测，判明现有品种的特征特性已不同于申请品种权时品种的特征特性时，新品种保护审批机关可以依法宣告其品种权的无效，该品种权终止。

除我国《规定》之外，按照知识产权的普遍做法，还存在着另一种情形，即如果品种权人是自然人，当品种权人死亡后又无合法继承人的，该品种权也自行终止。

应该指出的是，任何情况下的品种权的终止，都应当由新品种保护审批机关登记和公告。

3.5 植物新品种权的申请

品种权是不能自动取得的，即使是符合新颖性、特异性、一致性和稳定性的植物新品种，也必须履行《条例》所规定的品种权申请程序，向国家品种权审批机关提出申请，提交必要的申请文件，后者依法对该申请进行审查，并决定是否授予品种权。

3.5.1 申请品种权单一性的原则

我国《实施细则》规定，一件植物品种权申请包括两个以上新品种的，审批机关应当在发出实质审查的通知前，要求申请人提出分案申请。

一件申请应当限于一个品种。也就是说一个品种权只能授予一个品种。实行这个原则无论是对品种的申请还是对品种的审查、测试、登记、文献检索都是有利的。但在实际生活中，有时同一个杂交组合，从其杂交后代中，可以选育出两个以上的植物新品种，有的称为姊妹系，这两个以上的品种之间有着特殊的联系，但也有区别特征。对于这种情况也应该分别提出申请。此外，对于同一个杂优组合，申请人有可能在同一个申请案中既要求保护选育的亲本材料，又要求保护杂交种，这种情况也不能作为一个申请案申请，必须对父本、母本和杂交种分别提出申请。

3.5.2 申请品种权前的分析与思考

申请品种权，是为了对来之不易的品种进行法律保护。而申请品种权的每一个步骤，申请人都要支付一定费用，同时，要花费很多的时间和精力。因此，在申请品种权之前，申请人要权衡利弊，决定是否申请品种权。一般来说，要对以下几个问题进行分析和思考：

(1)经济利益的分析

申请人申请品种权的目的，一般是为了获得经济上的利益。因此，在申请品种权前通常应对与经济利益相关的因素进行分析，如：一是该品种是否具有经济价值，对于具备授权条件，但在经济性状上并不优于同类品种的“植物新品种”也不宜申请品种权，因为它们在未来的竞争中并不具有优势；二是潜在的市场需求量的大小，市场需求量大的品种更值得申请品种保护，可以获得较大的经济利益；三是生产的难易程度，对于具有较好的潜在的经济价值或市场需求量大又容易被他人生产的品种，更应及时申请品种保护，如常规育种选育的植物新品种。

(2)申请时机和申请国的选择

申请日是判断品种是否具备授予品种权的新颖性和特异性的标准日期。在我国实行先申请原则的情况下，正确的选择申请时机是十分重要的。如果决定申请，则应该在育种工作基本完成，且在进入区域试验前提出品种权申请。

一个品种可以申请国内品种权，也可以申请国外品种权。如果一个品种仅在国内有市场，该品种既不能出口，也不能被国外购买，通常没有必要申请国外品种权。若一个品种在国外也有较大的市场，那么除在国内申请外，还应到国外有关国家申请品种权。

(3)选择代理人

申请人如果需要，也可考虑选择是否通过某一专门代理机构办理品种权申请事宜。

3.5.3 申请品种权应提交的文件

我国《条例》第二十一条规定："申请品种权的，应当向审批机关提交符合规定格式要求的请求书、说明书和该品种的照片。申请文件应当使用中文书写。"

3.5.3.1 请求书

请求书是申请人向国家品种权审批机关表示请求授予品种权的愿望，也是申请人声明他希望取得品种权的文件。请求书须按照审批机关印发的表格形式提出，其中主要内容有：

①品种暂定名称；

②新品种所属的属或者种的中文名称和拉丁文名称；

③培育人的姓名；

④申请人的姓名或者名称、地址、邮政编码、联系人、电话、传真；

⑤申请人的国籍；

⑥申请人是外国企业或者其他组织的，其总部所在的国家；

⑦新品种的培育起止日期和主要培育地。

请求书必须打印，不能手写。

3.5.3.2 说明书

我国《实施细则》规定的说明书内容一般应包括以下几个方面：

①新品种的暂定名称，该名称应当与请求书的名称一致；

②新品种所属的属或者种的中文名称和拉丁文名称；

③有关该新品种同国内外同类品种对比的背景材料的说明；

④育种过程和育种方法，包括系谱、培育过程和所使用的亲本或者繁殖材料的说明；

⑤有关销售情况的说明；

⑥对该新品种特异性、一致性和稳定性的详细说明；

⑦适宜生长的区域或者环境以及栽培技术的说明。

3.5.3.3 说明书摘要

说明书摘要是对说明书内容的简短说明，主要供审批机关发布公告时参考。摘要应当简要说明品种的特征特性、适应范围、栽培要点和效果。摘要应短小精悍、便于阅读，字数一般控制在200～500字。

3.5.3.4 照片

照片是申请植物品种保护的必备文件。要求照片能反映申请保护品种的特异性，使他人通过照片对申请品种的特异性可以一目了然。照片应当符合以下要求：

①照片有利于说明申请品种的特异性；

②一种性状的对比应在同一张照片上；

③照片应当为彩色；

④照片规格为8.5厘米×12.5厘米或者10厘米×15厘米；

⑤照片的简要文字说明。

3.5.3.5 技术问卷

技术问卷是一种问答式表格，它针对所申请的植物属或者种提问，不同的植物有不同的表格。技术问卷可在提出实质审查请求时提交，也可在审查员要求时提交。

以上是向审批机关申请品种权所需提交的主要文件。此外，根据情况还要提交一些附加文件，如代理人委托书、要求优先权声明等其他文件。

3.5.4 品种权申请的受理与审批

我国《条例》规定，对品种权申请采用审查制。一件品种权申请大体要经过以下程序。

3.5.4.1 受理

我国《条例》第二十一条规定："申请品种权的，应当向审批机关提交符合规定格式要求的请求书、说明书和该品种的照片。申请文件应当使用中文书写。"第二十二条规定："审批机关收到品种权申请文件之日为申请日；申请文件是邮寄的，以寄出的邮戳日为申请日。"根据《条例》规定，植物新品种所有权人在申请品种权时，应当向审批机关提交书面申请文件。可采取面交和通过邮局寄交两种形式，寄交的邮件必须是挂号邮件，无论是寄交还是面交，申请文件的表格和纸张不得撕破、揉皱或者折叠。以口头、电话、实物等非书面形式办理的手续均视为无效。

植物新品种权的审批机关是农业部和国家林业局，农业部负责受理品种权申请的机关是农业部植物新品种保护办公室。该办公室的地址是北京朝阳区麦子店街20号楼，邮政编码100026，电话010-64194661，网址www.cnpvp.cn。

农业部植物新品种保护办公室收到品种权申请文件后，要对申请文件进行全面检查，看是否符合受理条件。申请人提交的申请文件符合《条例》第二十一条规定，农业部植物新品种办公室予以受理。申请文件是面交的，直接发给受理通知书。申请文件是邮寄的，受理通知书将用挂号邮寄给申请人。受理通知书上注明有申请人、申请日和申请号，因为在以后的程序中，向农业部植物新品种保护办公室提交的各种文件，均应注明申请日和申请号。

凡是不符合我国《条例》第二十一条规定的邮寄品种权申请文件不予受理，农业部植物新品种保护办公室发给不予受理通知书，说明不受理原因，并将不受理通知书挂号邮寄申请人，不受理的申请文件加盖"不受理"章，随不受理通知书一起退回申请人。申请人来审批机关面交的申请文件不符合《条例》第二十一条规定的，受理人员当面说明原因，不予受理，申请文件退回。

3.5.4.2 初步审查

我国《条例》第二十七条规定："申请人缴纳申请费后，审批机关对品种权申请的下列内容进行初步审查：(一)是否属于新品种保护名录列举的植物属或者种的范围；(二)是否符合本条例第二十条的规定；(三)是否符合新颖性的规定；(四)植物新品种的命名是否适当。"这里所指的初步审查，是指审批机关在受理品种权申请后对其所作的形式审查。

以上各项如有不符合要求的，应当通知申请人在指定的期限内补正。申请人无正当理由不补正的或者补正后申请仍不符合《条例》要求的，审批机关予以驳回。

3.5.4.3 申请公告

我国《条例》第二十八条规定："审批机关应当自受理品种权申请之日起6个月内完成初步审查。对经初步审查合格的品种权申请，审批机关予以公告，并通知申请人在3个月内缴纳审查费。对初步审查不合格的品种权申请，审批机关应当通知申请人在3个月内陈述意见或者予以修正；逾期未答复或者修正后仍然不合格的，驳回申请。"符合《条例》有关规定的，自申请日起6个月内初审结束，审批机关将就该品种的特征特性、适应范围等信息，以及申请人、申请日、申请号等发布公告。公告既有利于公众对品种权申请的监督，又有利于未来新品种的应用和推广。对初步审查不合格的品种权申请，审批机关将向品种权申请人发出审查意见通知书，要求申请人在规定的期限内陈述意见或者对申请文件予以修改，申请人到期既不修改，也不答复的申请，审批机关将予以驳回。

3.5.4.4 实质审查

品种权申请初步审查合格的，审批机关将通知申请人在3个月内缴纳审查费，对缴纳了审查费和办理有关手续的品种权申请，审批机关将对该品种权申请进行特异性、一致性和稳定性实质审查。申请人未按规定缴纳审查费和办理有关手续的品种权申请视为撤回。

审批机关收到申请人的审查费后，即按品种类别，分别送交有关测试机构做特异性、一致性和稳定性田间测试，提出测试结果。审查手段主要是依据文献检索和田间测试结果，判断品种权申请是否具有特异性、一致性和稳定性。审批机关对品种权申请经实质审查后，没有发现驳回理由的，将按照《条例》的规定，授予品种权。对不符合规定的，将通知申请人或者其代理人，要求其在指定的期限内陈述意见，或者对其申请进行修改。无正当理由逾期不答复的，该申请即被视为撤回。对于品种权申请经申请人陈述意见或者进行修改后，审批机关认为仍然不符合规定的，将予以驳回，并通知申请人或者其代理人。

申请人在接到审批机关驳回申请的通知后，如对此决定不服，可以在收到通知之日起三个月内，向植物新品种复审委员会请求复审。

3.5.4.5 授权公告

经过实质审查后，对不符合授权条件的品种权申请，审批机关发出驳回决定通知书，并在《植物新品种保护公报》上登记公告；对符合授权条件的品种权申请，审批机关发给授予品种权通知书和缴纳第一年年费通知书。申请人应当在收到通知之日起两个月内办理缴费手续。申请人在规定期限之内办理缴费手续的，审批机关颁发品种权证书，并予以登记和公告。审批机关发出缴费通知书后，申请人在规定的期限内未办理缴费手续的，视为放弃取得品种权的权利，并通知申请人或其代理人，同时指明恢复权利的法律程序。审批机关自该通知发出之日起三个月期满，未收到恢复权利请求的，该决定将在《植物新品种保护公报》上公告。

公告是一项重要的法律程序，其主要内容有：品种权的授予、品种权的转让和继承、品种权的无效、品种权的终止、品种权的恢复、品种权的强制许可和品种权人的姓名或者名称、国籍、地址以及有关变更等事项。品种权的授予、品种权的无效、品种权的终止、品种权的恢复、品种权的强制许可由审批机关依职权登记；品种权的转让和继承以及品种权人的姓名或者名称、国籍、地址的变更应当根据当事人的请求进行登记。

3.6 植物新品种权的保护

植物新品种权是《条例》的核心，对品种权予以法律保护是《条例》的立法宗旨。所谓对新品种权的法律保护，主要是指国家通过行政与司法程序保障新品种权人在法律许可范围内，独立自主地对其所获的新品种权行使生产和销售权。这种法律保护，是国家用强制力来实现的。

3.6.1 侵犯品种权的行为

3.6.1.1 侵犯品种权行为的定义

我国《条例》第三十九条规定，未经品种权人许可，以商业目的生产或者销售授权品种的繁殖材料的行为，就是侵犯品种权的行为。

根据这个规定，侵犯品种权的行为，大体可以分为非法利用授权品种和非法妨碍利用授权品种两种。具体的表现为：一是未经品种权人许可，为商业目的生产和销售授权品种；二是假冒他人品种，即违背品种权人的意愿，以欺骗他人获取高额利润为目的而冒充获得品种权的品种。

由于上述这些违法行为，妨碍了国家以法律形式赋予品种权人对授权品种的独占权，因而构成了对品种权的侵犯。

3.6.1.2 侵犯品种权行为的构成要素

品种权是一种财产权，但又不同于一般的有形的财产权。作为无形财产权的品种权，它具有非物质性，易被侵犯而又不易被发现，就是发现了，也不易确定侵犯的范围。因此，如何确认侵犯品种权的行为，认定侵犯品种权应具备哪些要素是十分重要的问题。

(1)侵犯品种权必须具有侵害行为

侵权人必须具有侵害行为，就品种而言，如果有人以商业目的生产销售授权品种，该品种的特征特性与已获得品种权的品种所记载的特征特性一样，这就构成了对该品种权的侵权。由侵害行为造成了品种权人的损失，这种损失表现为由于侵害行为使品种权人失去了可能得到的物质利益和精神利益，或者由于侵害行为导致品种权人财产损失。显然侵权人的侵害行为与品种权人的损失，二者有必然的因果关系。

(2)侵害品种权必须是违法的侵害行为

构成侵犯品种权的行为除了有害行为存在外，这种侵害行为还必须是违法的。

因为有的侵害行为从法律上讲并不视为侵权行为，比如，他人为了科学研究和实验目的而使用某个授权品种等。有些侵害行为未经品种权人许可而构成了对品种权的侵害，但在法律允许之列，既不违反法律，也不构成侵权行为。比如，农民自发自用授权品种、按照强制许可的实施等，虽然也给品种权人造成了损失，但不属于侵权行为。

(3)侵犯品种权的侵害人必须有过错

从法律上讲，构成侵犯品种权的行为，侵害人必须有过错。过错又可分为故意和过失两种，前者是明知故犯，明知自己的行为可能造成侵害行为仍然铤而走险构成侵权；后者是不知道自己的行为可能造成侵害行为而贸然行之构成侵权。两者的主观动机虽有不同，而客观效果确是相同或者相近的，都属于侵犯品种权的行为，侵害人都应当承担民事责任。但在具体处理过程中，对于故意或者过失以及过失的轻重不同，应区别对待依法处理。

应指出的是，只有同时兼备以上三个要素，才构成对品种权的侵犯，应依法制裁。

3.6.2 品种权的法律保护

品种权的保护，就是依照法律保护品种权人的合法权益。或者说，为了恢复和保护品种权人被破坏或者侵害的权益，而对侵权人实施强制性的法律制裁措施。

在现实生活中，侵犯品种权的行为是多种多样的，性质也各不相同，有的是违反品种行政法律规范的行政违法行为，有的是违反品种民事法律规范的民事违法行为。因此，实施对品种权的法律保护方式也有所不同。归纳起来，大体有以下几种。

3.6.2.1 品种权的行政保护

(1)品种权的行政保护的定义

品种权的行政保护，就是通过行政法律程序，由省级以上人民政府农业或者林业行政管理机关，用行政的手段，依法对品种权实行保护。也就是说，当品种权人的权利被他人侵犯时，被侵权人可以请求省级以上人民政府农业或者林业行政主管部门进行处理，省级以上农业、林业行政主管部门根据这一要求，可以依法对侵权人的侵权行为进行行政处理。

我国《条例》第三十九条规定："未经品种权人许可，以商业目的的生产或者销售授权品种的繁殖材料的，品种权人或者利害关系人可以请求省级以上人民政府农业、林业行政部门依据各自的职权进行处理，也可以直接向人民法院提起诉讼。”本来这些侵权行为，从实质上讲都是民事违法行为，应由人民法院解决。各国一般的也是通过民事诉讼解决这些侵权纠纷的。但考虑到我国品种保护制度刚建立，司法人员相应知识比较缺乏，而农业和林业行政部门已有一支比较熟悉品种业务的队伍，他们有能力较好地处理有关品种的法律问题。因此，我国《条例》对上述侵权行为不仅允许品种权人或者利害关系人直接向人民法院起诉，而且还赋予他们请求省级以上人民政府农业、林业行政部门进行处理的权利。这样做是符合我国国情的。

(2)负责处理品种权案件的行政机构

我国《实施细则》规定，省级以上人民政府农业、林业行政部门是指设于国务院的农业部、国家林业局和各省、自治区、直辖市人民政府设立的农业、林业主管厅(局)。

(3)侵权案件的行政管辖

①部门和属地原则

凡属于某部门或者某地区范围内的侵权案件，当事人可以向该地区或者部门的省级以上人民政府农业、林业行政部门请求处理。凡属跨地区或者跨部门的侵权案件，当事人可以向发生侵权行为地的农业或者林业行政部门请求处理。

②管辖发生争议处理

a.两个以上省级农业行政部门都有管辖权的侵权案件，应当由先立案的省级农业行政部门管辖。

b.省级农业行政部门对侵权案件管辖权发生争议时，由农业部指定管辖。

③重大案件的管辖

农业部在必要时间可以直接处理侵权案件。省级农业行政部门认为侵权案件重大、复杂，需要由农业部处理的，可以报请农业部处理。

(4)立案条件

①遵循请求原则。一般来讲，只有当事人在规定的时效内提出请求，方可启动处理侵权案件的程序；

②申请人必须是品种权人或者与品种权侵权案件有直接利害关系的单位和个人；

③有明确的被申请人，有具体要求和事实依据；

④所诉品种已经授权；

⑤符合《条例》及其《实施细则》的规定；

⑥当事人任何一方均未向人民法院起诉；

⑦在请求处理的时效内。

(5)案件的处理

①以事实为依据,以法律为准绳

农业、林业行政部门是行政机关,应按照行政程序处理侵权案件。首先,要通过调查研究,搞清楚品种权人或者利害关系人请求保护的权利是否在其品种权保护的范围内;其次,要搞清楚被控侵犯了品种权的人是否具有构成侵权的行为;在搞清楚上述事实的基础上,做出行政决定。

②调节处理为主

省级以上人民政府农业、林业行政部门依据各自的职权,根据当事人自愿的原则,对侵权所造成的损害赔偿可以进行调解,调解达成协议的,当事人应当履行,调节未达成协议的,品种权人或者利害关系人可以依照民事诉讼程序向人民法院提起诉讼。

(6)行政处理决定

我国《条例》第三十九条规定:“省级以上人民政府农业、林业行政部门依据各自的职权,根据当事人自愿的原则,对侵权所造成的损害赔偿可以进行调解。调解达成协议的,当事人应当履行;调节未达成协议的,品种权人或者利害关系人可以依照民事诉讼程序向人民法院提起诉讼。”当省级以上人民政府农业、林业行政部门查明,品种权人或者利害关系人主张的权利在其品种权保护范围内,侵权人确实构成了侵权行为时,可根据《条例》的规定,做出以下几个行政处分决定。

①责令侵权人停止侵权行为。这是省级以上人民政府农业、林业行政部门通过行政程序对侵权人采取的一项制裁措施,这种措施一般是在认定侵权行为后采取。但是,有时责令侵权人停止侵权行为也作为一种预防性措施采用。为了防止侵权活动给品种权人带来更大的损失,在特定情况下省级以上人民政府农业、林业行政部门可以根据品种权人利害关系人的请求,并提供有担保的情况下,在进行调查了解的时候,责令侵权人停止其侵权行为。但是,一旦省级以上人民政府农业、林业行政部门通过调查认定事实不存在时,因采取预防措施而使“侵权人”造成的损失,应由品种权人或者利害关系人负责赔偿。

②封存或者扣押与案件有关的植物新品种的繁殖材料,查阅复制或者封存有关的合同、账册及有关文件。农业行政部门对封存或者扣押的植物新品种繁殖材料,应当在一个月内做出处理;对没收的植物新品种繁殖材料处理所得的收入应当上缴国库。

③没收违法所得,可以并处违法所得 5 倍以下罚款。农业行政部门依照《条例》第三十九条、第四十条、第四十二条规定没收违法所得和罚款,应当上缴国库。

④赔偿损失。这是省级以上人民政府农业、林业行政部门通过行政程序对侵权人采取的又一个制裁措施。这就是说，如果侵权人的侵权行为确实给品种权人或者利害关系人造成了损失，省级以上人民政府农业、林业行政部门为了维护社会公共利益，可以责令侵权人停止侵权行为，没收违法所得，赔偿损失。赔偿损失的多少可以参考最高人民法院关于类似侵权案件的赔偿计算方法计算。

3.6.2.2 品种权的行政诉讼保护

品种权的行政诉讼保护，是通过行政诉讼程序对品种权的一种保护。这种品种权行政诉讼保护是指，当事人对县级以上农业行政部门做出的假冒授权品种的决定和省级以上农业行政部门做出的侵权决定，以及对植物新品种复审委员会做出的不符合《条例》规定复审决定和无效决定，审批机关所做出的强制许可决定和强制许可使用费裁决不服时，当事人可以通过行政诉讼程序请求法院保护。根据我国《条例》的规定，品种权的行政诉讼保护，主要是针对以下几种情况而言的：

①对植物新品种复审委员会宣告品种权无效或者维持品种权以及更名的决定不服的，品种权人或者无效宣告请求人可以在收到通知之日起3个月内向人民法院起诉；

②申请人对植物新品种复审委员会的复审决定不服的，可以自接到通知之日起15日内向人民法院提起诉讼；

③品种权人对审批机关关于实施强制许可的决定或者实施强制许可的使用费的裁决不服的，可以在收到通知之日起3个月内向人民法院起诉；

④当事人对县级以上农业行政部门做出的假冒授权品种的处理决定和省级以上农业行政部门做出的侵权处理决定不服的，可以自收到通知书之日起3个月内向人民法院提起诉讼。

3.6.2.3 品种权的民事诉讼保护

侵犯品种权的行为是民事侵权行为。根据《条例》第三十九条规定，品种权人或者利害关系人除了可以请求行政处理外，还可以直接向被告所在地人民法院提起诉讼，通过民事诉讼程序对品种权实行保护。

3.6.2.4 品种权的刑事诉讼保护

这是指人为故意侵犯品种权，情节严重，如假冒他人品种，以及有关工作人员滥用职权、玩忽职守、徇私舞弊、索贿受贿，触犯了国家刑律，构成了犯罪的行为。品种权的刑事诉讼保护主要是针对两种情况：一是假冒他人的授权品种；二是徇私舞弊。《条例》第四十条和第四十四条对此做了明确规定。

3.6.3 我国农业植物新品种保护存在的主要问题

3.6.3.1 立法层次较低，制度有待完善

从立法层次来看，《植物新品种保护条例》是部门规章。目前，我国加入的是1978年文本，该文本对品种保护范围、权利内容和保护期限的要求较低，适合我国当时的育种水平。《植物新品种保护条例》中有关条款已经不符合植物新品种保护的国际趋势。制度的缺陷不能满足育种者维护权利的需求。我国植物遗传资源丰富，但农业遗传资源获取、利用的相关法律规范尚未出台。

3.6.3.2 相关法律之间缺乏有机衔接

我国对植物新品种保护采取的是专门立法的方式，《植物新品种条例》着重保护繁殖材料，要求取得品种权保护的植物品种必须具备新颖性、特异性、一致性、稳定性并且有适当的命名等条件，该条例仅仅是一个行政法规，其效力层次较低，并且与专利法、种子法缺乏有机的衔接，给专利保护与品种保护之间留下了“模糊地带”。我国现有3部法规涉及植物品种权的保护，包括《专利法》、《种子法》、《植物新品种保护条例》。其中《专利法》只对植物品种选育技术进行保护，并不保护植物品种本身，而《种子法》和《植物新品种保护条例》虽然明确承认要保护品种选育者的合法权益，但究竟“合法权益”包括哪些内容却语言不详。

3.6.3.3 品种保护与品种审定之间存在冲突和重复

品种审定侧重推广，而品种保护强调所有权。两者似难兼得。评优标准是看推广面积的大小，推广的面积越大，评优的概率就越高，这种农科评价体系实际上起着一种重推广的引导。如果强调品种权保护，推广起来难度就会增大。按照我国对植物新品种推广的要求，任何新品种在推广之前，必须经过品种审定，而品种审定工作一般要经过2年的区域试验和1年的生产性试验。而申请新品种也要经过DUS测试(植物新品种测试是对申请保护的植物新品种进行特异性(distinctness)、一致性(uniformity)和稳定性(stability)的栽培鉴定试验或室内分析测试的过程，简称DUS测试)，时间也要2～3年。并且是由不同的部门和机构进行，工作上存在明显的重复。

3.6.3.4 侵权现象严重

随着我国植物品种权申请授权数量的增加，侵权现象时有发生。以山东省为例，截至2007年年底，全省已累计受理植物新品种侵权纠纷案件176件，占到全国此类案件的1/3，植物新品种案件已经成为继专利、著作权和商标权案件后的第四大类型的知识产权案。植物新品种侵权行为主要表现为3种，一是假冒授权品种，

故意将非权利品种假称为权利品种，仿制权利品种的外包装、进行虚假的广告宣传、冒用新品种权号等，欺诈消费者，以获取非法利益。二是故意或者无意培育出权利品种，以权利品种的正式名称对外销售。三是故意或者无意培育出权利品种，但不以权利品种的正式名称对外销售。侵权行为盛行，严重侵害了持有品种权人的合法权益。

3.6.4 促进我国农业植物新品种保护的对策

3.6.4.1 尽快制定《植物新品种保护法》

我国已经建立了相对完善的保护植物新品种的法律法规和行政机构，并且国内育种水平得到长足发展，制定《植物新品种保护法》的时机已经成熟。我国应积极创造条件，尽快加入 UPOV 公约 1991 年文本。《植物新品种保护法》应将品种权的客体范围扩展到一切植物的属和种；充实品种权的权利内容，如进口权、出口权，加强海关对品种权的保护力度；将品种权的适用范围从繁殖材料扩展至收获材料及派生品种。由于我国农业遗传资源获取、利用的相关法律规范尚未出台，立法时，可以充分利用《知识产权协议》的弹性条款，借鉴《生物多样性公约》、《粮食和农业遗传资源国际条约》的规定，在《植物品种保护法》中建立起植物种收集编目制度、获取事先同意制度和具体可行的惠益分享制度。

3.6.4.2 应注重相关法律之间的协调

我国应扩大植物新品种权的保护范围，达到 UPOV 公约 1991 年文本所要求的水平。随着农业科技的发展，应对植物新品种的保护采用“双轨制”方式，做到植物新品种保护法、种子法和专利法之间的有机衔接。我国修改后的专利法第五条新增的第二款规定：“对违反法律、行政法规的规定获取或者利用遗传资源，并依赖该遗传资源完成的发明创造，不授予专利权。”第二十六条新增的第五款规定：“依赖遗传资源完成的发明创造，申请人应当在专利申请文件中说明该遗传资源的直接来源和原始来源；申请人无法说明原始来源的，应当陈述理由。”我国将来的植物新品种权立法在我国遗传资源保护方面应与专利法的有关规定相配合。

3.6.4.3 注重品种保护与品种审定之间的协调

为了减少机构设置以及降低品种管理费用，应将新品种保护中的 DUS 三性试验交给品种区试和审定部门操作。另外，在科研计划及良种产业化计划指南中，应突出品种权的内容，把品种权保护作为课题完成的主要考核指标之一，并明确品种权保护申请费用可从研究经费中列支。

3.6.4.4 加大品种权行政执法力度

加强对生产源头监管，主要农作物种子生产基地的省（自治区、直辖市）应将种子生产环节作为品种权行政执法的重点。加强对种子生产许可证发放的管理，申请授权品种生产许可证的，申请人应当提供品种权人同意的证明。依法打击无证和"偷梁换柱"生产授权品种的行为；加强对授权品种种子收购秩序的管理，打击抢购套购授权品种种子行为。

3.6.4.5 注重行政保护与司法保护之间的协调

农业行政主管机关对植物新品种具体业务比较熟悉，人民法院应高度重视与农业行政主管部门的沟通和配合，通过召开专题座谈会、专家咨询会等多种形式登门取经，解决专业技术问题，听取对审判工作的建议。同时，还应注重典型案例的示范和宣传作用，提升植物新品种司法保护工作在全社会的影响力。必须加大打击和处理假冒与侵权行为的力度，积极加强农业行政执法机关与司法机关的密切配合，共同营造有利于植物新品种保护的法治环境。要确立农业行政主管部门在打击品种权侵权和假冒工作中的主导地位，要充分发挥农业行政主管部门调处品种权纠纷速度快的特点．对品种权纠纷可采取先行政调处再司法诉讼的手段。

3.6.4.6 积极发展品种权代理中介机构

植物新品种权的代理与服务体系是我国农业植物新品种保护体系的重要组成部分，是植物新品种保护的中介组织。目前，应进一步扩大品种权代理人队伍，鼓励农业科研院所等单位自发筹建新品种保护的区域性组织，面向社会提供品种权申请、品种权转让、品种权维权等系列服务。

思考题

1. 浅谈你对植物新品种权的理解和认识。
2. 分析植物新品种保护和品种审定间的差异与联系。
3. 阐述植物新品种保护的意义。
4. 论述 UPOV 公约 1978 年文本与 1991 年文本之间的主要差别。
5. 简述获得植物新品种的条件。
6. 概述植物新品种权的申请流程。
7. 植物新品种权的常见侵权行为有哪些？
8. 请结合实际，谈谈我国应如何加强对植物新品种的保护。
9. 假如你培育出一个玉米新品种，试述你将采取什么措施对其进行保护。

参考文献

[1] 马世青,郑学莉.植物新品种保护基础知识.北京:蓝天出版社,1999.

[2] 王汝锋,崔野韩.国际植物新品种保护的起源、现状与发展趋势.中国种业,2003(1):1-9.

[3] 张瑞英.我国植物新品种保护制度的建立与发展.种子世界,2003(12):14-16.

[4] 倪莉.植物新品种保护制度创新研究.中国农业大学,2006.

[5] 倪莉,李建军.《植物新品种保护公约》的历史过程、立法依据和现实影响.农业科技管理,2006(6):26-29.

[6] 贾小龙.论我国植物新品种保护制度的现状及完善.中国种业,2008(11):11-13.

[7] 杨红朝.农业植物新品种保护的现状与对策.中国种业,2009(11):28-30.

第4章　商标权的取得及保护

◈ **本章重点、难点**

商标的构成要素、商标权的取得原则和方式以及商标权的归属问题。

◆ **内容提要**

商标随着商品交换的需要而产生，随着经济的发展而丰富，成为一种无形资产。商标权是商标所有人依法对其使用的商标所享有的权利，并获得了各国法律以及国际条约的保护。在大陆法系国家商标权的取得往往通过注册而获得，商标权的取得是商标保护的前提和基础。本章介绍了国外以及我国商标制度的建立和发展、商标的概念和类型、商标注册的原则以及驰名商标等。

4.1　我国商标制度的建立与发展

4.1.1　商标制度的产生与发展

商标作为商品经济的产物，它随着商品交换的需要而产生，并随着经济的发展而丰富起来。

在古埃及、古印度、古希腊、古罗马等文明古国，各种陶器、金属器具和手工制品等上都出现各种标记。在我国出土的西周时期的陶器上，就有工匠"郭彦"的署名。这些标记是否是真正意义上的商标，学界有不同的观点，因为很难考证这些有标记的产品是否属于商品。早期商品所有者在自己货物上加注的商标是一种"所有权标记"(proprietary mark)。这种标记并不发挥区别商品来源功能，或便于官方征税，或用于作坊主与工匠之间记账，或便于所有人找回自己的财产。但毋庸置疑，这是商标的萌芽。

11 世纪开始，由于商品生产日益发达，欧洲大陆盛行各种行会，为保障商品质量，行会要求生产者在商品上打上行会认可的标记，从而起到区分生产者的作用，这已经具备了现代商标内涵。在这种状况下使用此类标记不仅是表明商品的来源，而且可以作为商品品质的象征。

此后，随着商品经济的快速发展，商标已经不仅仅是一种商品标记，它已经成为一种无形资产，具有价值，可以转让和买卖。因此，从 19 世纪开始，商标制度在欧洲各国相继建立。1804 年法国颁布的《拿破仑法典》第一次肯定了商标权与其他财产权同样受保护。1857 年法国颁布了世界上第一部系统的《商标法》。1992 年法国颁布统一的《知识产权法》，从而形成世界上保护知识产权领域的第一部法典，在法典的第 2 部分第 7 卷规定了“制造、商业及服务商标和其他显著性标记”。

英国在 1875 年颁布《商标注册法》。德国于 1874 年颁布第一部《注册商标法》。美国于 1870 年制定《商标条例》。商标制度的产生，确认商标使用者的商标专用权，使商标成为商标使用者的一项无形财产，为商标注册人所垄断。

4.1.2 中国商标制度的产生与发展

就中国而言，发现最早、具备现代商标意义的标识是北宋时期山东济南刘家功夫针铺所采用的“白兔”标。它所使用的“白兔”商标，既有图形，又有“兔儿为记”的字样，是中国至今发现较早的比较完备的商标。尽管具有现代意义的商标出现的较早，但由于封建统治者推行的重农抑商经济政策，虽然存在商品交易和商标的事实，但商标的使用没有成为一种普遍现象，因此也就没有制订商标制度的环境和必要。

中国真正意义上的商标制度始于清朝末年，例如，1902 年，为了保护外国人在华经商的利益，中英签订了《续议通商行船条约》，条约涉及商标的问题。1904 年 8 月 4 日，清光绪皇帝钦定颁布《商标注册试办章程》，这是中国历史上第一部商标法规，1904 年 11 月 23 日，清政府海关总税务司在津沪两地正式受理商标挂号，即注册。民国时期，北洋政府于 1923 年颁布了《商标法》。1930 年南京政府颁布《商标法》以及实施细则，后几经修改。

1950 年 7 月 28 日，中央人民政府政务院颁布新中国第一个商标法规《商标注册暂行条例》。随后，1963 年国务院颁布《商标管理条例》以及实施细则，这是“文革”前最重要的两部商标法规。“文革”期间，商标法制受到破坏，商标没有统一管理，使用混乱。随着改革开放政策的实施，商标管理、注册和使用逐渐规范化和制度化。1978 年国家工商行政管理总局建立，并下设商标局。同年，国家工商行政管理总局成立了起草商标法小组。1979 年 11 月恢复全国商标统一注册工作。

1979 年《刑法》规定了"假冒注册商标罪"，第 127 条规定："违反商标管理法规，工商企业假冒其他企业已经注册的商标的，对直接责任人员，处 3 年以下有期徒刑、拘役或者罚金"。

1982 年 8 月 23 日，全国人民代表大会常务委员会通过了《中华人民共和国商标法》，并于 1983 年 3 月起施行，1983 年 3 月 10 日国务院发布《商标法实施条例》与商标法同时实施。1982 年商标法强调其宗旨首先是保护注册商标专用权，并以此为重心规定了商标注册、商标管理、商标侵权等各项制度。它是新中国第一个真正意义的商标法，适应了改革开放的要求。此后，为进一步完善我国的商标制度，并使之与国际标准接轨，1993 年、2001 年分别对《商标法》进行修改。1993 年，全国人大常委会对商标法作出第一次修改，其中包括将商标保护范围扩大到服务商标，对商标的注册申请、许可使用等做出补充规定，禁止以欺骗手段或者其他不正当手段取得商标注册，增加了惩处假冒注册商标和对注册不当商标的撤销几项规定，使商标法在实践中得到了充实与发展。2001 年由于申请加入世界贸易组织(WTO)的需要，我国的商标法律必须同《与贸易有关的知识产权协议》(TRIPs)的规定接轨。2001 年 10 月 27 日根据第九届全国人民代表大会常务委员会第 24 次会议《关于修改〈中华人民共和国商标法〉的决定》，《商标法》经过第二次修改。由于这次修改的背景，再加之进一步完善市场经济机制的需要，2001 年的修改幅度比较大。修改后的《商标法》达到了 TRIPs 的要求。

4.2 与商标有关的国际条约

随着资本主义市场经济的一体化，出现了协调商标制度，对商标提供国际性保护的客观需求。1883 年缔结的《保护工业产权巴黎公约》(以下称巴黎公约)明确规定了对于商标的保护，我国于 1985 年 3 月 19 日，成为该公约的第 96 个成员国，并声明对该公约第 28 条第一款提出保留，主张成员国之间有关公约的解释或公约的适用的争议，不提交国际法院解决。

商标权具有地域性，在一国使用或注册的商标只能在该国具有法律效力，欲在另一个国家受到保护，须在这个国家使用或注册。为了克服这种逐一国家注册所带来的不便，有关国家于 1891 年 4 月 14 日签订《商标国际注册马德里协定》(以下称马德里协定)，建立商标国际保护制度。这个协定是一个多边的国际条约，其宗旨是在协定成员国间建立商标国际注册的体系，实现商标的成员国注册，在其他成员国同时享受权利的目的，中国于 1989 年 10 月 4 日正式加入马德里协定。长期以来，由于马德里协定存在一些固有的缺憾，致使许多国家包括美国、英国、日本、澳大利亚等一些重要的国家都未能参加。为了打破僵局，在世界知识产权组织的积极推动下，1989 年 6 月 27 日终于签订了《商标国际注册马德里协定有关议定书》，该议定书在中国作为第 4 个国家加入后，于 1995 年 12 月 1 日生效。大体而言，巴黎公约所规定的是有关商标保护的实体性内容，而马德里协定和马德里协定书则是有关程序性的规定，如商标国际注册的提出、审查、授权的程序及保护期限等。此外，《与贸易有关的知识产权协定》(TRIPs)是继巴黎公约之后，协调各国商标保护的又一个国际公约。协议对商标保护作出了一些特殊的规定，如商标的构成要素、商标的注册、商标的保护期限以及其续展、商标的许可与转让，以及驰名商标的保护及其认定原则等。

世界知识产权组织从 20 世纪 80 年代就致力于缔结一项专门规范商标注册的国际公约，最后决定先就注册程序方面的问题先达成一个国际条约，即《商标法律条约》(TLT)。条约于 1994 年 10 月 27 日签署并于 1996 年 8 月 1 日生效，中国目前尚未加入该条约。目前关于商标及其邻近的国际条约有 10 部。同时，一些区域性市场的形成，催生了一些区域性的商标保护条约，这是介于国际公约和双边条约之间的商标保护条约。例如比利时、荷兰和卢森堡于 1971 年建立了统一的商标局，并且制定了《比荷卢统一商标法》。欧共体理事会于 1988 年发布了《缩小成员国商标法差异的一号指令》，以协调欧共体各成员国的商标保护。到了 1993 年欧共体又颁布了《共同体商标条例》，凡依照该条例一次申请而获得的商标注册，将同时在欧共体各成员国生效，这是相对于欧洲共同体市场的商标保护。除此之外，1993 年美国、加拿大和墨西哥签订的《北美自由贸易协定》，其中有关商标的规定也具有协调三国商标保护的含义。

4.3 商标的概念和类型

4.3.1 商标的概念和构成要素

商标是商品的生产者、经营者或者服务项目的提供者，为了使自己生产、经营的商品或者提供的服务项目，同他人生产、经营的商品或者提供的服务项目相区别而采用的一种标记。某种商标与某种商品或服务存在对应关系，因而，商标可以帮助消费者识别和购买商品或服务，这是商标的本质特征，也是商标基本功能的体现。

4.3.3.1 商标的构成要素

《商标法》第 8 条规定："任何能够将自然人、法人或者其他组织的商品或者服务与他人的商品或者服务区别开的可视性标志，包括文字、图形、字母、数字、三维标志和颜色组合，以及上述要素的组合，均可以作为商标申请注册。”商标首先是一种可视性标志，这与国际上通行的标准是一致的，例如世界贸易组织《与贸易有关的知识产权协定》中确定：“任何标记或标记的组合，只要能够将一企业的货物和服务区别于其他企业的货物或服务，即能够构成商标；此类标记，特别是单词，包括人名、字母、数字、图案的成分和颜色的组合以及任何此类标记的组合，均应符合注册为商标的条件；这些标记应为视觉上可感知的。”这些法定构成要素还应当是突出醒目，便于识别，能给人以强烈印象，具备显著性特征。

（1）文字

构成商标的文字，可以是中国汉字，汉语拼音，少数民族文字，英文及其他国家的文字或字母，数字。不同文字之间可以组合使用。作为商标的文字不一定是具有含义的文字，但至少可以识读。例如联想与海尔的商标（图 4-1，图 4-2）。

图 4-1　联想商标　　**图 4-2　海尔商标**

（2）图形

图形商标所能使用的图形涵盖的范围非常广泛，它不受语言文字的限制，在使用不同语言文字的国家和地区，人们也能方便识别。例如：老人头商标（图 4-3）。

图 4-3　老人头商标

但在使用图形所构成的商标时，不得使用《商标法》第 10 条、第 11 条中所禁止使用的图形（见本章 4.3.3.2）。

（3）字母

作为构成商标的字母，是指拼音文字或注音符号的最小书写单位，包括拼音文字、外文字母如英文字母、拉丁字母、德文字母等。例如路易威登商标（图 4-4）。

（4）数字

构成商标的数字，也是一种比较常见的形式，既可以是阿拉伯数字也可以是中文大写数字。例如三九商标（图 4-5）。

（5）三维标志

三维标志的商标，又叫立体商标，它是具有长、宽、高三种度量的立体物标志，与我们通常所见的表现在一个平面上的商标图案不同。这种形态可能出现在商品

图 4-4 路易威登商标

图 4-5 三九商标

的外形上，也可以表现在商品的容器或其他地方，例如著名的可口可乐包装瓶外形（图 4-6）。

图 4-6 可口可乐商标

以三维标志申请注册商标的，仅由商品自身的性质产生的形状、为获得技术效果而需有的商品形状或者使商品具有实质性价值的形状，不得注册（图 4-7）。

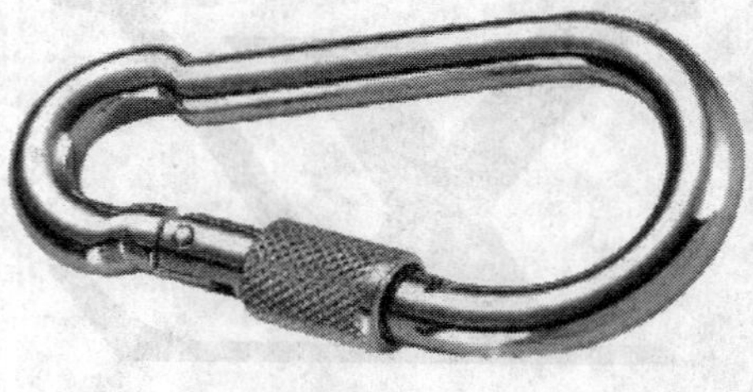

图 4-7　该图形制定使用的商品为安全扣，不得作为某一品种安全扣的商标

(6)颜色组合

独特的颜色组合具有显著性，当它能够指示商品或服务的来源时，可以作为商标进行注册申请。但单独以颜色作为商标，在日常的商业活动中并不常见。

上述六类商标要素可以单独作为商标注册，也可以将上述这些要素中两个或两个以上要素相结合构成的商标，也称复合商标。它也必须符合《商标法》第 9 条的有关规定，即申请注册的商标，应当有显著特征，便于识别，并不得与他人在先取得的合法权利相冲突。作为构成商标的文字、图形、字母、数字、三维标志或其组合的颜色，在申请注册商标时若未明确提出指定颜色要求，均按黑白颜色注册，也按黑白颜色保护。明确提出指定颜色或颜色组合的，则按所指定的颜色或颜色组合注册，也按指定颜色或颜色组合保护。

4.3.3.2　禁止和限制作为商标的标志

(1)禁止作为商标的标志

根据《商标法》第 10 条的规定，下列标志不得作为商标使用：

①同中华人民共和国的国家名称、国旗、国徽、军旗、勋章相同或者近似的，以及同中央国家机关所在地特定地点的名称或者标志性建筑物的名称、图形相同的。

②同外国的国家名称、国旗、国徽、军旗相同或者近似的，但该国政府同意的除外。

③同政府间国际组织的名称、旗帜、徽记相同或者近似的，但经该组织同意或者不易误导公众的除外。

④与表明实施控制、予以保证的官方标志、检验印记相同或者近似的，但经授权的除外(图 4-8)。

⑤同“红新月”、“红十字”的名称、标志相同或者近似的(图 4-9，图 4-10)。

⑥带有民族歧视性的；例如，法国人认为黑桃是死人的象征，采用这一图形的商标肯定不会核准注册；在日本不能以菊花的文字和图形作为商标注册，因为日本

60 mm 安全认证标志

图 4-8 中国强制性产品认证标志

图 4-9 “红新月” **图 4-10 “红十字”标志**

将菊花视为皇家的象征；澳大利亚禁止用兔的图形作商标；印度以及阿拉伯国家禁止用猪的图形作商标。

⑦夸大宣传并带有欺骗性的；例如，烟草制品上不得使用“健康”“益寿”等字眼。

⑧有害于社会主义道德风尚或者有其他不良影响的。例如，用裸体女子图像作为商标，则不会获批准注册，即使被批准注册，也得被撤销。

此外，县级以上行政区划的地名或者公众知晓的外国地名，不得作为商标。但是，地名具有其他含义或者作为集体商标、证明商标组成部分的除外。比如长寿县一灯泡厂注册以“长寿”为名称的商标，由于此时“长寿”有着蕴意长久耐用等其他含义，因此与长寿县的名称并不冲突，可以注册进行使用；已经注册的使用地名的商标继续有效。商标法第 12 条规定：“以三维标志申请注册商标的，仅由商品自身的性质产生的形状、为获得技术效果而需有的商品形状或者使商品具有实质性价值的形状，不得注册。”(如本节 4.3.3.1(5)中的举例)

商标法第 13 条规定：“就相同或者类似商品申请注册的商标是复制、摹仿或者翻译他人未在中国注册的驰名商标，容易导致混淆的，不予注册并禁止使用。就不相同或者不相类似商品申请注册的商标是复制、摹仿或者翻译他人已经在中国注册的驰名商标，误导公众，致使该驰名商标注册人的利益可能受到损害的，不予注册并禁止使用。”例如，有人将“娃啥啥”申请指定使用在第 30 类的冰激凌、冰棍上，即与杭州娃哈哈集团已注册的指定使用在第 30 类的冰制品上的“娃哈哈”商标近似。“娃啥啥”与“娃哈哈”两商标虽然文字读音不同，但字形很相似，使人误导，应不予注册并禁止使用。

(2)限制作为商标的标志

根据《商标法》第 11 条，下列标志作为商标注册有一定限制：

①仅有本商品的通用名称、图形、型号的。例如，电脑生产厂家不能以“电脑”作为商标注册使用；轮胎的制造者不能仅以轮胎圆圈形状图形作为商标；服装生产厂家不能以“XXL”的服装型号作为商标。

②仅仅直接表示商品的质量、主要原料、功能、用途、重量、数量及其他特点的。例如，大米生产厂家使用“很香”；服装生产厂家使用“彩棉”；漏电保护器厂家使用“安全”；饲料生产厂家使用“5 kg”等都应受到限制。

③缺乏显著特征的。

上述所列标志如果经过使用取得显著特征，并便于识别的，可以作为商标注册。商标的基础功能是识别商品和服务的来源，只有本身具有显著性，才能使消费者区别商品与服务。

4.3.2 商标的类型

按照不同的划分标准，商标可以划分为不同的类型。①根据商标服务对象的不同，商标可以划分为商品商标和服务商标；②根据商标用途的不同可划分为证明商标和集体商标；③按商标知名度的高低和保护范围的大小可以划分为驰名商标和非驰名商标；④按照商标是否在国家主管部门获准注册可划分为注册商标和未注册商标；⑤根据商标的构成方式来分类，可分为文字商标、图形商标、图形与文字组合商标。⑥根据商标的载体分类，可分为视觉商标、听觉商标(音响商标)、味觉商标(气味商标)。其中视觉商标又分为平面商标、立体商标。目前，听觉商标和味觉商标在个别国家承认，例如，美国在 20 世纪 90 年代初，将一种用在缝纫线上的特殊香味作为味觉商标予以保护。听觉商标和味觉商标在我国尚未做出相关规定。上述常见的类型是将商标划分为商品商标和服务商标，以及将商标分为集体商标和证明商标两种基本类型。

4.3.2.1 商品商标和服务商标

(1)商品商标

早期的商标往往和具体的、有形的物质紧密联系在一起，是为表明商品来源的标志。因此，商品商标也被认为是最有历史渊源的商标，也是日常生活中商标最为常见、最基本的表现形式。其使用目的在于将一定规则、品种的商品与其他规则、品种的商品区别开来，每种商品都有相对应的单独的商标。

(2)服务商标

服务商标的对象是服务，不具有对应的物质形态。如旅游服务、修理服务、娱乐服务等。不同经营者提供的服务有不同，需要有不同标记将它们区分开。根据国家工商行政管理总局 1999 年颁布的《关于保护服务商标若干问题的意见》，服务商标是指提供服务的经营者，为将自己提供的服务与他人提供的服务相区别的标志。与商品商标一样，服务商标可以由文字、图形、字母、数字、三维标志和颜色组合，以及上述要素的组合而构成。它一旦被服务企业所注册，该企业也就拥有了对该服务商标的独占专有使用权，并受法律的保护。

对于服务商标提供法律保护的，开始于美国 1946 年制定的《兰哈姆法》。为了创造服务行业的公平竞争环境，加强对服务商标的保护势在必行。我国在 1993 年对《商标法》的修订中增加了服务商标的规定，《商标法》第 4 条规定："本法有关商品商标的规定，适用于服务商标。"明确对服务商标的发展，将有力促进第三产业的有序发展。

(3)商品商标和服务商标的区别

①二者欲加以区别的对象不同。商品商标用于区分商品之间的不同之出处，如来源、功能、质量等。而服务商标则是用以将服务提供者的服务同他人的服务区别开来的一种标志，具有区别服务不同出处的功能，表明服务质量和特点。

②二者使用的领域不同。商品商标可以适用于所有的商品领域，每一种商品都可以有对应的商标。服务商标主要运用于航空、铁路、旅店、餐饮、银行、广告、旅游、建筑、学校、医院等公共服务部门。

③二者与企业名称之间联系的密切程度不同。商品商标与企业名称之间不必要有直接的联系，往往一个企业拥有多个不同的商品商标。例如通用汽车公司旗下拥有的汽车品牌商标就有多种，如雪佛兰、别克等。而服务商标则不然，它与商号、企业名称之间的联系往往是密不可分的。很多的服务商标就是直接采用商号的文字，或与商号在字面上有明显联系。

④两者的注册原则不同。对于商品商标，在实行自愿注册原则的前提下，部分特殊商品实行强制注册，如卷烟和人用药品。而服务商标则全部为自愿注册，不存

在强制注册。

4.3.2.2 集体商标和证明商标

(1)集体商标

集体商标，是指以团体、协会或者其他组织名义注册，供该组织成员在商事活动中使用，以表明使用者在该组织中的成员资格的标志。

集体商标又称为“团体商标”，不属于单个自然人、法人或者其他组织，即属于由多个自然人、法人或者其他组织组成的社团组织，即表明商品或服务来源自某一集体组织。集体可以是某一特定的行会、商会等工商业团体或其他集体组织。集体商标的作用是向用户表明使用该商标的企业具有共同的特点，表明某种商品和服务具有共同的特征和品质，有利于发挥集团优势，保护成员的利益。一个使用着集体商标的企业，有权同时使用自己独占的其他商标。

(2)证明商标

证明商标，是指由对某种商品或者服务具有监督能力的组织所控制，而由该组织以外的单位或者个人使用于其商品或者服务，用以证明该商品或者服务的原产地、原料、制造方法、质量或者其他特定品质的标志。证明商标有两种类型：一类是原产地证明商标，证明商品或服务本身出自某原产地，是一种地理标志，原产地名称在一定情况下也可以作为证明商标注册；另一类是品质证明商标，是证明商品或服务具有某种特定品质的标志。例如“绿色食品”、“有机食品”标志(图4-11)等。

图 4-11 有机食品标志

证明商标注册后，当事人提供的商品或服务符合证明商标规定条件的，证明商标注册人不得拒绝其使用。证明商标的注册人不能在自己经营的商品或服务上使用该证明商标。

注册人对证明商标使用管理规则的任何修改，均应经国家工商总局商标局审查核准，并自公告之日起生效。

使用证明商标的目的在于向购买人提供商品或者服务具有特定品质、原材料、产地、质量等。

(3)集体商标与证明商标的区别

在现实中，这两种商标都有利于树立和维护生产经营集团的信誉，提高商标的竞争力，扩大商标的覆盖面，获取市场优势。集体商标与证明商标并没有实质性的区别，主要是一种形式上的区别。

①二者功能不同。集体商标表明商品或服务来自同一组织；证明商标表明商品或服务的质量、品质达到了一定标准。

②二者的主体有所不同。证明商标、集体商标的申请人都必须是依法成立的组织，但证明商标的申请人还必须对商品或服务的特定品质具有检测或监督能力。

③二者在商标的使用上有所不同。证明商标的注册人不能在其商品或服务上使用该商标；集体商标的注册人可以在自己经营的商品或服务上使用集体商标。

④二者的使用范围不同。证明商标具有开放性特点，必须向所有的商家开放，只要其经营的商品或服务达到管理规则规定的特定品质要求就可以要求使用证明商标；集体商标只能是该集体成员均可使用，该组织以外的成员不得使用。

4.4 商标权的取得方式

取得商标权利的基本方式分为原始取得和继受取得。前者是指商标权通过注册、使用或驰名，这是商标权的第一次产生；后者则是商标权发生了转让或继承。

4.4.1 原始取得

原始取得，是指商标所有人对其商标权的取得是最初的，由商标注册机关直接授予的或经使用取得的，不是以已经存在的商标权为依据而产生的。在国际上，商标权的原始取得大体采取以下三种方法。

4.4.1.1 注册原则

注册原则是指按申请注册的先后确定商标权的归属。自1857年法国颁布《注册商标法》，大陆法系国家相继确立了以注册确立商标权的制度。目前，世界上大多数国家规定，商标必须经过商标主管机关依法审查核准之后方能取得，即依法向一国的商标主管部门申请注册才可获得商标权利。为此，商标注册是取得商标权的必要程序，商标权属于该商标的首先注册人所有。通过注册取得商标专用权，便于国家商标管理部门全面了解和掌握全国的商标注册和使用情况，便于向新的商标使用人提供信息，便于审查中拒绝同已注册的商标相同或近似的商标再进入商标注册簿，使注册商标的权利能够保持稳定。

4.4.1.2 使用原则

商标使用原则是指按使用商标的先后确定商标权的归属。根据这一原则，商标权属于首先使用该商标的人。通常是谁先使用该商标，只要有首先使用的事实，该当事人即享有商标权。尽管商标权使用取得模式已逐渐被注册取得模式取代，但它曾在商标法历史长河中占据过重要地位，并依然为一些普通法国家所采用。有些实行使用原则的国家也办理商标注册手续，但它在法律上只起声明作用，而不能确定商标权的归属。使用原则的优点是，任何在商业中真实使用商标的行为都可以成为商标权产生的基础，这对商标的创始人比较公平。但它也有难以克服的缺点。首先，它的权利范围往往受到一定程度的限制，比如区域的限制等。其次，这种商标权有一定的不稳定性，当别人提出了更早使用该商标的证据时，商标使用人往往比较被动，商标争议数量会大量增加。采取使用原则确定商标权的归属，不利于商标的管理工作和争议的处理，如我国葡萄酒“解百纳”商标的使用权问题曾引起国内葡萄酒行业很大的震动(见本章思考案例)，所以世界上只有少数国家的商标法采取使用原则。

4.4.1.3 混合原则

商标混合原则是注册原则和使用原则的折中。依这种原则，商标权需经申请注册才能取得。但是在核准注册后的一定时间内，先使用人可以申请撤销已注册的与自己商标相同或近似的商标。按照这一原则，商标权原则上属于首先注册人，但该商标的首先使用人可以在法定期限内(2 年、3 年或 5 年)提出指控，请求对注册人的商标予以撤销。如果法定期限已过。无人提出指控，则该商标的所注有权即属于首先注册人。目前实行这一原则的国家有美国、英国和澳大利亚、加拿大、印度、新西兰、斯里兰卡等。

我国《商标法》第 41 条第 2 款的规定，已经注册的商标违反商标法第 13 条规定的，自该商标注册之日起五年内，商标所有人或者利害关系人可以请求商标评审委员会裁定撤销该商标注册。对恶意注册的，驰名商标所有人不受五年的时间限制。我国《商标法》第 13 条规定：“就相同或者类似商品申请注册的商标是复制、摹仿或者翻译他人未在中国注册的驰名商标，容易导致混淆的，不予注册并禁止使用。就不相同或者不相类似商品申请注册的商标是复制、摹仿或者翻译他人已经在中国注册的驰名商标，误导公众，致使该驰名商标注册人的利益可能受到损害的，不予注册并禁止使用。”

给先使用人以使用在先为由提出撤销与自己先使用商标相同或近似的注册商标的机会。只有经过一定期限后,无先使用人主张权利,核准注册的商标才取得稳定的商标权。一般而言,法律在确认注册人获得商标权的同时,也允许先使用人在没有办理注册登记时继续使用该商标,但实践中先使用人的权利会有所限制,比如只能在原有范围使用、不得单独转让商标或许可他人使用。

4.4.2 继受取得

继受取得,是指商标权人取得的商标权是基于他人已存在的权利而产生的,而非最初直接取得,其权利的范围、内容都以原有的权利为依据。继受取得有两种方式:一是根据转让合同,出让人向受让人有偿或无偿地转移商标权;转让注册商标的,转让人和受让人应当签订转让协议,并共同向商标局提出申请,转让注册商标申请手续由受让人办理,经商标局核准后,发给受让人相应证明,并予以公告。受让人自公告之日起享有商标专用权。转让注册商标的商标注册人对其在同一种或者类似商品上注册的相同或者近似的商标,必须一并办理。二是根据继承程序,由合法继承人继承被继承人的商标权。商标作为一种无形的知识产品,它是商标所有人的财富,是受法律保护的。根据我国《民法通则》和《继承法》的有关规定,继承人可以依法继承而取得商标专用权。

此外,公司、法人因兼并、合并、破产等原因也可能发生商标权的转移。依据我国《商标法》的规定,商标权的原始取得,应按照商标注册程序办理。商标权的继受取得也须依照转让注册商标的程序办理,方能取得商标权。

4.5 商标注册的原则及保护期限

4.5.1 商标注册的原则

我国商标权的产生方式以注册为主,当事人只有向商标局申请注册,并经商标局核准注册后,才能产生注册商标权。如果当事人没有提出注册申请,或者其注册申请未被商标局核准,则不能产生注册商标权。商标注册原则是指对商标注册申请人受理并最终确认商标权归属的法律原则,主要有:自愿注册与强制注册相结合原则、申请在先原则、使用在先原则。

(1)自愿注册与强制注册相结合原则

自愿注册原则是指商标使用人根据自己的意愿,自行决定是否申请商标注册。在自愿注册原则下,是否向商标行政主管机关申请注册商标权是当事人的权利,当事人可以自主决定是否将某一标志申请为注册商标。注册人对经注册的商标享有专用权并受法律保护。未经注册的商标也能使用,但使用人不享有商标专用权,不得与他人的注册商标相冲突,无权禁止他人在同种或类似商品上使用与其商标相同或近似的商标,驰名商标除外。

强制注册原则是指某些特定商品或服务的商标,必须经依法注册才能使用。《商标法》第 6 条规定:"国家规定必须使用注册商标的商品,必须申请商标注册,未经核准注册的,不得在市场销售。"目前,我国只对极少数商品商标实行强制注册原则,如人用药品(西药、针剂和中成药)和烟草制品(卷烟、雪茄烟和有包装的烟丝)。

(2)申请在先与使用在先相结合原则

申请在先原则又称注册在先原则,是指两个或者两个以上的商标注册申请人,在同一种商品或者类似商品上,以相同或者近似的商标申请注册的,申请在先的商标,其申请人可获得商标专用权,在后的商标注册申请予以驳回。我国《商标法》第 29 条规定:"两个或者两个以上的商标注册申请人,在同一种商品或者类似商品上,以相同或者近似的商标申请注册的,初步审定并公告申请在先的商标。"

使用在先原则是指在无法确认申请(注册)在先人的情况下采用最先使用者取得商标注册的原则。同一天申请的,初步审定并公告使用在先的商标,驳回其他人的申请,不予公告。根据《商标法实施条例》第 19 条规定:"两个或者两个以上的申请人,在同一种商品或者类似商品上,分别以相同或者近似的商标在同一天申请注册的,各申请人应当自收到商标局通知之日起 30 日内提交其申请注册前在先使用该商标的证据。同日使用或者均未使用的,各申请人可以自收到商标局通知之日起 30 日内自行协商,并将书面协议报送商标局;不愿协商或者协商不成的,商标局通知各申请人以抽签的方式确定一个申请人,驳回其他人的注册申请。商标局已经通知但申请人未参加抽签的,视为放弃申请,商标局应当书面通知未参加抽签的申请人。"我国商标法在坚持申请在先原则的同时,还强调使用在先的正当性,防止恶意的抢注行为。《商标法》第 31 条规定:"申请商标注册不得损害他人现有的在先权利,也不得以不正当手段抢先注册他人已经使用并有一定影响的商标。"

(3)优先权原则

商标注册申请人在一个缔约国第一次提出申请后,可以在一定期限内就同一主题向其他缔约国申请保护,其在后申请可在某些方面被视为是在第一次申请的申请日提出的。商标注册申请人提出的在后申请与其他人在其首次申请日之后就同一主题所提出的申请相比,享有优先的地位。

优先权原则是《巴黎公约》所确定的工业产权国际保护的重要原则之一,目的是为了便于缔约国国民在其本国提出商标申请后向其他缔约国提出申请。

就我国商标法而言,商标注册的优先权主要体现在下列情况:

①商标注册申请人自其商标在外国第一次提出商标注册申请之日起六个月内,又在中国就相同商品以同一商标提出商标注册申请的,依照该外国同中国签订的协议或者共同参加的国际条约,或者按照相互承认优先权的原则,可以享有优先权。申请优先权的,应当在提出商标注册申请的时候提出书面声明,并且在三个月内提交第一次提出的商标注册申请文件的副本;未提出书面声明或者逾期未提交商标注册申请文件副本的,视为未要求优先权。

②商标在中国政府主办的或者承认的国际展览会展出的商品上首次使用的,自该商品展出之日起六个月内,该商标的注册申请人可以享有优先权。申请优先权的,应当在提出商标注册申请的时候提出书面声明,并且在三个月内提交展出其商品的展览会名称、在展出商品上使用该商标的证据、展出日期等证明文件;未提出书面声明或者逾期未提交证明文件的,视为未要求优先权。

4.5.2 注册商标的保护期限

商标权的保护期限是商标权受法律保护的有效期限。我国商标法对国内外注册商标人专用权的有效期限作了统一规定,注册商标的有效期为10年,自核准注册之日起算。

注册商标有效期满可以续展。注册商标的续展,是指注册商标所有人在商标注册有效期届满后的一定时间内,依法办理一定手续,延长其注册商标有效期的制度。商标所有人可通过商标的续展,延长注册商标专用权的保护期限,也可以通过不续展的方式自动放弃某些价值不大的商标专用权。续展需要另外缴付费用,次数不限。续展要在规定的续展期内办理。《商标法》第38条规定:“注册商标有效期满,需要继续使用的,应当在期满前六个月内申请续展注册;在此期间未能提出申请的,可以给予六个月的宽展期。宽展期满仍未提出申请的,注销其注册商标。”每次续展注册的有效期为十年。续展注册经核准后,予以公告。

4.6 驰名商标

驰名商标是指在经过长期使用,具有良好信誉,为公众普遍知晓的商标。2003年发布的《驰名商标认定和保护规定》对驰名商标的含义作出了界定:驰名商标是在中国为相关公众广为知晓并享有较高声誉的商标。相关公众,即包括与使用商标所标示的某类商品或者服务有关的消费者,生产前述商品或者提供服务的其他经营者以及经销渠道中所涉及的销售者和相关人员等。当前,驰名商标所起的作用与日俱增。驰名商标比普通商标更易招致假冒、不正当竞争等行为的损害。因此,国际公约和各国立法均对驰名商标作了特殊保护的规定。

4.6.1 驰名商标保护概况

驰名商标保护最早出现在《巴黎公约》1925 年的“海牙文本”中。当时,外国商标所有人因故未在采取注册原则的国家注册其商标,该商标只能被视为未注册商标,很难在该国获得商标权保护。通过 1911 年华盛顿外交会议和 1925 年海牙外交大会,《巴黎公约》最终在“海牙文本”中增补了保护驰名商标的规定,这就是著名的《巴黎公约》第 6 条之二:“商标注册国或使用国注册机关认为一个商标在该国已成为驰名商标,另一商标构成对此驰名商标的复制、伪造或翻译,用于相同或类似商品上,易于造成混乱时,成员国应依职权或应有关当事人的请求,拒绝或取消另一商标的注册并禁止使用。在注册之日起至少五年内,应允许提出取消这种商标的要求。允许提出禁止使用的期限,可由本同盟各成员国规定。对于以不诚实手段取得注册或使用的商标提出取消注册或禁止使用的要求,不应规定时间限制。”此款要求各成员国对未在本国注册的驰名商标在相同或类似商品上提供保护。自此,驰名商标保护制度初步形成。此后,《与贸易有关的知识产权协议》(TRIPs)在驰名商标的保护力度与范围等方面在《巴黎公约》的基础上作出了进一步的完善。

1996 年,我国颁布《驰名商标认定和暂行规定》,这是我国第一部专门调整驰名商标认定和管理的行政规章,该规定明确界定了驰名商标的含义,明确了保护驰名商标的主管机关,规定了驰名商标的认定和管理程序,规定了违法行为的法律责任。2003 年 4 月 17 日发布的《驰名商标认定和保护规定》使驰名商标的保护制度更趋完善。涉及对驰名商标保护的还有最高人民法院发布的一些司法解释,如2002《关于审理商标权民事纠纷案件适用法律若干问题的解释》、2009《最高人民法院关于审理涉及驰名商标保护的民事纠纷案件应用法律若干问题的解释》等。

4.6.2 驰名商标特殊保护的理论基础

驰名商标相对于普通商标而言,获得了特殊保护,一般而言,驰名商标的特殊保护基于混淆理论与淡化理论。

4.6.2.1 混淆理论

作为商标法中的基本范畴,商标混淆在商标侵权认定和审查中发挥着不可替代的作用,制止混淆是商标保护的传统理论,也是基础理论。随着市场竞争愈演愈烈,商标侵权手段日趋复杂,商标混淆的类型和样态都在不断翻新。“混淆”大体分为两种:一种是直接混淆或者称为狭义的混淆,即消费者无从分辨或混同两个事实上产自不同企业的商品；一种是间接混淆或者广义的混淆，即消费者很清楚某一商品不可能由某一企业直接生产，但可能认为该企业与实际生产者之间有某种许可、赞助、参股或商品化等关系。

混淆理论在我国商标法律制度中也得到体现。《商标法》第13条规定："就相同或类似商品申请注册的商标是复制、摹仿、翻译他人未在中国注册的驰名商标，容易导致混淆的，不予注册并禁止使用。"再如《最高人民法院关于审理商标民事纠纷案件适用法律若干问题的解释》第9条第2项："商标法第五十二条第(一)项规定的商标近似，是指被控侵权的商标与原告的注册商标相比较，其文字的字形、读音、含义或者图形的构图及颜色，或者其各要素组合后的整体结构相似，或者其立体形状、颜色组合近似，易使相关公众对商品的来源产生误认或者认为其来源与原告注册商标的商品有特定的联系。"其中"使相关公众对商品的来源产生误认或者认为其来源与原告注册商标的商品有特定的联系。"可以认为是间接混淆或者广义的混淆。

4.6.2.2 淡化理论

商标淡化，是指减少、削弱驰名商标或其他具有相当知名度的商标的识别性和显著性，损害、玷污其商誉的行为。禁止他人在非类似商品上使用与驰名商标相同或近似的标志，或是以一种降低商标区别性的方式使用该驰名商标，导致该驰名商标的市场形象模糊或是价值贬损的行为的理论。这一理论的出台弥补了传统商标侵权理论不足，为防止跨类别使用他人驰名商标的行为提供了相应的理论依据。

传统的商标侵权理论成立的基础是侵权人使用他人商标的行为必须有造成消费者混淆和误认的可能性，即在相同或类似的商品上使用与他人商标相同或近似的商标。而依据商标淡化理论，驰名商标得到法律上的保护并不要求侵权行为必须存在引起消费者混淆和误认的可能性，只要他人使用的商标与驰名商标相同或近似即可。对驰名商标提供反淡化保护，旨在保护驰名商标信誉价值。一个商标一旦驰名，便获得了独立价值，其主要功能不在于对来源的区别而是体现其所有者的信誉和名声，至于商家之间是否存在竞争关系，商标之间是否存在混淆的可能不是衡量标准。即使商家之间不存在商业竞争关系，消费者不会产生混淆与误认，淡化行为也会冲淡驰名商标的显著性，导致驰名商标的特殊吸引力淡化甚至丧失，终将导致其本身商业价值的降低与消灭，这就是对驰名商标提供反淡化保护的根本原因所在。

美国《联邦商标反淡化法》认为，商标淡化主要来自两个方面：冲淡和玷污。所谓冲淡，是指非权利人将驰名商标用于无竞争关系的商品上，从而使该驰名商标与其商品的特定联系弱化的行为。所谓玷污，是指非权利人将相同或近似商标使用在对某驰名商标的信誉可能发生损害的商品或服务上的行为。因此,反淡化保护的核心实际上是禁止他人在非类似商品或服务上使用与驰名商标相同或相近似的商标。我国《商标法》第 13 条第 2 款规定:“就不相同或者不相类似商品申请注册的商标是复制、摹仿或者翻译他人已经在中国注册的驰名商标,误导公众,致使该驰名商标注册人的利益可能受到损害的,不予注册并禁止使用。”

4.6.3 驰名商标的认定

驰名商标必须经过有权机关包括国家工商总局商标局、商标评审委员会人民法院等依照法律程序认定。《商标法》第 14 条规定:“认定驰名商标应当考虑下列因素:1.相关公众对该商标的知晓程度;2.该商标使用的持续时间;3.该商标的任何宣传工作的持续时间、程度和地理范围;4.该商标作为驰名商标受保护的记录;5.该商标驰名的其他因素。”

《驰名商标认定和保护规定》对认定驰名商标应考虑的具体因素做出了比较详细的规定,包括:①相关公众对该商标的知晓程度;②该商标使用的持续时间,主要是指该商标使用、注册的历史和范围;③该商标的任何宣传工作的持续时间、程度和地理范围,包括广告宣传和促销活动的方式、地域范围、宣传媒体的种类以及广告投放量等;④该商标作为驰名商标受保护的记录,包括该商标曾在中国或者其他国家和地区作为驰名商标受到的保护;⑤该商标驰名的其他因素,主要是指使用该商标的主要商品近三年的产量、销售量、销售收入、利税、销售区域等。

4.6.4 驰名商标的特殊保护

现行对驰名商标的特殊保护措施大致表现在以下几个方面。

(1)驰名商标注册申请的排他性

在阻止他人注册方面,可以请求驳回他人在同种或者类似商品上使用与驰名商标相同或近似的商标的注册申请,可以请求撤销他人在同种或者类似的商品上使用与驰名商标相同或相近似的商标注册。

在驰名商标注册后的保护方面,驰名商标可以享受较高水平的保护,注册立即或经短期限就享有绝对的排他权,他人不得请求撤销其注册;他人不得将与驰名商标相同或相近似的标记在同种商品或类似商品上使用。

《商标法》第 13 条第 1 款规定:“就相同或者类似商品申请注册的商标是复制、摹仿或者翻译他人未在中国注册的驰名商标,容易导致混淆的,不予注册并禁止使用。”《商标法实施条例》第 5 条对“不予注册”的程序作了细化,规定:“依照商标法和本条例的规定,在商标注册、商标评审过程中产生争议时,有关当事人认为其商标构成驰名商标的，可以相应向商标局或商标评审委员会请求认定驰名商标，驳回违反商标法第十三条规定的商标注册申请或者撤销违反商标法第十三条规定的商标注册。有关当事人提出申请时，应当提交其商标构成驰名商标的证据材料。”

(2)驰名商标对抗不同商品的相同(似)商标

将与他人驰名商标相同或者近似的商标使用在非类似的商品上，且会暗示该商品与驰名商标注册人存在某种联系，从而可能使驰名商标注册人的权益受到损害的，驰名商标注册人可请求工商行政管理机关予以制止。《商标法》第13条第2款规定：“就不相同或者不相类似商品申请注册的商标是复制、摹仿或者翻译他人已经在中国注册的驰名商标，误导公众，致使该驰名商标注册人的利益可能受到损害的，不予注册并禁止使用。”

(3)对于恶意抢注，赋予驰名商标权人无限期的申请权

在驰名商标注册申请方面，部分可以不适用申请在先原则，即使他人申请在先，亦不能获准注册。遭到恶意抢注的驰名商标之所有人，如果提出确切的在先使用证明，有权请求行政主管机关撤销该注册，且不受时间限制。我国《商标法》第41条对此作了规定：对于抢注驰名商标的行为，驰名商标所有人可以自商标注册之日起5年内申请撤销该商标注册，对恶意注册的，则不受5年的时间限制。本条的立法目的在于督促未注册的驰名商标使用人早日申请注册以得到法律的保护，当发现商标权遭受侵害时积极主张权利。

(4)驰名商标对抗商号权

自驰名商标认定之日起，他人将与该驰名商标相同或近似的文字作为企业名称的一部分使用，且可能引起公众误认的，工商行政管理机关不予登记；已经登记的，驰名商标注册人可以请求予以撤销，防止他人以驰名商标为企业名称注册。

《商标法实施条例》第53条规定：“商标所有人认为他人将其驰名商标作为企业名称登记，可能欺骗公众或者对公众造成误解的，可以向企业名称登记主管机关申请撤销该企业名称登记。企业名称登记主管机关应当依照《企业名称登记管理规定》处理。”

(5)驰名商标对抗域名

域名抢注同样可以达到非法利用驰名商标的知名度和信誉度的目的，获得驰名商标带来的商业利益。无偿利用他人的市场知名度和驰名商标的巨大商业价值，易导致相关消费者的混淆，这种混淆构成侵权和不正当竞争，不仅会使驰名商标淡化，还会对消费者构成欺诈，应受到法律的制裁。

2001年由最高人民法院发布的《关于审理涉及计算机网络域名民事纠纷案件

适用法律若干问题的解释》第 4 条明确规定："域名或其主要组成部分构成对他人驰名商标的复制、模仿、翻译或音译，足以造成相关公众的混淆误认的，构成侵权或不正当竞争"。2002 年 10 月最高人民法院又公布了《关于审理商标民事纠纷案件适用法律若干问题的解释》，该解释第 1 条规定，将与他人注册商标相同或者相近似的文字注册为域名，并且通过该域名进行相关商品交易的电子商务，容易使相关公众产生误认的，属于商标法第 52 条规定的侵犯商标权的行为，应当追究停止侵权、赔偿等民事责任。

【案例】

解百纳是张裕公司创立的拥有 71 年历史的葡萄酒品牌。1936 年，张裕公司开始为"解百纳"申请注册商标，在 1937 年经当时的"中华民国"实业部商标局批准，张裕公司正式注册了解百纳商标，注册证书号为"第 33477 号"，该文件现存南京的中国第二历史档案馆。在这之后的 70 多年时间里，张裕公司一直将"解百纳"作为商标和一个品牌在使用。

张裕酒厂自 1931 年将葡萄酒起名为"解百纳"起，独家经营"解百纳"品牌 60 多年，而且多次注册解百纳商标，直到 2002 年才获准注册解百纳商标。而在 10 多年前，一些酒厂开始酿造葡萄酒，觉得"解百纳"不错，且知名度又高，于是也开始使用解百纳。但这自然会引起张裕酒厂的不满，不准其他酒厂使用解百纳，但这些酒厂也不肯退出，已经通用了"解百纳"这么久，为什么要退出。并且，几家大酒厂分别向中国工商行政管理总局商标评审委员会提出撤销解百纳商标注册申请。

本案纷纷争争了九年的时间，终于在 2010 年底达成调解协议，张裕集团拥有"解百纳"商标，张裕集团许可三家企业使用"解百纳"商标，其他葡萄酒企业(包括洋葡萄酒)使用"解百纳"商标均属侵权。

思考题

1. 商标的概念是什么？
2. 商标的构成要素有哪些？
3. 商标侵权行为以及处理方式有哪些？
4. 商品商标和服务商标的区别有哪些？
5. 什么是集体商标？
6. 我国商标注册的原则有哪些？

7. 什么是优先权原则？
8. 我国法律规定的注册商标的保护期限是什么？
9. 驰名商标的保护的基本理论有哪些？
10. 驰名商标的特殊保护有哪些？

参考文献

[1] 王连锋. 商标法. 北京：法律出版社，2000.
[2] 杜颖. 商标法. 北京：北京大学出版社，2010.
[3] 黄晖，译. 法国知识产权法典. 北京：商务印书馆，1999.
[4] 郑成思. 知识产权法. 北京：法律出版社，2003.
[5] 曾陈明汝. 商标法原理. 北京：中国人民大学出版社，2003.
[6] 董葆霖. 商标法律详解. 北京：中国工商出版社，2004.
[7] 曲三强. 知识产权法原理. 北京：中国检察出版社，2004.
[8] 王利民. 知识产权法教程. 北京：中国财政经济出版社，1998.
[9] 吴景明，戴志强. 商标法 原理·规则·案例. 北京：清华大学出版社，2006.
[10] 李明德. 知识产权法. 北京：法律出版社，2008.
[11] 绍兴全，顾金焰. 商标权的法律保护与运用. 北京：法律出版社，2009.
[12] 刘春田. 知识产权法. 北京：高等教育出版社，2003.
[13] 蒋坡. 知识产权法案例教程. 北京：法律出版社，2006.
[14] 郑成思. 知识产权法教程. 北京：法律出版社，1993.
[15] 黄晖. 驰名商标和著名商标的法律保护. 北京：法律出版社，2001.

第 5 章　商业秘密的保护

◈ **本章重点、难点**

农业知识产权涵盖了专利权、植物新品种权、商标权、商业秘密及其他智力创造的成果，其中商业秘密的特殊性决定了在知识产权保护体系中的重要作用。但是商业秘密的特殊性和保护策略的灵活多样性，要求必须对商业秘密的性质、保护原则、保护策略有清晰的认识。

◆ **内容提要**

在知识经济、信息资源全球化的今天，知识产权已成为最重要的生产要素，而商业秘密作为知识产权的一部分，已在现代农业中发挥越来越重要的作用。本章根据商业秘密的性质和特殊性，详细阐述了商业秘密的概念、特点、种类及保护策略。又从引用的典型个案中，分析了商业秘密保护存在的问题、泄密隐患和防范措施。通过对商业秘密基础知识的学习，有助于提高对现代农业知识产权体系的理解和掌握。

随着市场经济发展的全球化，现代企业竞争愈趋激烈。依靠科技创新增强技术和产品的市场竞争力也是现代农业或农业企业发展的重要手段。为了获得市场竞争优势，企业就要维持其特有的商业秘密。

商业秘密也是知识产权保护十分重要的内容。商业秘密在当代被视为一种特殊的知识产权，西方国家在立法中将商业秘密作为知识产权加以保护。美国学者丹尼斯·昂科维克所言："要把商业秘密看成是公司的财产，它们是有价值的，因此应加以保护"，"保护商业秘密应放到所有公司高层管理者的优先考虑地位，因为公司的生存紧紧地维系于本公司的商业秘密"。因此，商业秘密也是现代农业无形资产的重要组成部分。注重商业秘密保护战略，在现代农业发展中具有十分重要的意义。本章将介绍商业秘密的概念、构成、特点等基本知识，阐述现代农业实施商业秘密知识产权保护的策略和方法。

5.1 商业秘密的概念

商业秘密在古代社会就已存在，我国所谓“祖传秘方”实际上反映了对商业秘密的保护意识。商业秘密作为一个法律术语，在我国最早见于1991年4月9日实行的《民事诉讼法》第120条第2款，但该法对商业秘密保护的实体问题未作任何规定。1993年12月1日实行的《中华人民共和国反不正当竞争法》（简称《反不正当竞争法》）则首先将商业秘密纳入我国实体法律保护范围。

根据《反不正当竞争法》第10条第3款的规定，商业秘密是指不为公众所知悉、能为权利人带来经济利益、具有实用性并经权利人采取保密措施的技术信息和经营信息。这是我国立法中对商业秘密的一个完整定义。根据该定义，商业秘密包括技术信息和经营信息两个方面，技术信息是凭技能、经验或科学研究活动而产生的，是工农业实践中特别适用的基础情报、经验和知识；经营信息是未公开的经营管理方法或者与经营管理方法相关的信息与情报。

可以看出，无论是技术信息还是经营信息，商业秘密都属于“信息”范畴。也就是说，我国是将商业秘密界定为一种信息。实际上其他国家的商业秘密也被看成是一种信息。例如，美国统一州法委员会1979年制定的《美国统一商业秘密法》第1条规定：“商业秘密意为特定信息，包括配方、样式、产品、程序设计、方法技术或工艺等，具有实际或潜在的经济价值，并且在特定情势下采取合理措施的对象。”《与贸易有关知识产权协议》(Agreement on Trade-Related Aspects of Intellectual Property Rights，简称TRIPs协议，是世贸组织各成员国1994年4月15日正式签署1995年1月1日生效的)第39条第2款更是将商业秘密直接称为“未被披露的信息”。该款规定，只要有关信息符合商业秘密的条件，则自然人或法人应有可能禁止他人未经允许以违背诚实商业行为的方式披露、获取或者使用其处于合法控制下的信息。由此可见，商业秘密可以从“信息”的角度加以认识。

5.2 商业秘密的特征

根据商业秘密的定义，商业秘密可以从“信息”的角度加以认识。但是，并不是任何信息都可以构成商业秘密，构成商业秘密的信息需要满足一定的条件，具备一定的特征要求。

5.2.1 秘密性

不为公众所知悉是商业秘密的基本特征。这里的“不为公众所知悉”是指除权力人或经权利人允许外，不为同行业内其他人所知悉。商业秘密一旦进入公共领域为公众所知悉，就会失去其商业价值。秘密性是商业秘密区别于其他知识产权尤其是专利权的一个重要特征。专利技术的保护是以技术内容的公开为前提的。专利法在要求发明人公开其发明内容的同时，来保护发明人在一定期限的专有权。所以，申请专利的发明人有时也担心因公开发明而遭受经济损失，因而不愿公开其发明。法律允许发明人用保密的方法来保持其对发明或技术的专有权及商业价值。

各国法律一般都认为，在不丧失对商业秘密保护的前提下，商业秘密的所有人可以把商业秘密告知特定范围的具有保密义务的人。例如，一种商业秘密已被本企业内部职工、用户或者合作伙伴所知悉，但根据规章制度、合同关系以及相关的法律制度，知悉该商业秘密的人负有明示或者默示的保密义务，那么该商业秘密不构成丧失秘密性。又如某一商业信息在一个行业被一般人所知，但在另一行业却未被一般人所知，那么另一行业所有者利用该信息获得竞争优势，可以认为具有秘密性特征。

5.2.2 实用性

商业秘密的实用性是指商业秘密具有现实的使用价值，能够在生产经营中被实际利用，如产品信息能够用于生产产品，经营信息可以用于经营管理。实用性还意味着商业秘密是具体的、确实的、可以应用或进行可操作的方案，而不能仅停留在原理或想法的构想阶段。也就是说，不能形成一个完整的可应用方案的抽象原理或概念，不能构成商业秘密。实用性的成立并不排除商业秘密在利用中存在某些缺陷。实用性经常与时间存在密切联系，此时具有的实用性可能会在彼时丧失。

商业秘密特别是技术秘密的实用性，有时可能比专利技术的实用性还要强，因为专利技术很多是在生产中并未实施的技术方案，而在贸易实践中，作为技术秘密转让的技术大多是经过实践证明能取得良好经济效益的成熟技术。

5.2.3 价值性

商业秘密的价值性即商业秘密具有经济价值，能为权利人带来现实的和潜在的经济利益和竞争优势。商业秘密之所以被纳入知识产权范畴，与其能为权利人带来经济利益或者竞争优势具有很大的关系。这种利益或竞争优势可以是现实的，也可以是潜在的。潜在的经济利益或竞争优势是经过一定时间后才显示出来的利益或竞争优势。

不能给权利人带来经济利益、竞争优势的秘密维持得再好，也没有法律保护的必要。这也是商业秘密与其他秘密最为显著区别的特征之一。国际商会曾明确规定，商业秘密必须能够完成工业实施的使命和为商业提供利益。《美国统一商业秘密法》则规定，商业秘密能使其所有人“与有知道或不使用该商业秘密的竞争者相比拥有某种优势的机会”，并能使其所有人以此优势获得经济利益。我国《反不正当竞争法》也规定商业秘密必须是能为权利人带来经济利益，具有实用性的信息。

商业秘密的价值和实用性是商业秘密的生命，体现了保护商业秘密的内在原因。权利人对商业秘密采取保密措施的目的就是商业秘密谋求经济利益和竞争优势。在判断商业秘密是否具有商业价值时，不仅应当分析商业秘密能够为权利人带来多少潜在的经济利益或谋取多少竞争优势，而且还应当分析商业秘密能够为权利人带来多少潜在的经济利益或竞争优势，其中既应包括权利人将来可能得到的利益和优势，也应包括权利人可据以避免的损失或支出，甚至也包括竞争对手如掌握该秘密的成本或支出。

5.2.4 保密性

商业秘密的保密性是指权利人对商业秘密采取了适当保密措施。没有采取保密措施，则难以说明权利人具有保密意图，也难以防止商业秘密不被公众所知悉。因此，各国法律均规定，权利人是否具有保密意图、是否采取了保密措施，是构成商业秘密的必要条件。但法律一般对保密措施的要求并不作具体规定，而仅要求权利人采取了特定条件下合理的保密措施。只要权利人采取了合理的保密措施，即可据此判断权利人的保密意图。如果权利人对某一信息没有保密的意识，未采取必要的保密措施防止其被泄露或公开，则不能称此信息为商业秘密，泄露或公开这种信息不能构成对商业秘密的侵犯。

5.2.5 新颖性

商业秘密必须是不为公众所知悉的体现权利人创造性智力劳动成果的技术信息以及其他具有新颖性、独创性并鲜为人知的经营信息。而不是一般的常识或专业技术人员都知晓的技术和经营知识、信息与资料。它在一定时间内不易被人发现、总结。新颖性也表明了商业秘密中包含了权利人的智力创造性劳动，它不是本行业的普通信息，而应具有一定的创造水平。不过，商业秘密所要求的新颖性比专利所要求的新颖性程度低得多。商业秘密的新颖性一般包含一些因素，而只要其中至少一个或者几个的组合具有新颖性即认为具有新颖性。

5.3 商业秘密与国家秘密的联系和区别

国家秘密和商业秘密都是秘密，其所涉及的事项或信息都只限于特定范围人员所知悉，所以两者之间既有联系也存在本质的区别。

5.3.1 商业秘密和国家秘密的联系

商业秘密与经济、科技领域中的国家秘密，都是我国经济、科技领域内的秘密事项，都是具有保密价值的信息。尽管它们涉及的利益主体有所不同，前者涉及的是权利人的利益，后者涉及的是国家的利益。但是，这种利益上的区别并不是一成不变的，在一定条件下是可以相互转化的。国家秘密中涉及科技和经济发展的事项，随着时间的推移、科技的进步和生产的发展，其领先性和效益性可能明显降低，对国家安全和利益的影响可能大大减弱，从而丧失国家秘密的特性。但对实际使用该秘密的单位和企业来说，对保持其竞争性和经济利益，可能仍具有重要价值。此时，国家秘密可转化为商业秘密。反之，作为商业秘密开发、研制的技术项目，如其具有极大的先进性和独创性，直接关系国家科学技术在国际上的领先地位，或对国民经济有重大影响，或与国家安全有重要关系的，则具备了国家秘密的特征，而转化为国家秘密。所以，决定国家秘密与商业秘密相互转化的根本标准，就是该事项或信息与国家安全和利益的关系程度。

但是，国家秘密和商业秘密的共同特征和一定条件下的相互转化，并不意味着两者可以混同，或你中有我，我中有你。国家秘密和商业秘密各有其不同的法律特征。

5.3.2 商业秘密与国家秘密的区别

(1)涉及的利益不同。国家秘密是关系国家利益的事项，其内容涉及国家的政治、军事、外交外事、国民经济和社会发展、科学技术、国家安全和刑事司法等领域。国家秘密一旦泄露，会使国家的安全和利益受到损害。而商业秘密仅仅涉及权利人经济利益和竞争优势的信息，其内容也局限于科研、生产、经营有关的技术信息和经营信息。商业秘密一旦泄露，损害的是权利人的利益。

(2)确定的权限和程序不同。国家秘密必须依照法定程序确定，必须以国家有关部门颁布的《保密范围》作为确定国家秘密具体事项的依据。商业秘密的确定没有法定的程序，只要符合商业秘密的基本条件，权利人又采取了合理的保密措施，就可以受到法律的保护。

(3)处置权限不同。国家秘密未经法律受权机关审查批准,不得擅自对外提供或转让。商业秘密只要权利人愿意就可以参与市场交易,进行有偿转让。除非这种转让会对他人的权利或公共利益造成损害,否则是不受法律保护的。

(4)适用法律规范不同。对国家秘密来说,有许多保密措施是法定的,密级越高,按规定必须采取的保密措施也越严格。对商业秘密来说:其一,法律并不对权利人要采取哪些保密措施作出规定,可以由权利人自行决定如何进行保密;其二,法律对于国家秘密的保护是具有强制力的,任何有权接触、使用国家秘密的人都必须承担保密义务,非法披露、提供或转让,都要受到追究,都要承担泄密的法律责任。而泄露商业秘密,权利人可以要求依法追究,也可以放弃不追究;其三,泄露国家秘密应承担的法律责任主要是刑事责任和行政责任。泄露商业秘密的法律责任主要是刑事责任和民事责任。

上述这些国家秘密与商业秘密的不同,最本质的区别是涉及利益的不同,这是区分国家秘密与商业秘密的分水岭。只有从本质上将国家秘密与商业秘密区分开来,其他法律适用上的区别才有针对性。

5.3.3 商业秘密保护与专利保护的区别

一个单位或企业对科技成果的保护,既可以申请专利保护,也可以作为商业秘密来保护。但它们是两种截然不同的保护措施。其主要区别如下:

(1)商业秘密和专利的产生方式不同。专利必须通过申请,由国家授权后,才受到法律保护。商业秘密则不需申请,更无须授权。权利人只要对其尚未公开的技术采取了保密措施,商业秘密便随即产生。

(2)商业秘密和专利的财产性质不同。专利是一种完全的财产权,它具有独占性,谁首先申请专利并得到批准,谁就对这项技术享有专有权。未经专利人许可,其他人都不得使用。商业秘密的权利人则不具备这种独占性,商业秘密也不是一种完全的财产权,只要不是采用不正当手段获取的,同一项商业秘密,可以有若干权利人同时享有。

(3)商业秘密和专利受保护的时限不同。专利权的保护是有时间限制的,根据我国专利法规定,发明专利权的期限为20年,实用新型专利权和外观设计专利权的期限为10年。专利保护期限届满后,该项技术不再受法律保护。商业秘密的保护是没有时间限制的,只要不被泄露或由权利人自行公开,可以一直受到法律的保护。

(4)商业秘密和专利的保护方式不同。专利是通过技术公开和限制使用的方式对专利技术实施法律保护的。商业秘密则是通过采取保密措施，严格控制知悉范围的方式对专有技术实施保护的。由于保护的方式不同，适用的范围也有所区别。例如，能够通过反向工程获取的技术不宜选择商业秘密的保护方式，而要选择申请专利的保护方式。不能通过反向工程等方法获取的技术，并有长期保密价值的，更适宜选择商业秘密的保护方式。总之，根据对象的不同情况，选择不同的保护方式，不能一刀切。

5.4 商业秘密的范围

5.4.1 确定商业秘密的原则

根据商业秘密的定义和近年来我国保护商业秘密的大量实践，确认商业秘密信息可以掌握以下几项原则。即某种技术信息和经营信息泄露后会造成下列后果之一的，权利人应当采取保密措施并确认为商业秘密：

①影响权利人的生产经营和发展；

②使权利人的经济利益受到损害；

③影响权利人的营销活动；

⑤妨害权利人的技术发展和进步；

⑥使权利人在市场竞争中处于被动或不利地位。

此外，权利人还可以根据实际需要将其他重要技术、经营信息作为商业秘密加以保护。

5.4.2 商业秘密的内容

根据商业秘密的定义，商业秘密纷繁复杂、形式多样。除《反不正当竞争法》对商业秘密的做了原则界定外，1995 年 11 月 23 日国家工商行政管理局发布的《关于禁止侵犯商业行为的若干规定》对商业秘密的内容做了细化，列举了技术信息和经营信息的内容。包括：设计、程序、产品配方、制作工艺、制作方式、管理诀窍、客户名单、产销策略、招投标中的标的与标书内容、资源情况等信息。

5.4.2.1 技术秘密

技术秘密是未公开过，未采取工业产权法律保护的，以图纸、技术资料、技术规范等形式提供的制造某种产品或者应用某项技术以及产品设计、工业流程、配方、质量控制等方面的技术知识与信息，通常包括生产技术、产品配方、工艺路线、操作经验、设计图纸、操作规程、化验报告、实验数据等，其载体形式通常表现为图纸、计算机软件、胶片、文字资料等。技术秘密是专利技术以外的、由企业掌握与控制的尚未公开的技术诀窍。不过应注意，技术秘密和非专利技术不能画等号。有些技术秘密本身是可以取得专利的，其所有人为长期保密才未申请专利。当然，有些技术秘密是不能取得专利的，排除在专利保护范围之外的技术就属于这一类。应当注意，上述图纸、配方、材料等只是技术秘密的物质载体，技术秘密应理解为寓于这些有形物质中的无形构思和观念。

5.4.2.2 经营秘密

经营秘密是指具有秘密性质的、与经营者的销售、采购、金融、投资、财务、人事、组织、管理等经营活动有关的内部信息、情报。包括公开的具有秘密性质的经营策略方案、中长期发展规划、商业经验、财务报表、客户名单、销售合同、资源情况等。经营秘密是具有秘密性质的经营管理以及与经营管理有关的情报和信息。具体内容为：

(1)交易秘密。这是指在交易中形成的经营秘密，如进货渠道、客户名单、供货商名单、未公开的重大合同、来往函件及电子邮件、货源情况、原材料供应商名单、产品成本情况等。

(2)经营秘密。这是指涉及经营管理的内部信息、情报，如经营战略、生产成本、投标标的、新产品研发计划、广告宣传计划、促销手段、销售组织网络、服务计划、产品存储情况、产品价格与折扣计算方法、新设备的使用与添置、定价策略、市场调研报告等。

(3)管理秘密。这是指生产经营管理方面的秘密，特别是指能给权利人带来竞争优势的管理诀窍，如计算机程序管理、企业独特的管理经验、管理模式等。

(4)人事组织秘密。这是指人才招聘计划、专业技术人员调配情况、人才培训计划、人事档案等人才资源信息。

(5)财务管理秘密。这是指除了必须向外公开提交的财务情况以外的财务报表和有关会计资料，如企业负债情况、盈利情况、投资计划、成本核算表、新产品预算分配方案等。

由此可见，商业秘密的内容是比较广泛的，有些看似平常的资料、信息，如果流失给竞争对手，就会对自己产生十分不利的影响。企业对这些商业秘密应注意采取必要的保密措施。

5.5 商业秘密的侵权行为及保护策略

5.5.1 商业秘密侵权行为

商业秘密保护禁止三种行为,即未经许可对商业秘密的获得行为、使用行为和披露行为。商业秘密保护制裁三类人:第一类人是与商业秘密权人不曾存在任何关系的人,以不正当手段从事上述三种行为;第二类人是与商业秘密权人存在保密义务或合同关系的人,违反义务或合同从事上述三种行为;第三类人明知或应知上述两类人的行为,但是仍然接受其结果,从事上述三种行为。

5.5.1.1 以不正当手段获取商业秘密

商业秘密具有财产性特征,违反权利人的意志获取商业秘密,构成民事侵权;商业秘密的传播是无形的,一旦被他人违法获取,其扩散无法挽回;商业秘密的使用可以不露痕迹,在某些情况下,仅仅掌握他人的商业秘密成果,就可以使侵权人的科研、生产少走大量弯路,获得巨大的竞争优势。所以需要从根本上制止以不正当手段获取商业秘密行为,我国反不正当竞争法第十条第一款第1项规定,禁止"以盗窃、利诱、胁迫或者其他不正当手段获取权利人的商业秘密"。以不正当竞争获取商业秘密被列为侵权行为之首。

侵犯商业秘密不正当手段包括盗窃、利诱、胁迫等。盗窃是以非法占有为目的窃取他人商业秘密。利诱是以非法占有为目的,以给予利益或许诺给予利益为手段,从有关人员获取商业秘密。利诱的手段包括现金、实物、住房、汽车或在侵权人企业中许以要职等。胁迫是指用威胁或要挟的方法,强迫有关人透露商业秘密。

5.5.1.2 使用、披露的性质

我国反不正当竞争法第十条第一款第2项规定,如果被告使用不正当手段获取他人商业秘密,那么以后披露、使用或者允许使用,也构成违法。

以不正当手段获取或违反保密义务披露商业秘密等行为,均是独立的侵权行为。使用、披露行为有独立的侵权后果和社会危害性,恶意的使用、披露行为,本身就是独立的侵权行为,应独立承担法律责任。

5.5.1.3 违反要求和约定披露、使用商业秘密

我国反不正当竞争法第十条第一款第3项规定,禁止"违反约定或者违反权利人有关保守商业的要求,披露、使用或者允许他人使用其所掌握的商业秘密"。

本项的对象虽然是正当缘由获得商业秘密,但由于对权利人负有明示或默示

的义务，因而不得披露、使用或者允许他人使用的情况。所谓明示的保密义务是指权利人与他人订有保密合同，或对他人提出保密要求；所谓默示的保密义务是指根据法律、关系、习惯、事实等原因决定即使与权利人之间没有明示的保密合同，相对人也应有保密和不使用义务。在存在明示或默示义务前提下他人违反义务披露、使用、允许他人使用商业秘密，构成侵犯商业秘密。

5.5.1.4 恶意第三人侵权

反不正当竞争法第十条第二款规定："第三人明知或者应知前款所列违法行为，获取、使用或披露他人的商业秘密，视为侵犯商业秘密。"明知和应知是一种恶意状态，第三人的恶意行为作为侵权行为的一种，受到完全相同的制裁。

这一规定在实践中有着保护技术合同转让方的利益作用。如果技术合同的受让方向第三方再转让技术，而该第三方知道或者应该知道技术受让方是违约再转让，那么第三方的行为也构成侵权行为，这一规定增加了技术转让的安全性。其次，在制裁接收违法跳槽者单位，本项规定起着重要作用，企事业单位如果知道跳槽者带走他人成果是违法的，那么他在接受、使用该成果时，也是违法的。

5.5.1.5 善意第三人侵权

商业秘密保护中的所谓善意第三人，是指当第二人违法获取商业秘密或违约泄露商业秘密之后，第三人不知且也没有理由会知道第二人违法，从而善意地从第二人那里接受了商业秘密，甚至加以使用，也是违法的。

5.5.2 我国法律对商业秘密的保护

(1)《中华人民共和国刑法》第 219 条规定，侵犯商业秘密给商业秘密的权利人有造成重大损失的，处三年以下有期徒刑或拘役，并处或者单处罚金；造成特别严重后果的，处三年以上七年以下有期徒刑，并处罚金。此外，根据《刑法》第 220 条的规定，单位也可以成为侵犯商业秘密罪的犯罪主体。单位犯侵犯秘密罪的，除对单位判处罚金外，直接负责的主管人员和其他直接责任人，也应当依照《刑法》第 219 条的规定追究刑事责任。

(2)《中华人民共和国民法通则》第 118 条规定，"公民、法人的著作权(版权)、专利权、商标专用权、发现权、发明权和其他科技成果权受到剽窃、篡改、假冒等侵害的，有权要求停止分割，消除影响，赔偿损失。"这里所指的其他科技成果就包括技术诀窍、配方等商业秘密。依法追究侵权责任包括两项内容：一是申请法院颁发禁止侵害令，禁止侵害令又分临时禁止令和长期禁止令。临时禁止令一般在诉讼过程中发出，长期禁止令一般在案件审结裁决时发出。二是要求侵权者赔偿权利人因商业秘密被侵犯所遭受的损失。

(3)《中华人民共和国合同法》第 224 条规定，技术合同的内容由当事人约定，一般包括以下条款：其中第 4 项为“技术情报和资料的保密”。根据《合同法》第 348 条、第 350 条、第 351 条和第 254 条的规定：①技术秘密转让合同的受让人应当按照约定使用技术，支付使用费，承担保密义务。②技术转让合同的受让人应当按照约定的范围和期限，对让与人的技术中尚未公开的秘密部分，承担保密义务。③受让人实施专利或者使用技术秘密，超越约定的范围的，未经让与人同意擅自许可第三人实施该专利或者使用技术秘密的，应当停止违约行为，承担违约责任；违反约定保密的保密义务的，应当承担违约责任。

(4)《中华人民共和国劳动法》第 102 条规定：劳动者违反本法规定的条件解除劳动合同或者劳动合同中约定的保密事项，对用人单位造成经济损失的，应当依法承担赔偿责任。

(5)《中华人民共和国反不正当竞争法》第 10 条规定，经营者不得采用下列手段侵犯商业秘密：

①以盗窃、利诱、胁迫或者其他不正当手段获取权利人的商业秘密；

②披露、使用或者允许他人使用以前项手段获取的权利人的商业秘密；

③违反约定或者违反权利人有关保守商业秘密的要求，披露、使用或允许他人使用其所掌握的商业秘密。

第三人明知或者应知前款所列违法行为，获取、使用或者披露他人的商业秘密，视为侵犯商业秘密。

根据该法第 20 条规定，侵犯商业秘密给权利人造成损害的行为人“应当承担损害赔偿责任”。该法第 25 条还规定，侵犯他人商业秘密，监督检查部门应当责令停止违法行为，可以根据情节处以 1 万元以上 20 万元以下的罚款。

综上所述，侵犯商业秘密的行为应当主要承担民事违约责任和民事侵权责任；当侵犯商业秘密行为构成不正当竞争行为时，依法还应承担行政责任；情节严重，构成犯罪时，则应当承担刑事责任。

(6)知识产权法间接保护。商业秘密在某种程度上可以得到专利法、商标法、著作权法等知识产权法的保护。如以可口可乐饮料为例，即使有人检测出饮料配方，也不一定能打开销路，因为他不能使用可口可乐驰名商标。又如，对技术图纸的擅自发表侵犯了商业秘密所有人的著作权，可依著作权法予以制裁。当然，除了这些法律外，劳动法、保密法、公司法、民事诉讼法等在一定程度上也实施了商业秘密的保护。

5.5.3 商业秘密保护策略

5.5.3.1 社会层面对商业秘密的保护

(1)采取有效措施充分发挥社会中介组织在商业秘密评估、鉴定、管理策划、信息咨询、诉讼代理等方面提供服务的作用。

(2)加强行业协会对企业商业秘密管理的指导,组织制定业内公约,对行业违规者依公约进行制裁,并为受侵害的企业或法人单位提供诉讼、仲裁方面的支持。

(3)推动各类企事业单位及高校、科研院所建立健全的商业秘密保护管理制度,完善商业秘密管理机构和保密措施。

(4)规范商业秘密鉴定制度、鉴定程序,完善法律责任。

5.5.3.2 企事业单位层面商业秘密保护策略

商业秘密保护,最根本的是要落实自我保护措施。如果不采取保密措施,那么商业秘密不但极易被外泄,而且被泄露后也难以获得法律救济。所以除司法保护外,对商业秘密保护也应有一定的策略和方法。

(1)商业秘密保护的原则

首先是预防为主的原则。商业秘密的生命在于维持秘密性,因此预防商业秘密被泄密具有极端的重要性,而事后补救只是减少损失的一种手段。商业秘密保护策略应以尽可能消除泄密隐患、防止可能泄密的漏洞出现为原则。其次是整体性与系统性原则。商业秘密渗透到技术、经营管理领域的方方面面,并且还与外部存在千丝万缕的关系,商业秘密的保护必须从人员落实、制度建设、业务管理等方面全面落实,并且具有长期性和连续性。再次是突出重点的原则。每个单位和企业都有其重要的和一般的商业秘密,商业秘密保护的重点显然是重要商业秘密,在实施商业秘密保护策略时应注意重点突出。

(2)商业秘密的内容和等级

商业秘密内容相当丰富,它涉及大量未公开的情报资料。虽然情报资料并非都属于商业秘密,但属于商业秘密部分的也有主次之分、重要与非重要之分,故应当对商业秘密进行分类,确定商业秘密的等级。一般的可将商业秘密分为最重要的商业秘密、重要的商业秘密和一般的商业秘密,对三种级别的标识可以用AAA、AA、A标识。但不同单位可根据具体情况而定。

如2010年3月17日,国资委第87次主任办公会审议通过了《中央企业商业秘密保护暂行规定》,这是我国第一部关于商业秘密保护的部门规章,它的问世引起了海内外的广泛关注。该《暂行规定》中将商业秘密划分为核心商业秘密和普通商业秘密两级，统一按“核心商密”、“普通商密”标注，既便于理解又便于管理。

(3)商业秘密的保护措施

①建立商业秘密保护领导机构，实施专人负责管理。单位决策层应确定主管商业秘密工作的领导人员，配备专职或兼职人员负责商业秘密日常管理工作，并将商业秘密纳入单位知识产权保护体系中。

②建立和完善商业秘密管理机制、监督机制。如建立有效的商业秘密内部管理机构，健全规章制度。合理的规章制度可以受到国家法律的保护。建章立制是保护商业秘密的制度保障。完善的商业秘密保护规章制度，本身证明了企业对商业秘密采取了合理保密措施，也有利于使员工对商业秘密保密义务明示化，便于员工在实际工作中自觉维护企业或单位的利益。一般情况下，商业秘密的规章制度应涵盖商业秘密的范围、商业秘密管理机构和人员、商业秘密保密义务、商业秘密管理、商业秘密申报与审查、违反保密义务的处罚等内容。

如国家电网总公司为做好商业秘密制定了《国家电网公司商业秘密暂行规定(试行)》，明确了商业秘密的内容、范围、确定程序、管理原则及办法等。

③落实商业秘密保护措施。商业秘密规章制度最终要体现为商业秘密保护措施的落实上。这些措施主要有：

a. 在商业秘密涉密载体上标注保密标志；

b. 对涉密信息使用密码保护；

c. 对涉密载体或者采取其他物理防范措施；

d. 在配方含量、计算方法、程序代码等商业秘密信息上采取技术措施加密或拆分管理；

e. 对涉及保密信息的场所限制来访者或对他们提出保密要求；

f. 签订商业秘密保护协议；

g. 限定商业秘密知悉范围；

h. 对涉密计算机及信息系统进行保密管理。

④加强商业秘密保密意识的教育和培训工作。首先企业或单位领导干部要有强烈的商业秘密保护意识，并重视对员工商业秘密的培养，加强全员职工商业秘密保密意识，形成良好的自觉维护商业秘密的习惯和观念，杜绝员工无意识地泄露商业秘密。可以采取专家讲座、专题学习、警示教育等多种形式，形成商业秘密的宣传和教育工作。

⑤研究信息网络技术对商业秘密保护带来的新问题，并采取相应对策。更新商业秘密保护手段，以保证网络信息传输中的保密信息的安全等。

(4)防止人才流动中商业秘密流失

①随着市场经济的发展，特别是外资企业、合资企业等以其优越的工作环境、丰厚的薪金待遇、完善的社会保障等优越条件吸引了大批优秀人才。商业活动中的人才竞争日益剧烈，人才流动日趋频繁。人才流动对促进科技成果的转化、经济结构的调整和人才资源的合理配置发挥了积极的作用。然而，人才流动的背后也伴随着一股严重危害市场竞争秩序的暗流。人才流动也会导致商业秘密流失，原因主要有：一是科技人员跳槽带走原单位的科技成果、技术信息，到与原单位有竞争关系的新单位工作，利用其带走的成果和信息为新单位服务；二是本单位工作人员在职期间私下从事第二职业，在其他单位兼职或自行从事某种服务，利用的却是本工作单位的技术资源和信息资源；三是掌握本单位核心秘密的技术人员或管理人员辞职后利用所知悉的秘密开办企业、另起炉灶与原单位展开竞争；四是一些企业人员离退休后，利用原单位的商业秘密重新就业、使原单位竞争优势地位受到削弱。因此，要有针对性地对上述可能出现的情况加强管理。

②强化涉密人员管理，与涉密人员签订保密协议。对可能接触商业秘密的内部人员分类，根据其接触商业秘密的重要性，可以将涉密人员分为核心涉密人员、重要涉密人员和一般涉密人员，并与其签订保密协议。协议应当明确员工保密的义务、范围，还包括离职或被解雇时对商业秘密的保密义务。内容可以有保守商业秘密的义务、正确使用商业秘密的义务，取得商业秘密职务成果后及时向单位通报的义务、妥善保管和使用商业秘密文件资料的义务、商业秘密保密的期限和范围，以及竞业禁止义务和违反协议的责任等事项。特别是科研单位，根据我国《科技成果转化法》规定，企事业单位可以与参加科技成果转化的人员签订在职期间或者离职离休退休后一定期限内保守本单位技术秘密的协议。有关人员不得违反协议的规定，泄露本单位的技术秘密和从事与原单位相同的科技成果转化活动。

(5)加强防范外部人员窃取商业秘密的管理

一是要防止别人利用通信网络和高科技手段截取、窃听商业秘密。例如，美国一家生产电讯器材的公司在国际投标中屡屡被某外国公司以微弱的价格优势击败。失败的原因是后者的情报部门在该公司的电话和传真机上做手脚，事先偷听了该公司预定的投标价格。

二是要防止别人利用考察和参观机会搜集商业秘密。早在20世纪80年代，苏联克格勃人员就利用本国技术代表团参观日本化工厂的机会，用伪装成手表的微型照相机拍下了这家工厂张贴在生产流水线旁的工艺流程表，使原本难以获取的商业秘密得来全不费工夫。

三是要防止别人窃取出差人员的商业秘密资料。1990年夏天，美国波音公司的经理到某国投标，下榻于一家饭店的808房间。不料散步归来，便发现自己的文件有被人翻动痕迹。经调查，他之所以住进808房间，是竞争对手委托饭店老板精心安排的，不仅在房间里安装有窃听器，还能够十分方便地翻动和窃取他所携带的各种商业秘密资料。

四是要防止别人收买内部涉密人员获取商业秘密。美国的麦基公司是一家计算机开发商，从1991年5月起，公司的高级主管×××负责开发代号为D3的系列软件。到了研制的最后阶段，×××突然以身体不适为由辞职。1992年3月，麦基公司发现肯特公司在市场上出售的L8软件与本公司即将推出的几乎一样。原来，肯特公司获麦基公司正在研制的D3软件系列，觉得有利可图，便以重金收买了×××，从而获得商业秘密。

五是要防止别人以签订承包项目为诱饵获取商业秘密。日本某公司对中国一家企业掌握的真空管技术觊觎已久。1982年8月，该公司在发标建设发电站时，以让这家中国企业承包100亿日元的冷却塔工程项目为诱饵，通过评估这家中国企业的技术水平，轻易取得了真空管技术的设计图纸。商业秘密骗到手后，承包工程也不翼而飞。

六是要防止别人利用咨询公司搜集商业秘密。一名精通人造钻石技术的台湾人窃取了他所在美国公司的商业秘密，并通过经营咨询公司暗中向国外出售。得知此事，另一家从事人造钻石生产的公司立即前往接洽，以100万美元买下了这项秘密技术。

正是由于商业秘密中隐含着巨额利润，所以不法分子总是想方设法采取各种手段企图窃取为己有。这也是现代商战中最为残酷无情的一幕。因此，权利人都要引以为戒，时刻警惕可能发生在自己身边窃取商业秘密的活动。

【案例1】退休人员私自转让科研成果，导致商业秘密流失

案情：退休人员李为（化名）从新疆某农业科研所退休后，很快成了一家公司的监事长。其主要原因是他手中握有商业秘密——某甜菜品种的选育和栽培技术。

1992年，在新疆维吾尔族自治区政府的支持下，单位出资让李为前往美国就甜菜品种杂交进行了为期1年的技术培训。李为回国后，科研所立即任命他担任了这个项目的课题组长。经过7年的研究、示范工作，1998年1月新疆农作物品种审定委员会通过了某甜菜品种的新品种审定。李为为此专门发表了一篇《甜菜单粒杂交新品种X号选育和栽培要点》文章。某公司从该文中看到了李为的价值并在其退休后立即聘用，李为为该公司提供了80千克甜菜品种亲本为制种材料，并且负责生产和销售，在他的指导下，仅用了短短一年的时间，该公司就赢得了

150万元的利润。

研究所发现李为的侵权行为后，向乌鲁木齐市中级人民法院提起诉讼，要求判决李为和公司赔偿经济损失150万元。公司认为某甜菜品种是普通的技术成果，并非专利产品，要求经济赔偿没有依据。但研究所反映早在13年前，他们就投入了大量的资金和人员研制开发该品种，在这个过程中，制种的技术和亲本材料是保密的，属于本单位的商业秘密，没有科研所的同意，任何人都不能公开和使用。李为在某甜菜品种项目研究中，对所形成的技术资料和材料有保密义务。李为在退休后不但没有尽到保密的义务，反而将本单位的商业秘密带到了公司，造成侵权。

乌鲁木齐市中级人民法院一审判决李为及公司对研究所构成侵权行为，赔偿研究所150万元的经济损失。该判决下达后，李为和公司不服又提起上诉。上诉中，李为和公司称没有与单位签订任何相关的保密协议，认为退休以后没有责任和义务对某甜菜品种亲本进行保密。并且，某甜菜品种选育和栽培技术要点已在学术刊物上公开发表，没什么科研秘密可言，请示自治区高级人民法院撤销一审法院的判决，驳回研究所的诉讼请求。但研究所充分利用我国现有的知识产权保护法律法规，维护自身的切实利益，根据国家工商局工商公字[1998]109号《关于商业秘密构成要件问题的规定》："权利人采取保密措施，包括口头和书面的保密协议，对商业秘密权利人的职工或与商业秘密权利人有业务关系的他人，提出保密要求等合理措施，只要权利人提出了保密要求，应该知道存在商业秘密，即为权利人采取了合理的保密措施，职工或他人就应对权利人承担保密义务。"所以权利人对商业秘密的保护可以采取多种方式。再者某甜菜品种是研究所长达7年的集体智慧和心血的结晶，权利人应该是研究所，任何个人对其都有保密的义务和责任。通过双方激烈的辩论，公司要求与研究所庭外和解，公司最后赔偿研究所40万元的经济损失。

存在问题及原因分析：

(1)这是一起典型的商业秘密侵权案。该研究所在侵权事件发生后，能充分利用法律维护自身的合法权益的精神是可嘉的。

(2)对科技成果中知识产权保护不力。这起案例表面上看是科研所赢得优势，但是案件的形成却让人深思。一是对本单位拥有的科研成果管理不严，科研人员在发表论文过程中，没有严格的审查审批手续，将本单位的技术成果擅自公开，造成技术成果流失。二是产权保护不力，在产权形成之初，对拥有的成果轻保护，既没有及时申报植物新品种权保护，也没有商业秘密保护，保护方式和手段滞后，在发现有侵权事件后，才被动地寻求解决的方案。三是与涉密人员没有签订任何保密协议，没有对该同志退休后进行竞业限制，造成退休人员利用在职务发明中的科技成果谋取经济利益，这种行为如果不能有效遏制，科研单位的科研成果，就会因此无偿流失到其他单位，让科研单位取得的成果付之东流。

(3)为了减少和避免这类案例的发生，权利人应对商业秘密有一套完整的保护措施，及时确定商业秘密的范围、保密要害部位和涉密人员，并与涉密人员签订保密协议书，对保密内容进行密级标识。并依据法律条款约定员工在职或离职(包括退休)后，在一定时期内，对单位的商业秘密负有保密的责任和义务，不得在有竞争性的单位兼职或工作，以及不得自己经营具有竞争性的企业。

(4)该研究所因这起案例后，加强了对知识产权保护力度，制定了知识产权保护制度，成立了知识产权领导机构，配备了兼职管理人员，与所有涉密人员签订科技保密协议书，对在科研工作产生商业秘密规范管理，现该所已有商业秘密42 项。

【案例 2】高工跳槽泄密获刑 6 年(案中人名为化名)

中国感化江汉石油钻头股份有限公司以下简称江钻公司，属于国家级高新技术企业，其主导产品就是牙轮钻头。1980 年至 1995 年 12 月间，江钻公司多次从国外公司有偿引进牙轮钻头先进技术。其后，江钻公司又对这些技术进行了二次研发，前后共投入研发经费亿元以上。从此，江钻公司成为国内独家拥有世界先进牙轮钻头制造技术的企业，同时也是亚洲牙轮钻头的最大制造商。2004 年，江钻公司的老大垄断地位被打破，业绩开始下滑。2005 年，江钻公司经调查，发现天津某公司生产的牙轮钻头的性能与之相近。为此前往新疆、山东等地油田调查取证，查明该公司 2004 年、2005 年向新疆石油管理局、胜利油田销售多种型号金属密封钻头 119 只，总计销售 210 万元。为此，年底江汉油田公安局对此正式立案调查。

经调查，发现从江钻公司跳槽的工程师马伟芳有重大嫌疑。1990 年、1996 年，马伟芳曾两次被江钻公司委派到技术转让方学习钻头制造技术，并负责对转让方的钻头制造工艺及图纸等技术资料进行翻译。2001 年 8 月，天津某公司以高薪吸引马伟芳跳槽。同年，马伟芳举家迁往天津，并带去江钻公司工作期间获取的技术资料。立林公司仅用两年多时间，就走完了江钻公司十几年的研发之路。

经会计事务所鉴定，截至 2006 年 6 月 30 日，立林公司的侵权行为给江钻公司造成损失 1 013 万元。2007 年 11 月 26 日，湖北省潜江市人民法院作出一审刑事判决：判处马伟芳有期徒刑 6 年，并处罚金 5 万元。马伟芳不服一审提起上诉。汉江市中级法院作出维持原判的终审裁定。同时，江钻公司还向法院提起民事诉讼，向天津某公司索赔 1 000 万元。

思考题

1.浅谈你对商业秘密的理解和认识。
2.商业秘密的构成要件是什么?确定的原则是什么?
3.试述商业秘密和国家秘密的联系和区别有哪些?两者最本质的不同是什么?
4.比较分析商业秘密和专利之间的区别和关系。
5.简述商业秘密的范围。
6.试论商业秘密的侵权行为及其危害。
7.论述商业秘密保护的法律体系。
8.请结合实际,谈谈一个单位或企业如何加强对商业秘密的保护?
9.请以某企业为例,设计一个商业秘密保护实施方案。
10.请分析本章案例2中案由及防范对策。

参考文献

[1] 胡翔,叶方怡译.商业秘密.北京:企业管理出版社,1991.
[2] 冯晓青.企业知识产权战略.北京:知识产权出版社,2005.
[3] 国家保密局法规处,北京大学《保密法比较研究》课题组.国家秘密下商业秘密的关系及其法律保护.北京:金城出版社,1997.
[4] 国家保密局.保密知识读本.北京:金城出版社,2000.
[5] 张玉瑞.中国入世知识产权纵横谈.北京:知识产权出版社,2000:214-246.
[6] 徐卫.新疆农业知识产权保护现状、存在问题对策研究:[硕士论文].北京:中国农业大学,2007.
[7] 李国光.知识产权诉讼.北京:人民法院出版社,1990.
[8] 朱江岭,张炳烛.知识产权保护与战略运用.北京:海洋出版社,2006.
[9] 张素英.中央企业商业秘密保护已有法可依.保密工作,2010.
[10] 徐琛.管理与技防一个都不能少.保密工作,2010.
[11] 杨杰.退休人员私自转让科研成果,导致商业秘密流失案.新疆经济日报,2006.
[12] 张寒.高工跳槽泄密获刑6年.http://www.baomi.org/bmyw_info.php?optionid=96&auto_id:2009.4.21.

第 6 章　地理标志产品的保护

◈ **本章重点、难点**

地理标志产品的定义、地理标志产品与商标和原产地名称的区别是本章重点；地理标志产品保护是本章难点。

◆ **内容提要**

本章主要介绍了地理标志产品的定义、地理标志产品与商标和原产地名称的区别；我国地理标志产品保护的发展过程、地理标志产品的保护模式、体系及相关法规；地理标志产品的申请、受理、审核和批准程序；地理标志产品的专用标志及标准制定；进一步以张裕葡萄酿酒公司“香槟”商标案和金华火腿案为例阐述地理标志产品；同时，本章也列出了中国的地理标志产品目录。

6.1　地理标志产品的概念

6.1.1　地理标志产品的定义

地理标志产品是指产自特定地域，所具有的质量、声誉或其他特性本质上取决于该产地的自然因素和人文因素，经审核批准以地理名称进行命名的产品。地理标志产品包括：①来自本地区的种植、养殖产品；②原材料全部来自本地区或部分来自其他地区，并在本地区按照特定工艺生产和加工的产品。

地理标志(geographical indication)是由“原产地名称”逐步发展而来的，最早源自法国。经过一百多年的发展，地理标志在经济增长、农村劳动力就业、保护生态环境、增加农民收入、保护文化遗产等方面发挥了积极的作用，历经《巴黎公约》、《马德里协定》、《里斯本协定》乃至 WTO 框架下的《与贸易有关的知识产权协议》

(简称 TRIPs 协议)而最终与商标、专利和版权并列,作为一项知识产权而加以保护。目前,对地理标志的保护制度已逐渐形成了一套完善的管理体系和法律保护体系。

6.1.2 地理标志和原产地名称的区别

地理标志的定义与《保护原产地名称及其国际注册里斯本协定》中的"原产地名称"相比已有了很大的不同,该协定第 2 条对原产地名称的定义为:原产地名称系指一个国家、地区或地方的地理名称,用于指示一项产品来源于该地,其质量或特征完全或主要取决于地理环境,包括自然和人为因素。二者的主要不同之处有如下几方面。

第一,原产地名称仅表示产品的地理名称;而地理标志除了可包含地理名称外,还可包含由单词、短语、符号或象征地理含义的其他标记,如我国的"普洱茶"。

第二,原产地名称仅用来表示产品本身,而地理标志不单包括产品,还包括产品以外的商品。所以某一原产地名称必定是一种地理标志,而某一地理标志却不一定是一种原产地名称。如祁门红茶产自安徽祁门,"祁门红茶"是原产地名称;五粮液产自四川宜宾,"五粮液"是地理标志。

第三,原产地名称仅指"质量和特征"归因于该来源地,而地理标志不限于质量和特征,还包括产品信誉的形成和声誉的累积。因此,原产地名称是地理标志的基础,地理标志是原产地名称更高层次的定义。

第四,在欧盟各国认为,原产地名称要求商品的原料、生产、加工或者制作都必须在该地理来源内进行。地理标志则可以允许部分原料来自其他地区,但加工或者制作则必须在该地理来源内完成。相比较而言,地理标志比原产地名称的标准要宽泛一些。

6.1.3 地理标志和商标的区别

TRIPs 协议第 15 条第 1 项对"商标"界定为"能够将一个企业的商品或者服务区别开来的任何标识或者标识的组合,即可构成商标。此类标识,特别是包括人名的单词、字母、数字、图案、颜色的组合及此类标识的组合,均符合商标注册的条件。"TRIPs 协议虽将地理标志和商标并列提出,并且认可商标与地理标志的包含关系,但地理标志和商标有很大的不同,具体为:

第一,地理标志是用来表示该商品来源于某国、某地区或某地的一种产品标志,以区别该产地与其他地方生产的同类商品。商标是区别商品不同特征的一种专用标志。地理标志可以注册为商标,但绝不等于商标。

第二，地理标志不仅从属于人的创造力和劳动，同时还从属于地域、气候、水、土壤等自然环境，它对后人来说是客观存在的。而商标只从属于人，与自然条件无关，是人主观努力的产物。地理标志通常都是与产品质量特定相关的地理名称，它直接表示商品的质量。商标也具有表示商品质量的作用，但其使用是间接的，它与生产者的信誉关系甚密。

第三，它们在转让性上是不同的。地理标志的使用权应属于有关地理范围内从事有关商品生产到所有生产者，是“公共财产”，不得转让。商标则通常属于个别企业，商标可以转让，并可许可他人有偿使用。

第四，它们在时效性上是不同的。地理标志不受时间约束，是永久的，而商标则有时间限制。按照我国商标法规定，商标的注册有效期为 10 年，如果企业不主动提出续展申请，该注册商标将被注销。

第五，它们的构成要素不同。地理标志的构成要素是叙述性文字，它直接以地理名称说明商品的地理来源，暗示商品所具有的特定和优良品质，而商标的构成要素呈多样化，包括文字、字母、数字、图形、三维标志，甚至是颜色的组合等。只要凭人的视觉器官能识别商品源自“何人”即可。商标的构成要素较为复杂，且主要是从视觉上的可视性进行强调。地理标志恰恰是叙述性的，它直接使用地理名称或图形来说明产品来源、昭示产品质量。

6.2 地理标志产品的保护

6.2.1 我国地理标志产品保护的发展

我国早在 20 世纪 90 年代就建立起了原产地标记制度，不过仅用于单项商品的进出口活动。1999 年 8 月，原国家质量技术监督局发布《原产地域产品保护规定》，正式将保护措施运用到中国国内的生产和贸易活动中去。2000 年 1 月，政府批准了第一项原产地域产品即绍兴酒作为试点。2001 年起，这项制度开始全面推行，并成长迅速，在 2001 年、2002 年、2003 年和 2004 年，分别有 6 项、23 项、31 项和 60 项产品成为原产地域产品。

2005 年 7 月起，国家质量监督检验检疫总局发布《地理标志产品保护规定》，替代原先的《原产地域产品保护规定》，而之前已批准的原产地域产品也全部自动转成地理标志产品。在这份规定中，明确地理标志产品是指“产自特定地域，所具有的质量、声誉或其他特性本质上取决于该产地的自然因素和人文因素，经审核批准以地理名称进行命名的产品”。2005 年，中国一共批准了 67 项产品为地理标志产品。

1999年至2009年6月，国家质检总局受理了地理标志保护申请1 013件（国内申请1 012件，国际地理标志申请1件），对国内902个地理标志产品实施了专门保护。产品范围覆盖酒类、茶叶、中药材、水果、蔬菜、工艺品、调味品等多种特色产品。截至2010年12月30日中国已注册地理标志名录中共包含903个地理标志产品。

6.2.2 我国地理标志产品的保护模式及相关法规

我国是一个拥有丰富资源和悠久历史文化的国家，多样的气候和地理条件以及多民族文化历史传统，共同造就了众多的地方名优特产品，其中还有许多是在世界上享有盛誉的，比如丝绸、茶叶、瓷器等。但是我国法律也是在近几年才有了关于地理标志保护的专门规定，地理标志的保护在我国还是一个比较新的知识产权课题。我国目前主要存在两种保护地理标志的模式，一种是根据《商标法》，将地理标志注册为集体商标或证明商标的商标法保护模式，另一种是通过在国家质检总局注册的地理标志产品及原产地标记的保护模式。也即地理标志的保护上同时存在着工商和质检两个部门、两种模式的保护。除此之外，地理标志还受到《反不正当竞争法》、《产品质量法》、《消费者权益保护法》等其他法律以及《地理标志产品保护规定》等部门规章的一般性保护。

6.2.2.1 商标保护

2001年10月27日，我国对《商标法》进行了第二次修正，修正后的《商标法》确立了对地理标志的证明商标和集体商标的保护。其第16条规定："商标中有商品的地理标志，而该商品并非来源于该标志所标示的地区，误导公众的，不予注册并禁止使用；但是，已经善意取得注册的继续有效。前款所称地理标志，是指标示某商品来源于某地区，该商品的特定质量、信誉或者其他特征，主要由该地区的自然因素或者人文因素所决定的标志。"结合《商标法》的修改，之后国务院颁布了新的《商标法实施条例》，该条例第6条规定，地理标志可以依照商标法的规定作为证明商标或者集体商标申请注册并予以保护。而2003年4月17日，国家工商行政管理局颁布的新的《集体商标、证明商标注册和管理办法》中，也对地理标志申请证明商标和集体商标的条件、申请部门、使用管理等做出了详尽的规定：第4条申请集体商标注册的，应当附送主体资格证明文件并应当详细说明该集体组织成员的名称和地址；以地理标志作为集体商标申请注册的，应当附送主体资格证明文件并应当详细说明其所具有的或者其委托的机构具有的专业技术人员、专业检测设备等情况，以表明其具有监督使用该地理标志商品的特定品质的能力。申请以地理标志作为集体商标注册的团体、协会或者其他组织，应当由来自该地理标志标示的地区范围内的成员组成。第 6 条申请以地理标志作为集体商标、证明商标注册的，还应当附送管辖该地理标志所标示地区的人民政府或者行业主管部门的批准文件。外国人或者外国企业申请以地理标志作为集体商标、证明商标注册的，申请人应当提供该地理标志以其名义在其原属国受法律保护的证明。第 7 条以地理标志作为集体商标、证明商标注册的，应当在申请书文件中说明下列内容：①该地理标志所标示的商品的特定质量、信誉或者其他特征；②该商品的特定质量、信誉或者其他特征与该地理标志所标示的地区的自然因素和人文因素的关系；③该地理标志所标示的地区的范围。

6.2.2.2 地理标志产品保护

1999 年 8 月 17 日，原国家质量技术监督局颁布了《原产地域产品保护规定》，这是我国开始实施原产地域产品保护的最重要的部门规章。同年 12 月 7 日，原国家出入境检验检疫局颁布《原产地标记管理规定》。

2001 年原国家质量技术监督局颁布的《原产地标记管理规定实施办法》和原国家出入境检验检疫局颁布的《原产地标记管理规定》，主要是针对原产国的规定，但是其中也有一部分是关于原产地域产品的规定。

2001 年 4 月 10 日，原国家质量技术监督局和原国家出入境检验检疫局合并为国家质量监督检验检疫总局，2005 年质监局颁布了《地理标志产品保护规定》，将原产地域产品改称为地理标志产品，取代了原国家质量技术监督局颁布了《原产地域产品保护规定》。《地理标志产品保护规定》在两方面有所改变：一是删除了《原产地域产品保护规定》中关于原产国的规定；二是明确《原产地标记管理规定》、《原产地标记管理规定实施办法》中关于地理标志的内容，与《地理标志产品保护规定》不一致的，以该规定为准。这个规定有效规范、协调了国内关于地理标志与原产国的有关规定，有利于执法。《地理标志产品保护规定》第 1 章第 2 条规定："我国的地理标志产品包括：一、来自本地区的种植、养殖产品；二、原材料全部来自本地区或部分来自其他地区，并在本地区按照特定工艺生产和加工的产品。"在规定中对地理标志产品的申请、受理、审核、批准、保护和监督、标准制定和地理标志产品标志的使用有着严格的规定。

在地理标志保护方面，《地理标志产品保护规定》第 21 条，各地质检机构依法对地理标志保护产品实施保护。对于擅自使用或伪造地理标志名称及专用标志的，不符合地理标志产品标准和管理规范要求而使用该地理标志产品的名称的，或者使用与专用标志相近、易产生误解的名称或标识及可能误导消费者的文字或图案标志，使消费者将该产品误认为地理标志保护产品的行为，质量技术监督部门和出入境检验检疫部门将依法进行查处。社会团体、企业和个人可监督、举报。第22条各地质检机构对地理标志产品的产地范围，产品名称，原材料，生产技术工艺，质量特色，质量等级、数量、包装、标识，产品专用标志的印刷、发放数量、使用情况，产品生产环境、生产设备，产品的标准符合性等方面进行日常监督管理。

6.2.2.3 其他法律对地理标志的一般保护

除了上述《商标法》、《地理标志产品保护规定》等法律对地理标志进行专门的保护外，《反不正当竞争法》、《消费者权益保护法》和《产品质量法》也为地理标志提供了一般性的保护。之所以说是一般性保护，是因为这些法律并没有从保护地理标志的角度来提供保护，而是为了保护生产者和消费者的合法权益而对产品产地进行规范，这些产品产地就包括了地理标志。

《反不正当竞争法》第5条规定，“伪造产地，对商品质量作引人误解的虚假表示”的行为为不正当竞争行为之一，第9条禁止经营者对商品的产地作引人误解的虚假宣传。

《消费者权益保护法》第8条规定：“消费者享有知悉其购买、使用的商品或者接受的服务的真实情况的权利，有权要求经营者提供商品产地的情况。”第19条规定：“经营者应当向消费者提供有关商品或服务的真实信息，不得作引人误解的虚假宣传。”

《产品质量法》第5条规定：“禁止伪造或者冒用认证标志等质量标志；禁止伪造产品的产地，伪造或者冒用他人的厂名、厂址；禁止在生产、销售的产品中掺杂、掺假，以假充真，以次充好”；第53条规定，“伪造产品产地的，责令改正，没收违法生产、销售的产品，并处违法生产、销售产品货值金额等值以下的罚款；有违法所得的，并处没收违法所得；情节严重的，吊销营业执照。”

6.2.3 我国地理标志产品的保护体系

我国目前存在三套地理标志产品保护体系，即：国家质量监督检验检疫总局对地理标志产品的保护；国家农业部对农产品地理标志的保护；国家工商行政管理总局对作为集体商标、证明商标注册的地理标志的保护。

6.2.3.1 国家质检总局对地理标志产品的保护

1999年原国家质量技术监督局在借鉴法国原产地监控命名制度的基础上，结合我国国情，发布了行政规章《原产地域产品保护规定》，该规定是我国地理标志产品专门保护制度的第一部部门规章。2001年，原国家出入境检验检疫局发布了部门规章《原产地标记管理规定》及其实施办法。2005年国家质检总局在原有两个规章的基础上制定了《地理标志产品保护规定》，并接受地理标志产品申请和认定。

6.2.3.2 国家农业部对农产品地理标志的保护

农业部根据《中华人民共和国农业法》和《中华人民共和国农产品质量安全法》相关规定，于 2007 年 12 月 25 日以第 11 号农业部令的形式颁布了《农产品地理标志管理办法》，并先后制定了 18 个相关配套规范文件。

自 2008 年 2 月 1 日起全面启动农产品地理标志登记保护工作。截至 2009 年年底，已有 202 个传统地域特色农产品地理标志获得农业部审核批准予以登记和颁证。

6.2.3.3 国家工商总局对地理标志产品的保护

我国自 1985 年加入《保护工业产权巴黎公约》后，国家工商总局商标局就开始承担保护原产地名称的国际义务。1993 年修订的《商标法实施细则》增加了保护集体商标和证明商标的规定，1994 年 12 月 30 日国家工商总局发布《集体商标、证明商标注册和管理办法》。2001 年修改的《中华人民共和国商标法》，规定注册商标中包括集体商标和证明商标。2003 年 6 月修改并正式实施了《集体商标、证明商标注册和管理办法》，对地理标志的注册程序与管理做出了具体规定。截至 2008 年年底国家工商总局商标局已累计受理地理标志产品的商标注册申请1 129 件。

6.3 地理标志产品保护权的取得

6.3.1 地理标志产品的申请、受理、审核和批准

根据《地理标志产品保护规定》第 2 章申请及受理第 8 条，地理标志产品由当地县级以上人民政府指定的地理标志产品保护申请机构或人民政府认定的协会和企业提出，并征求相关部门意见。第 9 条申请保护的产品在县域范围内的，由县级人民政府提出产地范围的建议；跨县域范围的，由地市级人民政府提出产地范围的建议；跨地市范围的，由省级人民政府提出产地范围的建议。

申请地理标志产品申请人应提交的资料有如下规定：

(1)有关地方政府关于划定地理标志产品产地范围的建议。

(2)有关地方政府成立申请机构或认定协会、企业作为申请人的文件。

(3)地理标志产品的证明材料，包括地理标志产品保护申请书；产品名称、类别、产地范围及地理特征的说明；产品的理化、感官等质量特色及其与产地的自然

因素和人文因素之间关系的说明；产品生产技术规范，包括产品加工工艺、安全卫生要求、加工设备的技术要求等；产品的知名度，产品生产、销售情况及历史渊源的说明。

(4)拟申请的地理标志产品的技术标准。

出口企业地理标志产品的保护申请向本辖区内出入境检验检疫部门提出，按地域提出的地理标志产品的保护申请和其他地理标志产品的保护申请向当地县级或县级以上质量技术监督部门提出。省级质量技术监督局和直属出入境检验检疫局，按照分工分别负责对拟申报的地理标志产品的保护申请提出初审意见，并将相关文件、资料上报国家质检总局。

关于审核及批准，《地理标志产品保护规定》也有明确的条款：第13条国家质检总局对收到的申请进行形式审查。审查合格的，由国家质检总局在国家质检总局公报、政府网站等媒体上向社会发布受理公告；拟保护的地理标志产品，应根据产品的类别、范围、知名度、产品的生产销售等方面的因素，分别制订相应的国家标准、地方标准或管理规范。第18条国家标准化行政主管部门组织草拟并发布地理标志保护产品的国家标准，省级地方人民政府标准化行政主管部门组织草拟并发布地理标志保护产品的地方标准。

地理标志保护产品的质量检验由省级质量技术监督部门、直属出入境检验检疫部门指定的检验机构承担。必要时，国家质检总局将组织予以复检。地理标志产品产地范围内的生产者使用地理标志产品专用标志，应向当地质量技术监督局或出入境检验检疫局提出申请，并提交地理标志产品专用标志使用申请书、由当地政府主管部门出具的产品产自特定地域的证明和有关产品质量检验机构出具的检验报告等相应资料。

上述申请经省级质量技术监督局或直属出入境检验检疫局审核，并经国家质检总局审查合格注册登记后，发布公告，生产者即可在其产品上使用地理标志产品专用标志，获得地理标志产品保护。

6.3.2 地理标志产品的专用标志及标准制定

2006年国家质量监督检验检疫总局发布了《关于发布地理标志保护产品专用标志比例图的公告》，其中对地理标志保护产品专用标志进行详细的说明。

地理标志保护产品专用标志见图6-1。标志的轮廓为椭圆形，淡黄色外圈，绿色底色。椭圆内圈中均匀分布四条经线、五条纬线，椭圆中央为中华人民共和国地图。在外圈上部标注“中华人民共和国地理标志保护产品”字样；中华人民共和国地图中央标注“PGi”字样；在外圈下部标注“PEOPLE’S REPUBLIC OF CHINA”

字样。在椭圆形第四条和第五条纬线之间中部标注受保护的地理标志产品名称，图中以“龙井茶”为例。并对地理标志保护产品专用标志的比例进行严格规定(图6-2)。在印制标志时,允许按比例放大或缩小。

图 6-1　地理标志保护产品专用标志

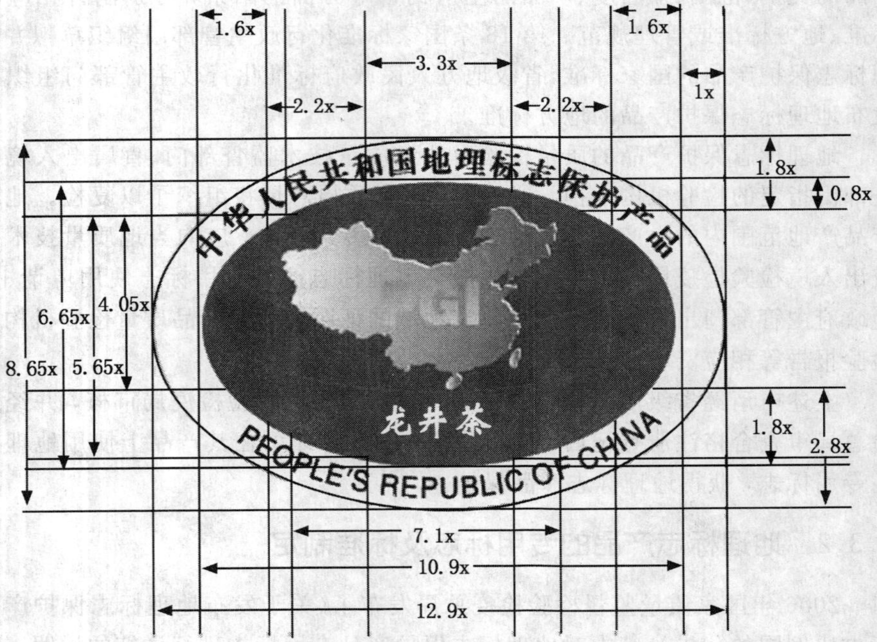

图 6-2　地理标志产品专用标志比例图

《地理标志产品保护规定》对地理标志产品标准的制定也有严格的要求。第17条规定:拟保护的地理标志产品，应根据产品的类别、范围、知名度、产品的生产销售等方面的因素，分别制定相应的国家标准、地方标准或管理规范。国家标准化行政主管部门组织草拟并发布地理标志保护产品的国家标准，省级地方人民政府标准化行政主管部门组织草拟并发布地理标志保护产品的地方标准。地理标志保护产品的质量检验由省级质量技术监督部门、直属出入境检验检疫部门指定的检验机构承担。必要时，国家质检总局将组织予以复检。

6.4 地理标志产品的案例

6.4.1 张裕葡萄酿酒公司"香槟"商标案例

就地理标志的保护而言，让我们先回顾一起涉及地理标志保护问题的典型案例。这是一起发生在1997年的山东省烟台市张裕葡萄酿酒公司香槟酒公司非法使用"香槟"商标案。1996年2月至1997年2月间，烟台市张裕葡萄酿酒公司香槟酒公司通过青岛市糖酒副食品总公司食品饮料公司等单位，在青岛市销售大中小规格的带有"香槟"字样的加汽葡萄酒共计2 316箱零30瓶，全部经营额为人民币262 729.05元(不含增值税)。青岛市工商局依法对该公司的违法行为进行了查处，至案发时青岛市糖酒副食品总公司食品饮料公司尚有库存香槟酒686箱零30瓶，青岛市糖酒副食品总公司市北分公司尚有库存香槟酒730箱，被工商行政管理机关通知停止销售，听候处理。青岛市工商局在查明案情事实的基础上，认为烟台市张裕葡萄酿酒公司香槟酒公司的行为违反了《商标法》第8条第2款的规定，构成商标违法行为。根据《商标法》第34条第(2)项及《商标法实施细则》第32条的规定，依法做出青工商标处字(1997)第48号处罚决定书，决定收缴现存1 416箱零30瓶香槟酒商标标识并处罚款45 000元的处罚决定。在上述行政处罚决定做出后，烟台市张裕葡萄酿酒公司香槟酒公司于1997年6月3日向山东省工商行政管理局提出复议申请，认为青工商标处字(1997)第48号处罚决定书认定事实不清，适用法律不当，程序违法。山东省工商局经复议认为，青工商标处字(1997)第48号处罚决定书认定事实清楚、证据确凿、定性准确、处理得当、程序合法，根据《行政复议条例》第42条第(1)项之规定，山东省工商局决定维持青工商标处字(1997)第48号处罚决定。至此，本案的处理结束。

在该案的处理过程中，青岛市工商局认为烟台市张裕葡萄酿酒公司香槟酒公司构成商标违法行为的依据是：认为其违反了《商标法》第8条第2款的规定，即"县级以上行政区划的地名或者公众知晓的外国地名，不得作为商标，但是，地名具有其他含义的除外，已经注册的使用地名的商标继续有效”。本案中烟台市张裕葡萄酿酒公司香槟酒公司在其酿造的葡萄酒上所使用的“香槟”二字即属于该条所说的“公众知晓的外国地名”，其使用受到我国商标法的保护和限制。“香槟”一词，是法文 Champagne 的中文译名。而 Champagne 则是法国东北部的一个省的名字，该地区因盛产一种加汽葡萄酒而闻名于世。于是，人们便将此地所产的酒冠上 Champagne 的标志，一提起“香槟”人们通常便会认为是香槟(Champagne)这一地区所产的酒。在本案的复议过程中，烟台市张裕葡萄酿酒公司香槟酒公司曾主张法文 Champagne 的中文译名应为“香巴尼”而非“香槟”；香槟是酒的通用名称，该公司并未把“香槟”作为商标使用，没有侵犯他人的商标专用权等。但事实上，“香巴尼”只是一种旧译，而 Champagne 现代汉译的确为“香槟”。如《朗文现代英汉双解词典》就将 Champagne 一词解释为 a type of costly French white wine containing a lot of little balls of air(BUBBLES)，即是指“一种通常在特殊场合饮用的含有许多小气泡的名贵的法国白葡萄酒”。可见，“香槟”并非酒的通用名称，而是一种原产地名称。而原产地名称，或称为地理标志是受到国际条约的保护的。例如，《保护工业产权巴黎公约》(1967 年 7 月 14 日修订的斯德哥尔摩版本。以下简称《巴黎公约》(1967))对原产地名称的保护就作了一些规定，但是《巴黎公约》对原产地名称的保护主要局限在进口环节上。我国作为《巴黎公约》的成员国之一，也理所当然的有保护原产地名称的义务。事实上，我国对保护原产地名称也是比较重视的，特别是关于“香槟”原产地名称的保护。国家工商局曾先后下发工商标字(1989)第 296 号文和商标管(1996)第 292 号文，禁止我国企业在酒类商品上使用“香槟”字样。例如，国家工商行政管理局于 1989 年 10 月 26 日专门下达了“关于停止在酒类商品上使用香槟或 Champagne 字样的通知”的工商标字(1989)第 296 号文。该通知明文规定：我国是《巴黎公约》(1967)的成员国，有义务依该公约的规定保护原产地名称。我国企业单位和个体工商户以及在中国的外国企业(法国除外)不得在酒类商品上使用“Champagne”或“香槟”(包括大香槟、小香槟、女士香槟)字样。对现有商品上使用上述字样的，要限期使用，逾期不得再使用。这实际上是以单行规定的方式，对一个原产地名称给予特殊的明确的保护。就本案而言，青岛市工商局是基于旧商标法第 8 条第 2 款进行处理的。从本案的处理来看，由于当时的商标法对地理标志的保护的有关法律规定还比较模糊，缺乏可操作性，致使工商行政管理机关在处理有关原产地名称保护的问题时往往显得无“法”可依。虽然新商标法在第 10 条第 2 款仍保留了该款的规定，但同时也增加了一条作为第 16 条来专门规定对地理标志的保护。新商标法第16条第1款明确规定，商标中有商品的地理标志，而该商品并非来源于该标志所标示的地区，误导公众的，不予注册并禁止使用；但是，已经善意取得注册的继续有效。而且，在我国加入世界贸易组织后，我们必须严格遵守WTO的相关规则。

从这个案例我们要了解TRIPs对地理标志的保护的规定。根据TRIPs第一条的规定，TRIPs继承了《巴黎公约》(1967)的实体性规定，并在此基础上做了补充与扩展。因而，就地理标志保护方式的考察而言，我们除了依据TRIPs相应规则以外，还应该结合《巴黎公约》(1967)的有关规定。

第一，对假冒原产地名称的产品在进口时予以扣押。《巴黎公约》(1967)第十条规定，假标记：对带有假冒原产地和生产者标记的商品在进口时予以扣押。①上条规定适用于直接或间接使用假冒商品原产地、生产者、制造者或商人标记的商品。②凡生产、制造或销售此项商品的生产者、制造者或商人，无论为自然人或法人，其企业设在被冒称的原产地所标记的地方、地区或国家或在使用该假标记的国家者，均应视为有关当事人。

第二，对误导公众和不公平竞争的行为进行阻止。《知识产权协议》(TRIPs)第二十二条第2款规定，就地理标志的保护而言，成员方应该为利害关系方(interested parties)提供法律措施(legal means)以阻止：(a)在命名(designation)或描述(presentation)某种产品时使用任何方法以一种误导公众对商品的地理性原产地(geographical origin)的认识的方式，表明或暗示其所指的产品(the good in question)原产于(originates in)一个并非其真实原产地的地理区域。(b)对构成《巴黎公约》(1967)第十条(之二)中所规定的不公平竞争行为的任何利用。而根据《巴黎公约》(1967)第十条(之二)的规定，下列行为构成不公平竞争：凡在工商业活动中违反诚实经营的竞争行为即构成不公平竞争行为。特别是以下情况：(a)采用任何手段对竞争对手的企业、商品或工商业活动造成混乱的一切行为；(b)在商业经营中利用谎言损害竞争对手的企业、商品或工商业活动的信誉的行为；(c)在商业经营中使用会使公众对商品的性质、制造方法、特点、使用目的或数量发生混乱认识的表示或说法。

第三，对包含有未能表明商品真实原产地的地理标志的商标拒绝注册或使其注册失效。依据《知识产权协议》(TRIPs)第二十二条第3款的规定，若某种商品不产自于某个地理标志所指的地域，而其商标又包含了该地理标志或由其组成，如果该商品商标中的该标志具有在商品原产地方面误导公众的性质，则成员方在其法律许可的条件下或应利益方之请求应拒绝或注销该商标的注册。这是与我国新商标法第16条的规定精神相一致的。

第四,对地理标志进行特别保护。即使字面上真实但实际上却能产生误导效果的地理标志也同样被禁止。依据《知识产权协议》(TRIPs)第二十二条第4款的规定,有关该条第1、2、3款的保护措施的规定同样适用于尽管就商品来源的领土、区域或地方的表述达到了字面真实(literally true),但却向公众错误的表明该商品原产于另一领土的地理标志。

6.4.2 金华火腿案例

2003年上海市第二中级人民法院审结的原告浙江省食品有限公司与被告上海市泰康食品有限公司(以下称泰康公司)、被告浙江永康四路火腿一厂(以下称永康火腿厂)关于"金华火腿"商标侵权案。原告系"金华火腿"注册商标的专用权人。2003年7月,原告发现泰康公司正在销售的火腿使用了原告的注册商标"金华火腿",该火腿的生产单位是永康火腿厂,原告以被告侵犯了其注册商标专用权为由将被告告上法庭。永康火腿厂辩称:"金华火腿"是原产地域产品名称,被告经批准可以使用,且永康火腿厂产品外包装上注册商标为"真方宗"。被告使用该名称未侵犯原告的注册商标专用权。法院经审理认为:原告注册商标专用权保护范围的核心是"金华火腿",其专用权受法律保护。但是,原告无权禁止他人正当使用。"金华火腿"经国家质检总局批准实施原产地域产品保护,被告永康火腿厂获准使用"金华火腿"原产地域专用标志。因此,永康火腿厂上述行为属于正当使用。但是,被告永康火腿厂今后应当规范使用原产地域产品。原、被告之间均应相互尊重对方的知识产权,依法行使自己的权利。原告指控两被告侵犯其注册商标专用权的依据不足,法院不予支持。据此,法院判决对原告的诉讼请求不予支持。

地理标志是知识产权保护客体之一。地理标志与"产地"或巴黎公约所称的"来源地标记"(货源标记)——英文表述为"Indication of Source"的最大区别在于地理标志要求商品(货物)与其来源地之间存在着关联性。

我国目前对地理标志的保护采取了商标(可注册为集体商标、证明商标)保护和专门法保护的双重保护方式。而所谓的专门法保护模式主要体现在国家质量技术监督局制定的《原产地域产品保护规定》以及取代该规定的、目前实施的《地理标志产品保护规定》。

根据我国《关于解决商标与企业名称中若干问题的意见》第6条的规定,处理商标与企业名称的混淆,应当适用维护公平竞争和保护在先合法权利人利益的原则。实际上,这也是处理一切知识产权冲突的重要原则。同时,根据我国最高法院《关于审理涉及权利冲突的知识产权纠纷案件若干问题的指导意见(试行)》的草案讨论稿第二条的规定,审理涉及权利冲突的知识产权纠纷案件,人民法院应当依照诚实信用、保护在先权和公平竞争的原则正确界定当事人的合法权益。

本案中,"金华火腿"是金华这一特定地域的生产者,采用特定的当地原材料,经过特殊、严格的传统加工工艺而制作的火腿产品,而且在全国甚至世界范围内享有盛誉,完全符合地理标志的保护要求,因此,只要该地理标志的有权使用人正当使用该地理标志,而不是意图与"金华火腿"的商标权人相混淆,则此种正当使用方式就是符合"诚实信用"的民事法律原则的,因此,也是应予法律认可和保护的。也正是基于此原则,法院驳回了原告的诉请。

实际上,在法院判决以外,基于本案事实,还有很多问题值得讨论:

(1)我国两种保护模式并存的现实导致地理标志权利主体的错位

"金华火腿"的地理标志目前出现了两个权利人,一是商标权人(由于历史原因,此商标是普通商标,而不是证明或集体商标),二是地理标志产品权人。目前,二者并存显然已不可避免,但如果出现其他第三人在火腿产品上使用"金华火腿"字样,根据法律规定,上述两权利人均有权制止并要求赔偿,而对于侵权人而言,一个侵权行为被不同的权利人两次要求赔偿显然是不合理的,届时,如何解决此问题?值得商榷。

(2)地理标志权是自动产生,还是依审批授权产生

基于地理标志的定义,地理标志权要求所标示的产品(货物)与其来源地有特定关联性,即产品的特定质量、信誉或其他特征决定于其来源地的自然或人为因素。由上述可推知,地理标志权应是自然创设的权利,而非经审批人为创设的权利。但是,上述认识只是基于对地理标志自然属性的理解,而非对其法律属性的认识。对地理标志的保护,必然要求对"来源地"的准确范围、"特定的关联性"的内容、标准予以明确的界定,而且,与其他知识产权的私权属性略有不同的是,地理标志在肯定知识产权系私权的同时,更凸显其公共权利属性,即其不可能为某一单个成员专有,这一特性决定了行政权力或国家权力在地理标志保护上加以干预的要求。因此,可以说,地理标志权是在长期的发展、历史积淀从而确立其前述"关联性"、并为公众所认可的过程中形成的,但是,地理标志权的确立则应基于主管机关的审批授权。实际上,通过某种形式的确权也是地理标志国际保护的需要,因为,根据 TRIPs 的要求,地理标志在其原属国丧失保护是该地理标志被拒绝国际保护的条件之一。

(3)如何理解“保护在先权”原则

如前所述,“保护在先权”是解决权利冲突的基本原则之一。由于知识产权的产生一般有两种方式,一为经审批授权,如商标权、专利权、企业名称权等,一为非经审批授权而产出,如版权,知名商品特有名称、包装、装潢权等。根据国际共识,知识产权还可以分为创造性成果权和商业性标识权,前者如专利、版权,后者如商标权、企业名称权等。我们不能笼统地说:知识产权产生后,其就当然享有了对“在后知识产权”的对抗权。实际上,针对不同的知识产权,其享有所谓的“对抗权”的条件是不一样的。

对于一般的商业性标识权,如果其不经使用,或通过其他方式获得必要的“知名度”,其“财产权”的属性就是有限的,其权利人对该权利的行使也相应是有限的,他是不可能享有对“在后权”的抗辩权的。换言之,单纯的在先知识产权的存在,只有与“相当的知名度”相结合,才可能使在后的使用行为被视为“违反诚实信用原则”进而被制止。对于创造性成果权,由于其自身揭示或蕴涵的“智力成果”本身就具备完全的“财产性”,对该创造性的“智力成果”的保护,包括对所谓的“在后权”的抗辩应在该“智力成果”公开,并与社会成员共享的同时就已开始。所以说,“保护在先权”较之“诚实信用”原则而言是第二位的,其既可以视为一项独立的权利冲突的解决原则,也可以视为“在后权利人”是否违背“诚实信用”原则的一项考虑因素。

回到本案中,由于“金华火腿”四字代表“产于金华地区的高品质火腿”已成为公众的普遍认识,因此,金华火腿产区的生产者以如本案所述的方式在火腿产品上标识“金华火腿”四字丝毫不违背诚实信用原则,反而应被认为是对“金华火腿”的合理使用。因此,可以试想:如果“金华火腿”未登记为“原产地域产品保护标志”,承办法官也会以“金华”是“金华火腿”这一知名商品的特有名称为由,或者就直接引用《商标法实施条例》第四十九条规定(对注册商标权的限制)做出完全相同的判决。其根本理由很简单,被告对“金华火腿”的使用是“诚信”的,维护此种使用完全符合社会利益的最大化,恰当地体现了在先商标权人的利益与社会公众利益的平衡。

6.5 中国的地理标志产品目录

中国的地理标志产品目录见表 6-1。

表 6-1 《地理标志产品保护规定》实施以来批准的地理标志名录(截至 2010 年 12 月 31 日)

省份	初审机构	批准的产品名称	数量
北京	北京市质量技术监督局	平谷大桃、昌平苹果、房山磨盘柿、大兴西瓜、燕山板栗	5
天津	天津出入境检验检疫局		
	天津市质量技术监督局	七里海河蟹、茶淀玫瑰香葡萄、盘山磨盘柿	3
河北	河北出入境检验检疫局		
	河北省质量技术监督局	京东板栗、宣化牛奶葡萄、宁晋鸭梨、魏县鸭梨、容城绿芦笋	5
山西	山西出入境检验检疫局	永济芦笋	1
	山西省质量技术监督局	阳城蚕茧、广灵小米、太谷壶瓶枣、左权绵核桃、祁县酥梨、汾州核桃	6
内蒙古	内蒙古出入境检验检疫局	科尔沁肥牛肉	1
	内蒙古自治区质量技术监督局	巴林石、苏尼特羊肉	2
辽宁	辽宁出入境检验检疫局	丹东板栗、抚顺哈什蚂、清原马鹿茸、抚顺辽五味子	4
	辽宁省质量技术监督局	桓仁大米、桓仁冰酒、盘锦河蟹、黑山花生、傅家花生、喀左陈醋、桓仁山参、桓仁蛤蟆油、清原龙胆	9
吉林	吉林出入境检验检疫局		
	吉林省质量技术监督局	长白山红景天、长白山淫羊藿、白城燕麦、梅河大米、延边大米、扶余四粒红、白城绿豆、白城油葵、姜家店大米、集安板栗、大川平贝母、延边黄牛肉	12
黑龙江	黑龙江出入境检验检疫局		
	黑龙江省质量技术监督局	铁力平贝母、铁力北五味子、铁力“中国林蛙”油、五营黑木耳、五营红松籽、板子房西瓜、梅里斯洋葱、宝清大白板南瓜籽、挠力河毛葱、响水大米、孙吴大果沙棘、五营都柿果酒、玉泉酒、珍宝岛大米、中国北极蓝莓、讷河马铃薯	16
上海市	上海出入境检验检疫局		
	上海市质量技术监督局	崇明老白酒、崇明老毛蟹、练塘茭白	3
江苏	江苏出入境检验检疫局		
	江苏省质量技术监督局	河横大米、兴化香葱、南通长江河豚(养殖)、东海水晶、固城湖螃蟹、东海大米、射阳大米、邳州白蒜、盱眙龙虾	9

续表 6-1

省份	初审机构	批准的产品名称	数量
浙江	浙江出入境检验检疫局	常山山茶油、仙居鸡、龙游发糕、德清早园笋、海盐大头菜、开化杜仲茶、姚庄蘑菇、王店三园鸡	8
	宁波出入境检验检疫局		
	浙江省质量技术监督局	三门青蟹、宁波金柑、遂昌竹炭、瓯柑、严东关五加皮酒、丁香杨梅、松阳茶、温郁金、建德苞茶、天目山铁皮石斛、长兴吊瓜籽	11
安徽	安徽出入境检验检疫局		
	安徽省质量技术监督局	霍山黄芽、涡阳苔干、霍山石斛、迎驾贡酒、六安瓜片、八公山豆腐、霍邱柳编	7
福建	福建出入境检验检疫局	长汀河田鸡、东山鲍鱼	2
	厦门出入境检验检疫局		
	福建省质量技术监督局	永春芦柑、建莲、德化白瓷、永春佛手、永春篾香、福建乌龙茶、坦洋工夫红茶、柘荣太子参、政和白茶、永安莴苣、尤溪金柑、天宝香蕉、南日鲍、平潭水仙花、德化黑鸡、连城红心地瓜干、云霄枇杷、清流豆腐皮、永泰李干、闽笋干、明溪肉脯干、河龙贡米、龙岩咸酥花生、莆田枇杷、莆田桂圆、浦城薏米、福州脱胎漆器、尤溪绿竹笋、福鼎白茶、永安鸡爪椒、清流溪鱼、龙池砚	32
江西	江西出入境检验检疫局	瑶里嫩蕊、大余金边瑞香	2
	江西省质量技术监督局	商洲枳壳、寻乌蜜橘、金溪黄栀子、弋阳年糕、横峰葛、高安腐竹、崇仁麻鸡、军山湖大闸蟹、兴国灰鹅、婺源绿茶、余江夏天无、南康甜柚	12
山东	山东出入境检验检疫局		
	山东省质量技术监督局	无棣金丝小枣、日照绿茶、冠县鸭梨、茌平圆铃大枣、青州蜜桃、昌邑丝绸、潍县萝卜、安丘大姜、崂山绿茶、丁马甲鱼、威海海带、平邑金银花、苍山大蒜、马家沟芹菜、烟台大樱桃、泰山赤鳞鱼、无棣贝瓷、景芝神酿、大泽山葡萄、峄城石榴、鱼台大米、黄河口文蛤、陈集山药、烟台鲍鱼、新城细毛山药、烟台海参	26

续表 6-1

省份	初审机构	批准的产品名称	数量
河南	河南出入境检验检疫局	唐半夏、宁陵金顶谢花酥梨、唐栀子、宁陵白蜡杆、张弓酒、河阴石榴、西峡香菇	7
	河南省质量技术监督局	灵宝杜仲、济源冬凌草、卢氏鸡、桐桔梗、泌阳花菇、固始鸡、禹南星、中牟大白蒜、淮阳黄花菜、正阳花生、西峡猕猴桃、许昌腐竹、仰韶酒	13
湖北	湖北出入境检验检疫局	窑湾蜜橘、程河柳编、襄麦冬、洪湖大闸蟹、金丝桐油	5
	湖北省质量技术监督局	洪山菜薹、板桥党参、秭归脐橙、枝江酒、邓村绿茶、龙峰茶、郧阳乌鸡、蔡甸莲藕、恩施玉露、咸丰白术、罗田板栗、利川山药、襄阳大头菜、九资河茯苓、来凤凤头姜、来凤漆筷、黄州萝卜、罗田甜柿、丹江口翘嘴鲌、伍家台贡茶、涨渡湖黄颡鱼、景阳鸡、房县黑木耳	23
湖南	湖南出入境检验检疫局	湘阴藠头	1
	湖南省质量技术监督局	雪峰蜜橘、醴陵瓷器、黔阳冰糖橙、永丰辣酱、临武鸭、湘西猕猴桃、古丈毛尖、酒鬼酒、武冈卤豆腐、武冈卤铜鹅	10
广东	广东出入境检验检疫局	平远脐橙、徐闻良姜、湛江剑麻纤维、黄圃腊味	4
	深圳出入境检验检疫局	南山荔枝	1
	珠海出入境检验检疫局		
	广东省质量技术监督局	埔田竹笋、春砂仁、普宁蕉柑、陆河青梅、程村蚝、东陂腊味、合水粉葛、英石、新会柑、新会陈皮、梅州金柚、英德红茶、化橘红、龙门年橘、徐闻山羊、水东芥菜、星子红葱、清远乌鬃鹅、西牛麻竹叶、惠来荔枝、连南瑶山茶油、连州溪黄草、清新冰糖橘、郁南无核沙糖橘、罗定肉桂、新兴香荔、西牛麻竹笋、连南无核柠檬、张溪香芋、中山脆肉鲩、普宁青梅、金玉三捻橄榄、南雄板鸭、北乡马蹄、沿溪山白毛(尖)茶	35
海南	海南出入境检验检疫局	兴隆咖啡、和乐蟹	2
	海南省质量技术监督局	澄迈苦丁茶、琼中绿橙	2
广西	广西出入境检验检疫局	梧州腊肠、融水糯米柚	2
	广西壮族自治区质量技术监督局	阳朔金橘、天等指天椒、忻城金银花、玉林香蒜、梧州龟苓膏、广西肉桂、坭兴陶	7

续表 6-1

省份	初审机构	批准的产品名称	数量
重庆	重庆出入境检验检疫局		
	重庆市质量技术监督局	酉阳青蒿、南川方竹笋、合川桃片、奉节脐橙	4
四川	四川出入境检验检疫局		
	四川省质量技术监督局	双流冬草莓、郫县豆瓣、泸州酒、江油附子、南江山核桃、得荣树椒、涪城麦冬、金阳青花椒、金阳白魔芋、川芎、仪陇大山香米、温江大蒜、达县苎麻、会理石榴、朝天核桃、旺苍杜仲、新店七星椒、双流枇杷、都江堰猕猴桃、七佛贡茶、资中冬尖、南溪豆腐干、雅连、彭州大蒜、苍溪雪梨、雁江蜜柑、蒲江雀舌、国胜茶、中江丹参、川白芷、都江堰厚朴、龙安柚、米仓山茶、金口河乌天麻	34
贵州	贵州出入境检验检疫局	赤水金钗石斛、大方天麻	2
	贵州省质量技术监督局	凤冈富锌富硒茶、沙子空心李、德江天麻、顶坛花椒、连环砂仁	5
云南	云南出入境检验检疫局		
	云南省质量技术监督局	红河灯盏花、洱源梅子、程海螺旋藻、普洱茶	4
西藏	西藏出入境检验检疫局		
	西藏自治区质量技术监督局	藏毯	0.5
陕西	陕西出入境检验检疫局	安塞小米、汉中附子	2
	陕西省质量技术监督局	延安酸枣、洋县黑米、临潼石榴、延川红枣、周至猕猴桃、紫阳天然蓝黑板石、汉中仙毫、子洲黄芪、富平柿饼、临潼火晶柿子、府谷海红果、略阳乌鸡、略阳杜仲、清涧红枣、岚皋魔芋、黄龙核桃	16
甘肃	甘肃出入境检验检疫局	庆阳黄花菜、平凉金果	2
	甘肃省质量技术监督局	静宁苹果、龙神茶、花牛苹果、西和半夏、秦安蜜桃、文县纹党、临泽小枣、两当狼牙蜜、康县黑木耳、秦安花椒	10
青海	青海出入境检验检疫局		
	青海省质量技术监督局	藏毯	0.5
宁夏	宁夏出入境检验检疫局		
	宁夏回族自治区质量技术监督局	灵武长枣、香山压砂西瓜	2

续表 6-1

省份	初审机构	批准的产品名称	数量
新疆	新疆出入境检验检疫局		
	新疆维吾尔自治区质量技术监督局	伽师瓜、莎车巴旦姆、英吉沙色买提杏、木垒鹰嘴豆、阿克苏核桃、阿克苏红枣、哈密瓜	7
总计			377

思考题

1. 什么是地理标志产品？
2. 地理标志与原产地、商标之间的相同点和不同点有哪些？
3. 简述地理标志产品的审批原则。
4. 简述地理标志产品的特殊标志。
5. 试举案例说明国家对地理标志产品保护的一般原则。
6. 与地理标志产品保护有关的法律有哪些？
7. 地理标志产品的保护模式有哪些？

参考文献

[1] 刘成伟. 加强地理标志的商标保护. 知识产权，2002(2)：35-39.

[2] 李华，王照科. 地理标志与商标的本质区别. 世界农业，2006(1)：48-51.

[3] 杨志花，宋林. 对中国地理标志产品保护制度现状的研究. 世界农业，2005(12)：5-7.

[4] 钟一鸣. 我国地理标志保护制度的选择. 法制园地，2011(8)：37-38.

[5] 张文昊，陈宏海. 金华火腿：注册商标与地理标志争议引发的法律思考. 法制与经济，2011(6)：65-66.

[6] 百度文库 http://wenku.baidu.com/view/93e95a1ffad6195f312ba627.html.

[7] 法律法规类：《中华人民共和国商标法》、《中华人民共和国商标法实施条例》、《地理标志产品保护规定》、《原产地标记管理规定》、《农产品地理标志管理办法》、《集体商标、证明商标注册和管理办法》、《与贸易有关的知识产权协议》、《保护原产地名称及其国际注册里斯本协定》、《原产地域产品保护规定》、《反不正当竞争法》、《产品质量法》、《消费者权益保护法》、《关于发布地理标志保护产品装用标志比例图的公告》.

第7章　现代农业知识产权的利用

◈ **本章重点、难点**

知识产权的转移；知识产权的出资方式；知识产权的质押。

◆ **内容提要**

科技进步和创新是加快转变经济发展方式的重要支撑，促进知识产权的创造和运用已经成为未来国家知识产权制度发展的战略重点。本章就知识产权的利用及规范等知识产权制度进行了介绍。知识产权许可是知识产权利用最常见的方式，通过对知识产权人的权利保护可以充分提高知识产权的利用率。为最大限度地使知识产权为国家经济发展服务，知识产权人的专有使用权也要受到一定的限制。知识产权转移是知识产权利用的有效方式，转移的途径主要有知识产权的转让、继承转移、承受转移及赠与转移等。在知识产权利用的方式中，知识产权出资、知识产权质押是近些年广为采用的方式，相关的法律法规也在不断地规范和完善。

随着《国民经济和社会发展第十二个五年规划纲要》发布实施，我国迈入了全面建设小康社会的关键时期和深化改革开放、加快转变经济发展方式的攻坚时期。科技进步和创新是加快转变经济发展方式的重要支撑，知识产权的拥有量和质量以及知识产权的应用普及程度已经成为国民经济和社会发展综合指标体系的重要组成部分，“在构成企业甚至国际竞争力的各项综合因素中，科技竞争力和品牌竞争力（知识产权的数量与质量所表现出来的竞争力）占据核心的位置，可以称它们为‘核心竞争力’”。促进知识产权的创造和运用已经成为未来国家知识产权制度发展的战略重点。我国政府明确提出，要坚定不移地实施国家知识产权战略，提升知识产权的创造、应用、保护、管理能力，激发全社会创新活力。知识产权的利用及规范已经成为知识产权制度中的重要问题。《国家知识产权战略纲要》指出，在促进知识产权创造和运用的过程中，应该推动企业成为知识产权创造和运用的主体。

促进自主创新成果的知识产权化、商品化、产业化，引导企业采取知识产权转让、许可、质押等方式实现知识产权的市场价值。

7.1 知识产权许可

科学进步和知识创新本质上是智力劳动的成果，与普通劳动成果不同的是，智力劳动的成果并不直接地表现为实际的利益，而是需要和一定的物质载体相结合才能转化为现实的价值。虽然智力劳动成果具有这种无形性的特点，但并不影响智力成果劳动者对其拥有的权利。作为智力劳动成果，对于其研发者、创造者来说是一种权利，即知识产权，而一旦公开并投入使用，知识产权又变成一种资源。知识产权是由法律所赋予知识产权所有人的具有垄断性的排他权利，未经法律许可，知识产权所有人之外的任何人不得享有。知识产权权利人对其智力成果享有占有、使用、支配和处置的权利，可以自己使用，也可以允许他人使用。

7.1.1 知识产权许可的含义

知识产权的许可是指知识产权权利人通过订立许可使用合同的方式，许可他人使用其知识产权的法律行为。如专利权人或专利许可人通过专利使用许可合同，允许被许可人实施其专利，商标权人或商标许可人通过注册商标使用许可合同，允许被许可人使用注册商标。知识产权权利人和被许可人之间可以就许可使用的时间、地域或方式进行约定。作为被许可的权利，只能在许可约定的时间和区域内或按照约定的方式使用才具法律效果。

知识产权实施的结果为知识产品的产生，知识产品进入流通，可为其带来巨大的财富价值，如稿酬、专利转让费或使用费、商标转让费或使用费、因发现或发明而获得的报酬、奖金，这种附着于知识产权上使知识产权人依法获得一定财产利益的权利为财产权。同时，智力劳动成果的取得与特定的创造者有着紧密的人身依附性，视为知识产权的人身权内容。“许可是在不转让财产所有权的条件下让渡财产中的权利。”许可他人使用的权利是知识产权的财产权而非人身权。“几乎任何技术驱动型商业关系中最重要的基本因素之一是许可。许可使得富有价值的法律权利和技术能够从一方转移到另一方，以促进各自利益目标。”知识产权人可通过授予他人实施知识产权的许可实现知识产权的财产权益。

知识产品的社会性使知识产权许可具有了现实可能性。知识产品的社会性，一方面是指任何知识产品都是对前人的智力成果的继承、利用和发展，是人类精神文明的结晶，即源于“社会”；另一方面是指任何知识产品可以同时为多个主体所利用，既包括独占又包括许可他人使用，即知识产品的使用具有“社会性”；再者，法律给予知识产品的保护一般是有期限的，法定期限届满，知识产品即成为整个社会的共同财富，逐步演变为知识，此可谓知识产品归属上的社会性。知识产权运用的结果是知识产品产生，知识产品具有使用价值和价值，进入流通领域之后获得了商品的属性，知识产品具有公共物品的性质，在使用和消费上有非排他性。这意味着，一个人对知识产品的消费或者确切地说是使用，并不减少或排斥他人对该产品的使用。

知识产品具有可复制性，知识产权权利可以由几个主体分享。虽然知识产权的权能被不同的主体分享，但最终都不会影响知识产权人的所有权，这使知识产权许可具备了法律实施条件。知识产权是一种特殊的权利范畴，它根本不同于对物的所有权：“所有权原则上是永恒的，随着物的产生与毁灭而发生与终止；但是知识产权却有时间限制。一定对象的产权在每一瞬息时间内只能属于一个（或一定范围内的人——共有财产），使用知识产品的权利则不限人数，因为它可以无限地再生。”知识产权人通过知识产权的实施许可将自己享有的知识产权，在一定的期限内让渡给他人使用，并因此而获得相应的报酬。在知识产权人和被许可人之间转移的是知识产权的使用权而不是知识产权的所有权，即运用知识产权生产的智力成果。一旦许可的期限届满，有关的权利即回归知识产权人或其他权利人所有。

7.1.2 知识产权许可的种类

7.1.2.1 独占使用许可

独占使用许可，是指许可人在约定的期间、地域和已约定的方式，将该知识产权仅许可一个被许可人使用，许可人依约定不得使用该知识产权。

独占使用许可只有被许可人可以使用许可人的知识产权，其他人包括许可人本人均不得使用该知识产权。鉴于独占使用许可的特殊性，法律一般赋予独占被许可人一定程度的独立诉权，同时从保护竞争的角度出发，法律禁止独占使用许可人在缔结独占许可合同时滥用其优势地位，从而不合理地限制被许可人的正当权益。

7.1.2.2 排他使用许可

排他使用许可，该许可是指许可人在约定的期间、地域和已约定的方式，将该知识产权许可一个被许可人使用，被许可人依约定可以使用该知识产权但不得另行许可他人使用该知识产权；除了许可人本人，只有被许可人可以使用许可人的知识产权。其独占程度比普通使用许可高，比独占使用许可低。

排他使用许可的被许可人可以与许可人约定知识产权使用的地域范围、期限或方式，但其不得在已经许可使用知识产权的范围内，就同一知识产权与第三方订立知识产权使用许可合同。同时，许可方保留自己在该范围内使用该项知识产权的权利。所以，排他使用许可是许可方和被许可方分享知识产权使用权的合意。

7.1.2.3 普通使用许可

普通使用许可，是指许可人在约定的期间、地域和已约定的方式，许可他人使用其知识产权，并可自行使用该知识产权和许可他人使用其知识产权。

普通使用许可是最常见的知识产权许可方式。普通使用许可合同的许可方允许被许可方在双方约定范围内使用其知识产权，同时保留自己使用和允许任何第三方使用该范围内知识产权的权利。

经许可方的特别允许，被许可方在指定地域内有权将知识产权的使用权再转让给第三方，这种再转让许可属于普通实施许可。

7.1.3 知识产权许可的形式

知识产权是一种无形财产权，其许可的是知识产权的使用权。知识产权本质上是私权，知识产权人可以依法独占享有、支配、使用和处置，因而，合同形式对于知识产权人与被许可对象之间的权利义务的设定是一种最佳的方式。“实质上，许可就是有限期的租让使用。无论是专利技术许可、还是专有技术许可，让与人为了避免某一技术转让可能对其带来不必要的损害都会谨慎地选择一定类别的许可协议。”根据法律规定，知识产权人许可他人实施其独占享有的知识产权的法定形式，是与被许可人或单位签订许可合同。

7.1.3.1 合同的订立

订立知识产权许可合同是法定的知识产权许可方式，被授予知识产权许可的人应当按照法律规定和与知识产权人的合同约定享有权利，支付一定的使用费并不得侵犯知识产权人专有的权利。《专利法》规定，任何单位或者个人实施他人专利，应当与专利权人订立书面实施许可合同，向专利权人支付专利使用费。被许可人无权允许合同规定以外的任何单位或者个人实施该专利。《计算机软件保护条例》规定，许可他人行使软件著作权，应当订立许可使用合同。许可使用合同中软件著作权人未明确许可的权利，被许可人不得行使。许可他人专有行使软件著作权的，当事人应当订立书面合同。没有订立书面合同或者合同中未明确约定为专有许可的，被许可行使的权利应当视为非专有权利。《著作权法》规定，许可使用合同中，著作权人未明确许可的权利，未经著作权人同意，另一方当事人不得行使。使用作品的付酬标准可以由当事人约定，也可以按照国务院著作权行政管理部门会同有关部门制定的付酬标准支付报酬。当事人约定不明确的，按照国务院著作权行政管理部门会同有关部门制定的付酬标准支付报酬。出版者、表演者、录音录像制作者、广播电台、电视台等依照本法有关规定使用他人作品的，不得侵犯作者的署名权、修改权、保护作品完整权和获得报酬的权利。《商标法》规定，商标注册人可以通过签订商标使用许可合同，许可他人使用其注册商标。许可人应当监督被许可人使用其注册商标的商品质量。被许可人应当保证使用该注册商标的商品质量。

许可合同应当严格按照法律规定约定双方的权利义务，知识产权人应当承担由于许可使用知识产权给他人合法权益造成损害的风险，并承担相应的责任。知识产权许可人应当监督被许可人按照约定履行合同，必要时也可以就风险的分担与被许可人约定承担机制。《合同法》第 353 条规定："受让人按照约定实施专利、使用技术秘密侵害他人合法权益的，由让与人承担责任，但当事人另有约定的除外。"同时，"普通许可受让人通常要求让与人保证，在受让人开发可能与许可实施专利技术相关的新产品时，不采取指控其侵权的行动。"这意味着受让人将承担许可多人实施其专利技术时可能的利益损害风险。

7.1.3.2　备案

备案与合同生效无关，在合同生效之后才需要备案。备案也与合同效力无关，合同是否备案并不影响合同的效力。备案只是国家对知识产权许可行为的一种管理方式，主要目的是通过备案对知识产权许可行为进行监督。《专利法实施细则》第 15 条规定，专利权人与他人订立的专利合同，应当自合同生效之日起 3 个月内向国务院专利行政部门备案。《商标法》规定，许可他人使用其注册商标的，许可人应当自商标使用许可合同签订之日起 3 个月内将合同副本报送商标局备案。

知识产权许可合同备案对于知识产权保护具有重要意义：

(1)知识产权许可合同备案是制止知识产权侵权行为和确定赔偿的重要依据

《专利实施许可合同备案管理办法》规定，经过备案的专利实施许可合同的许可性质、范围、时间、许可使用费的数额等，可以作为人民法院、管理专利工作的部门进行调解或确定侵权纠纷赔偿数额时的参照。最高人民法院于 2001 年 6 月 19 日发布的《关于管理专利纠纷案件适用法律问题的若干规定》第 21 条规定：被侵权人的损失或者侵权人获得的利益难以确定，有专利许可使用费可以参照的，人民法院可以根据专利权的类别、侵权人侵权的性质和情节、专利许可使用费的数额、该专利许可的性质、范围、时间等因素，参照该专利许可使用费的 1～3 倍合理确定赔偿数额。这里并未规定专利实施许可合同是否必须是经过备案，才可以作为人民法院在计算损失赔偿款时的依据，而一般情况下仅强调合同合法有效即可。可见，法律对于备案是否影响许可合同权益的确定在实践中存在理解不一致的地方。

已经备案的专利实施许可合同的受让人有证据证明他人正在实施或者即将实施侵犯其专利权的行为，如不及时制止将会使其合法权益受到难以弥补的损害的，可以向人民法院提出诉前责令被申请人停止侵犯专利权行为的申请，也可以依法请求地方备案管理部门处理。《最高人民法院关于对诉前停止侵犯专利权行为适用法律问题的若干规定》要求申请人提出申请时，应当提交的证据中包括："利害关系人应当提供有关专利实施许可合同及其在国务院专利行政部门备案的证明材料，未经备案的应当提交专利权人的证明，或者证明其享有权利的其他证据。"

(2)知识产权许可合同备案是获得海关知识产权保护的重要保障

《专利实施许可合同备案管理办法》规定，国家知识产权局出具的专利实施许可合同备案证明是办理外汇、海关知识产权备案等相关手续的证明文件。

2003年12月修订的《知识产权海关保护条例》规定，海关对与进出口货物有关并受中华人民共和国法律、行政法规保护的商标专用权、著作权和与著作权有关的权利、专利权(以下统称知识产权)实施的保护。知识产权备案是知识产权权利人向海关寻求保护的前提条件。

知识产权权利人将其知识产权向海关总署申请备案的，应当提交申请书，申请书应当包括下列内容：

①知识产权权利人的名称或者姓名、注册地或者国籍等；

②知识产权的名称、内容及其相关信息；

③知识产权许可行使状况；

④知识产权权利人合法行使知识产权的货物的名称、产地、进出境地海关、进出口商、主要特征、价格等；

⑤已知的侵犯知识产权货物的制造商、进出口商、进出境地海关、主要特征、价格等。前款规定的申请书内容有证明文件的，知识产权权利人应当附送证明文件。

由此可见，知识产权许可行使状况将影响是否可以申请海关保护，同时其还需提供证明文件，即知识产权主管部门的备案证明。只有知识产权权利人可以申请知识产权海关保护备案。使用知识产权的被许可人不能以自己的名义申请知识产权备案，但是可以接受商标注册人、专利权人、著作权人和与著作权有关的权利人的委托，以其代理人的身份提出申请。

(3)知识产权许可合同是否备案将影响其对抗善意第三人的效力

产权的善意取得制是为了保护交易安全，使购买人在购买时不用考虑取得物被追回的风险，以降低交易成本。对抗善意第三人，是指甲方拥有的产权财产租借给乙方，而乙方却将财产卖给了第三方，而第三方并不知道产权属甲方。甲方发现并收回财产只能让乙方赔偿。《最高人民法院关于审理商标民事纠纷案件适用法律若干问题的解释》规定，商标使用许可合同未经备案的，不影响该许可合同的效力，但当事人另有约定的除外。商标使用许可合同未在商标局备案的，不得对抗善意第三人。

7.1.3.3 公告

公告使人们获得知识产权许可使用的信息，对知识产权许可使用的情况进行监督，同时知识产权许可合同备案情况的公告有利于权利人依法保护其权利。根据《专利法实施细则》第 89 条之规定，国务院专利行政部门在定期出版的专利公报中将公告专利实施许可合同的备案情况。

7.1.4 知识产权许可的限制

知识产权是一种私权性，具有排他性。据世界贸易组织制定的《知识产权协定》序言规定“知识产权为私权”，即知识产权本质上是一种私权，以私权名义强调知识财产私有的法律性质。知识产权归类于私权，在于它具备私权的一般确认标准：它是“关于私人利益方面的各种权利”(利益说)；是“关于平等主体相互之间的权利”(关系说)；是“私法上所确定的权利”(法律说)。知识产权人可以独占享有对智力成果的占有、使用、支配的权利。由于智力劳动成果的获得具有艰辛的特点，法律赋予智力成果创造者某种专有权，让其对该智力成果享有一定范围内的独占权。这样，就可用利益驱动机制刺激这种智力创造活动持续地开展，不断地促进技术进步，为经济发展提供动力。但是，知识产权又具有公共性，知识产权所有人的权利要受到公共利益或国家利益的使用限制，避免权利滥用形成知识垄断，影响竞争和社会发展。

任何一种智力劳动成果，都建立在对人类以往已知知识、经验和技术的继承上，同时在智力劳动成果的使用过程中，又可能延伸出对其新的创造或发展，智力成果归根结底是全人类的共同财富。知识产权保护的最终目的不仅仅是激发智力劳动成果的创造者创造和革新的动力，更重要的是要有助于全人类和全社会的发展。法律保护的作用在于激发和促进新成果的产生和使智力成果被广泛使用；如果过分强调知识产权的保护会阻碍智力成果的广泛传播和使用，因此需要对知识产权作一定限制，由此可见，“知识产权是一种极具垄断性的私权，也是一种蕴含限制性的私权。知识产权虽然为垄断性权利，但要受到权能方面的限制，如著作权中的合理使用、专利权中的临时过境使用、商标权中的先用权人的使用等”。对于知识产权的限制包括对财产权的时间、空间的限制以及对知识产权权利效力的限制。对知识产权效力的限制是指为了国家或公共利益，行使了法律规定通常属于权利人才能行使的权利，这种行为不是侵权行为，如我国著作权法中的合理使用、强制许可和法定许可制度，专利法中的强制许可制度。

7.1.4.1 合理使用

合理使用是知识产权保护中的一项重要的制度，是指根据知识产权法律的规定，以一定方式使用知识产权可以不经知识产权人的同意，也不向其支付报酬，但在特定情境下应当指明知识产权人姓名或作品名称，并不得侵犯原权利人依法享有的其他权利。

在一般情况下，未经知识产权人许可而使用其知识产权的，就构成侵权，但为了保护公共利益，对一些对知识产权危害不大的行为，不视为侵权行为。这些行为在理论上被称为“合理使用”。

(1)为科学研究或实验使用有关知识产权

利用知识产权进行科学研究、教育教学，可以不经许可，并不向其支付报酬。

我国著作权法第22条规定了12种合理使用的方式，如为个人学习、研究或者欣赏，使用他人已经发表的作品，为介绍、评论某一作品或者说明某一问题，在作品中适当引用他人已经发表的作品的可以不经著作权人许可，不向其支付报酬，但应当指明作者姓名、作品名称，并且不得侵犯著作权人依照本法享有的其他权利。

如《集成电路布图设计保护条例》第二十三条规定，为个人目的或者单纯为评价、分析、研究、教学等目的而复制受保护的布图设计的，可以不经布图设计权利人许可，不向其支付报酬。《植物新品种许可》规定，在下列情况下使用授权品种的，可以不经品种权人许可，不向其支付使用费，但是不得侵犯品种权人依照本条例享有的其他权利：

①利用授权品种进行育种及其他科研活动。

②农民自繁自用授权品种的繁殖材料。

(2)经权利人投放市场或经过许可投放市场后他人再次商业利用的

如《集成电路布图设计保护条例》第23条规定，对自己独立创作的与他人相同的布图设计进行复制或者将其投入商业利用的，可以不经布图设计权利人许可，不向其支付报酬。受保护的布图设计、含有该布图设计的集成电路或者含有该集成电路的物品，由布图设计权利人或者经其许可投放市场后，他人再次商业利用的，可以不经布图设计权利人许可，并不向其支付报酬。

《专利法》规定，专利产品或者依照专利方法直接获得的产品，由专利权人或者经其许可的单位、个人售出后，使用、许诺销售、销售、进口该产品的，不视为侵犯专利权。

(3)以原知识产权为基础得出新的研究成果的

《集成电路布图设计保护条例》第 23 条规定,在依据前项评价、分析受保护的布图设计的基础上,创作出具有独创性的布图设计的,可以不经布图设计权利人许可,不向其支付报酬。

(4)临时过境使用

《专利法》外国交通工具临时过境,为运输工具本身需要使用有关专利的,按所属国与我国签订的协议或共同参加的国际条约,或依照互惠原则而不属侵权。

(5)先用权人的使用

先用权,是指某项发明创造在专利人提出专利申请前,如果另一发明人已经在制造相同产品或使用相同方法,或已经作好制造、使用的必要准备的,法律允许其不受专利权人专用权的限制,仍有权在原有的范围内继续制造或使用该发明创造。先用权适用的前提是两个以上发明人或单位分别独立地完成相同的发明,其中一人取得了专利权,其他人因未申请或晚申请没有获得专利权的情形。《专利法》规定根据先用权人可以在原范围制造他人的专利产品或使用他人的专利方法。专利法中对先用权的保护同样适用于其他知识产权。如《集成电路布图设计保护条例》第 23 条规定,对自己独立创作的与他人相同的布图设计进行复制或者将其投入商业利用的,可以不经布图设计权利人许可,不向其支付报酬。

7.1.4.2 法定许可

(1)法定许可概说

法定许可,是指按照法律的规定,可以不经作者或其他著作权人同意而使用其已发表的作品,是对著作权的一种限制。法定许可制度是在知识产权人以外的人可以在法律规定的情形下非为盈利目的自由利用作品,但必须支付法定费用的制度。根据法定许可而使用他人作品时,应当按照规定,向作者或其他著作权人支付报酬,并应当注明作者姓名、作品名称和出处,并不得侵犯权利所有人依法享有的其他权利。法定许可的成立情形和费用确定由法律直接规定,无需其他法律程序。法定许可立法主旨在于规范知识产权的行使行为,防止依法取得的知识产权被不正当的使用,维护市场公平交易的竞争秩序,以免权利被滥用,导致恶意的垄断。

在知识经济下,知识产权的利用不仅仅可以为知识产权人带来经济效益,更重要的是促进整个社会知识的进步和经济的发展。知识产权的排他性在公共利益或国家利益前应该受到限制,否则,将阻碍知识的运用和创新。法定许可通过创设法定交易条件弱化了知识产权的排他性,使知识产权的利用无须与知识产权人协商。

但知识产权是一种私权，即使在公共利益或国家利益下对知识产权做出限制，也是不能影响知识产权人的财产权益，在知识产权人为公共利益或国家利益前让渡自己的部分权益的情况下，应最大限度保护其财产权益。因而，使用者应该给予知识产权人一定的报酬，并允许二者之间进行一定的协商，使用者的使用不得侵犯权利所有人依法享有的其他权利。

(2)法定许可的情形

法定许可有以下几种情形：

①为实施九年制义务教育和国家教育规划而编写出版教科书，除作者事先声明不许使用的外，可以不经著作权人许可。在教科书中汇编已经发表的作品片段或者短小的文字作品、音乐作品或者单幅的美术作品、摄影作品，但应当按照规定支付报酬，指明作者姓名、作品名称，并且不得侵犯著作权人依照著作权法享有的其他权利。

②作品在报刊刊登后，除著作权人声明不得转载、摘编的外，其他报刊可以转载或者作为文摘、资料刊登。

③录音制作者使用他人已经合法录制为录音制品的音乐作品制作录音制品，可以不经著作权人许可，但应当按照规定支付报酬；著作权人声明不许使用的不得使用。

④广播电台、电视台播放他人已发表的作品。

⑤广播电台、电视台播放已经出版的录音制品，可以不经著作权人许可，但应当支付报酬。当事人另有约定的除外。

(3)法定许可的实施

法定许可的实施由法律明确规定，由国务院知识产权主管行政部门决定法定许可实施的范围，实施法定许可的使用人应按照法律规定的比例支付报酬给知识产权人。

法定许可使用作品必须具备以下条件：

第一，许可使用的作品必须是已经发表的作品；

第二，使用作品应当向著作权人支付报酬；

第三，著作权人未发表不得使用的声明；

第四，不得损害被使用作品和著作权人的权利。

《著作权法》规定，作品在报刊刊登后，除著作权人声明不得转载、摘编的外，其他报刊可以转载或者作为文摘、资料刊登。录音制作者使用他人已经合法录制为录音制品的音乐作品制作录音制品，可以不经著作权人许可，但应当按照规定支付报酬；著作权人声明不许使用的不得使用。广播电台、电视台播放已经出版的录音制品，可以不经著作权人许可，但应当支付报酬。当事人另有约定的除外。

7.1.4.3 强制许可

(1)强制许可概说

强制许可，是指国务院知识产权主管行政部门依照有关法律规定，不经知识产权人同意，直接允许其他单位或个人实施其发明创造的一种许可方式，又称非自愿许可。强制许可的前提在于为了国家利益或公共利益的需要，对知识产权人的权利做一定的限制。在此种情况下，意欲使用知识产权的人往往会与知识产权人协商，协商不能的情况下，向国务院知识产权主管行政部门提出申请，由其依据法律规定做出实施知识产权的强制许可。

智力劳动成果是人类共有的精神文明财富，知识产权保护的目的是激发人们研究、创造、发明和生产智力劳动成果的积极性，以此促进社会的进步。知识产权具有专有性，知识产权人对其知识产权具有独占权，非经知识产权人许可，任何人不得使用其知识产权。知识产权的独占使用可能会在实践中造成垄断，当这种垄断危及到国家或公共利益的时候，知识产权的保护就可能失去其价值和意义，因而知识产权的独占使用应受到法律的限制，在必要情形下，为国家利益或公共利益需要，对知识产权的使用实施国家强制许可。

法定许可与强制许可虽同属非自愿许可，但二者仍然存在差别。在强制许可中，使用者只有在无法实现许可或知识产权人拒绝许可时，才能依照法定程序申请许可。法定许可则是使用者在法律规定的特殊情势下，直接通过支付法定费率的方式使用作品，知识产权人仅享有法定报酬请求权。许多国家将强制许可与法定许可视为一种制度的两种类型，即"司法性强制许可"与"法令性强制许可"。称强制许可为司法性强制许可的原因，是因为使用者仍须先与著作权人协商，只有在商议无果时才能请求主管机关的介入；称法定许可为法令性强制许可的原因，是因为其成立要件与费率由法令直接规定，而无须其他司法程序。

(2)强制许可的常见情形

①防止知识产权滥用的强制许可。

知识产权人不实施知识产权，保护期期限届满，怠于行使权利。现实需求实施知识产权的，可以由主管行政部门给予强制许可。如《专利法》规定专利权人自专利权被授予之日起满三年，且自提出专利申请之日起满四年，无正当理由未实施或者未充分实施其专利的，国务院专利行政部门根据具备实施条件的单位或者个人的申请，可以给予实施发明专利或者实用新型专利的强制许可。

知识产权人自己不实施，又不允许他人以合理条件实施的，或者不充分实施，可给予强制许可。《中华人民共和国植物新品种保护条例实施细则(农业部分)》规定，品种权人无正当理由自己不实施，又不许可他人以合理条件实施的；对重要农作物品种，品种权人虽已实施，但明显不能满足国内市场需求，又不许可他人以合理条件实施的，农业部可以做出实施品种权的强制许可决定。

知识产权人滥用知识主导地位导致市场垄断，影响市场正常竞争秩序的，给予强制许可。《专利法》规定，专利权人行使专利权的行为被依法认定为垄断行为，为消除或者减少该行为对竞争产生的不利影响的，国务院专利行政部门根据具备实施条件的单位或者个人的申请，可以给予实施发明专利或者实用新型专利的强制许可。

②为紧急状态、非常情况或公共利益时限制知识产权的强制许可。

《中华人民共和国专利法》规定，在国家出现紧急状态或者非常情况时，或者为了公共利益的目的，国务院专利行政部门可以给予实施发明专利或者实用新型专利的强制许可。为了公共健康目的，对取得专利权的药品，国务院专利行政部门可以给予制造并将其出口到符合中华人民共和国参加的有关国际条约规定的国家或者地区的强制许可。

《集成电路布图设计保护条例》规定，在国家出现紧急状态或者非常情况时，或者为了公共利益的目的，或者经人民法院、不正当竞争行为监督检查部门依法认定布图设计权利人有不正当竞争行为而需要给予补救时，国务院知识产权行政部门可以给予使用其布图设计的非自愿许可。

《植物新品种保护条例》第 11 条规定，为了国家利益或者公共利益，审批机关可以做出实施植物新品种强制许可的决定，并予以登记和公告。取得实施强制许可的单位或者个人应当付给品种权人合理的使用费，其数额由双方商定；双方不能达成协议的，由审批机关裁决。

③从属知识产权的强制许可。

从属知识产权，是指实施在后的知识产权，必须同时实施某项在前的技术；或者实施在前的知识产权，必须同时实施在后的技术。如果知识产权人之间能够达成许可协议，自然不存在强制许可的问题。因此，这种情形是指知识产权人之间不能够达成许可协议时，在后的知识产权人可以请求有关知识产权管理行政部门发放强制许可。《专利法》规定，一项取得专利权的发明或者实用新型比前已经取得专利权的发明或者实用新型具有显著经济意义的重大技术进步，其实施又有赖于前一发明或者实用新型的实施的，国务院专利行政部门根据后一专利权人的申请，可以给予实施前一发明或者实用新型的强制许可。在依照前款规定给予实施强制许可的情形下，国务院专利行政部门根据前一专利权人的申请，也可以给予实施后一发明或者实用新型的强制许可。

(3)强制许可的实施

在特定条件下,通过他人申请,由知识产权主管行政部门通过通知、登记、公告或者其他程序对智力成果劳动者已经享有的知识产权允许他人进行非专有性使用。

通过向主管机关申请获得的知识产权强制许可是理论和实践中采用的最为普遍的一种知识产权强制许可制度。但无论是通过哪一种方式获得知识产权强制许可,使用人都需要向知识产权人支付报酬,换句话讲,知识产权许可是在尊重知识产权人精神权利基础上的一种知识产权有偿许可方式而不是对知识产权人权利的无偿剥夺。国务院知识产权主管行政部门做出的实施强制许可的决定,应当及时通知专利权人,并予以登记和公告。如《专利法》规定,取得实施强制许可的单位或者个人应当付给知识产权人合理的使用费,或者依照中华人民共和国参加的有关国际条约的规定处理使用费问题。付给使用费的,其数额由双方协商;双方不能达成协议的,由国务院知识产权行政部门裁决。《植物新品种保护条例》第 11 条规定,取得实施强制许可的单位或者个人应当付给品种权人合理的使用费,其数额由双方商定;双方不能达成协议的,由审批机关裁决。品种权人对强制许可决定或者强制许可使用费的裁决不服的,可以自收到通知之日起 3 个月内向人民法院提起诉讼。

强制许可是对知识产权人权利的限制,国务院知识产权主管行政部门做出实施强制许可的决定应受法律制约,取得实施强制许可的单位或个人实施知识产权也不能影响知识产权人的合法权益。如《专利法》规定,给予实施强制许可的决定,应当根据强制许可的理由规定实施的范围和时间。强制许可的理由消除并不再发生时,国务院专利行政部门应当根据专利权人的请求,经审查后作出终止实施强制许可的决定。取得实施强制许可的单位或者个人不享有独占的实施权,并且无权允许他人实施。

对于国务院知识产权主管行政部门做出的实施强制许可的决定不服的,知识产权人可以依法救济。如专利权人对国务院专利行政部门关于实施强制许可的决定不服的,可以自收到通知之日起 3 个月内向人民法院起诉。《植物新品种保护条例》第 11 条规定,品种权人对强制许可决定裁决不服的,可以自收到通知之日起 3 个月内向人民法院提起诉讼。

7.2 知识产权转移

国际经济合作组织《以知识为基础的经济》指出:"在知识经济中,科学系统不仅要权衡其生产知识(研究)和传播知识(教育和培训)的功能,而且要加上第三个需要权衡的功能,即将知识转移至经济部门和社会其他部门,尤其是企业中。"这就说明,同知识的生产、知识的传播一样,知识的转移也是支撑知识创新运行的重要内容。我国对知识产权转移十分重视,"十二五"期间要进一步加强全国知识产权系统知识产权转移转化体系的建设。

7.2.1 知识产权转移的含义

知识产权转移,是指知识产权出让主体与知识产权受让主体,根据与知识产权转让有关的法律法规和双方签订的转让合同,或根据知识产权主体变更的法规将知识产权权利享有者由出让方转移给受让方的法律行为。知识产权转移的结果,是知识资本从一个知识主体向另一个知识主体移动。"在这种移动过程中,知识主体的知识能力得以增强,知识资本总量得以扩大,知识资产的质量得以改进,从而使得知识管理的目标得以完成。"通过知识产权的转移,知识产权提供方与接收方都可以获得不同的期望值,达到各自的目标。

长期以来,在智力成果的研发、生产和使用过程中,存在着突出矛盾,即智力成果研发主体和市场主体分离,智力成果的创造和应用脱节。在我国,知识产权的研发主体,特别是科学技术的研发主体,主要为高等院校、科研院所以及科技企业。他们拥有较高的理论水平和研发水平,但是研发出来的智力成果不能及时地投入市场,使其转化为现实的生产力,导致知识产权"虚置",已研制成功的智力劳动成果因为没有及时市场化、产品化,成了摆设而被束之高阁,人们形象地称之为"展品、礼品、样品"。智力劳动成果不能及时市场化实现使用价值和价值,就不能给研发机构带来现实利益,甚至不能解决起码的基础科研经费,一定程度上打击了研发人员创新的积极性。为了减少这种浪费,同时防止知识产权被人侵犯,一些科研机构尝试研发、生产、销售一体化,即一边自己开发新技术、新产品,一边自己生产、销售这些产品。由于研究机构本身并不是市场主体,不擅长生产销售,对于市场的研究削弱并影响了研究机构的科研创新能力,同时使其也面临更多的市场风险。另一方面,作为市场主体的企业,急需新技术、新科研来提高自主产品的市场竞争力,提高知识产权运用能力和产品竞争能力,日新月异的知识创新和匮乏的科研资源使企业难以跟进产品的更新。在竞争者威胁、产品生命周期缩短、技术变迁迅速等严峻的挑战之下,企业在高度竞争的环境和有限资源的限制下,如何利用较少的资源去达成更多的目标,分担越来越高的经营风险,成为企业经营者的重要关注议题。研发主体和市场主体的隔阂阻碍了知识产权发展战略的正确实施。

知识产权利用与扩散是知识产权法律制度中的一项重要内容。知识和技术若长期被少数人垄断就会影响社会技术进步。知识产权制度应在保护创新者利益和提高社会效益之间选择平衡点,在合理保护产权所有人利益的基础上,促进技术扩散,合理利用和优化配置技术资源,促进科技成果向现实生产力转化。2011 年 11 月 8 日获得通过的《国家知识产权战略纲要》指出,未来我国知识产权保护的重要战略措施之一就是鼓励知识产权转化运用,尤其是引导支持创新要素向企业集聚,促进高等学校、科研院所的创新成果向企业转移,推动企业知识产权的应用和产业化,缩短产业化周期。推动企业成为知识产权创造的主体,充分发挥高等院校、科研院所在知识产权创造中的重要作用,鼓励群众性发明创造,鼓励和支持市场主体依法运用知识产权,促进各种创新和发明成果加快转化为现实生产力,造福社会,造福人民。深入开展各类知识产权试点、示范工作,全面提升知识产权运用能力和应对知识产权竞争的能力。深化科技体制改革,完善科技创新体制机制。加快建立以企业为主体、市场为导向、产学研相结合的技术创新体系。增强科研院所和高校创新动力,鼓励大型企业加大研发投入,激发中小企业创新活力,发挥企业家和科技领军人才在科技创新中的重要作用。实施知识产权战略,完善知识产权法律制度,加强知识产权创造、运用、保护和管理。

7.2.2 知识产权转移的途径

知识产权的获取分为原始取得和继受取得。原始取得是指财产所有权第一次产生或者不依靠原所有人的权利而取得所有权,即直接取得某项财产的所有权,而不是以他人的所有权为前提或依据。继受取得是指新的所有人通过某种法律行为或法律事件从原所有人那里取得财产所有权。知识产权的继受取得,往往是不完全的取得或有限制取得,从而产生数个主体对同一知识产品分享利益的情形。继受取得一般都只取得知识产权中的财产权,即使用权或获得报酬的权利。知识产权的继受取得将会产生知识产权主体的变更,即一些非知识产权所有人因此而继受取得知识产权所有权,最终导致知识产权转移。知识产权转移的途径主要有以下几种方式:知识产权的转让,继承、承受与赠与。

7.2.2.1 知识产权的转让

从财产权的角度看,知识产权是一种可转让的无形财产权。无形资产是指不具有物质实体,但必须与一定的物质实体结合,它的存在和使用能够对生产经营发挥较长期作用并带来连续经济效益的资产。一般认为,除了著作权具有人事权和财产权双重性质以外,知识产权主要是一种财产权,并且其可以依法评估作价,因此可以转让。

知识产权转让，是指知识产权出让主体与知识产权受让主体，根据与知识产权转让有关的法律法规和双方签订的转让合同，将知识产权权利享有者由出让方转移给受让方的法律行为。知识产权的转让让渡了知识产权权利的全部，原始主体资格丧失，继受主体产生。

知识产权的转让，是知识产权所有权的转让。知识产权转让后，原知识产权人失去了专有权，而受让人就成为新的知识产权所有人，知识产权主体发生变更。知识产权转让与知识产权许可不同的是，知识产权许可让渡的是知识产权的使用权，知识产权仍归知识产权人所有，知识产权的主体并没有发生变化。

有关知识产权转让法律上有如下规定：

(1)转让对象是知识产权的申请权或专有权

《专利法》第10条规定："专利申请权和专利权可以转让。中国单位或个人向外国人转让专利申请权或专利权，必须经国务院有关主管部门批准。转让专利申请权或专利权，当事人应当订立书面合同，并向国务院专利行政部门登记，由国务院专利行政部门予以公告。专利申请权或专利权的转让登记自登记之日起生效。"《中华人民共和国植物新品种保护条例》第10条规定："植物新品种的申请权和品种权可以依法转让。"中国的单位或者个人就其在国内培育的植物新品种向外国人转让申请权或者品种权的，应当经审批机关批准。国有单位在国内转让申请权或者品种权的，应当按照国家有关规定报经有关行政主管部门批准。转让申请权或者品种权的，当事人应当订立书面合同，并向审批机关登记，由审批机关予以公告。

(2)以书面合同方式实现知识产权的转让

知识产权转让行为涉及知识产权专有权的归属，对双方当事人而言，是获取或丧失知识产权专有权的客观凭证。知识产权的私权性决定，作为民事主体，知识产权人可以依据调整私法领域内事项的有关法律规范和形式来转让知识产权并约定双方权利义务，合同是调整民事关系的最常见的一种形式，也是知识产权主管部门规范知识产权转让的法定形式。

如《集成电路布图设计保护条例》第22条规定，转让布图设计专有权的，当事人应当订立书面合同，并向国务院知识产权行政部门登记，由国务院知识产权行政部门予以公告。《专利法》规定，转让专利申请权或者专利权的，当事人应当订立书面合同，并向国务院专利行政部门登记，由国务院专利行政部门予以公告。《植物新品种保护条例》第10条规定，转让申请权或者品种权的，当事人应当订立书面合同，并向审批机关登记，由审批机关予以公告。国有单位在国内转让申请权或者品种权的，应当按照国家有关规定报经有关行政主管部门批准。转让申请权或者品种权的，当事人应当订立书面合同，并向审批机关登记，由审批机关予以公告。

(3)知识产权转让的限制

①知识产权权能部分转让或整体转让的法律限制。

专利权的转让原则，不能够将一项权利中的几项权利分别转让给不同的人，也不能把知识产权中的几项权能分开转让给不同的人，而只能一并转让给同一个人。

商标注册人既可以连同其营业转让商标，也可以将注册商标与营业分开转让。我国《商标法》采纳该模式。转让注册商标的，转让人和受让人应当向商标局提交转让注册商标申请书。转让注册商标申请手续由受让人办理。商标局核准转让注册商标申请后，发给受让人相应证明，并予以公告。转让注册商标的，商标注册人对其在同一种或者类似商品上注册的相同或者近似的商标，应当一并转让；未一并转让的，由商标局通知其限期改正；期满不改正的，视为放弃转让该注册商标的申请，商标局应当书面通知申请人。

著作权的转让，是指著作权人将其著作财产权中的一项或几项或全部转让给受让人，从而使受让人成为该项作品或全部著作财产权新的权利人的法律行为。人身权与作者的人格利益紧密相连，具有永久性，不可剥夺性，因此不能分割或转让。著作权人可将其作品使用权一部分或全部在法定有效期内，有限期或无限期地转移给他人而获取一定利益。著作权包含复制权、出租权、上演权、播放权、演绎权等，每一权能都可以由相同主体或不同主体利用。著作权的原始主体和继受主体可能对同一作品各自分享利益。

②知识产权转让应不影响被许可人使用权利的法律限制。

知识产权转让应当符合法律关于知识产权转让的规定。如转让人如果已将该知识产权许可他人使用，办理转让以前，须征得被许可人的同意，按照使用许可合同的规定，处理好善后事宜，不得因用知识产权转让而损害被许可人的利益。

③知识产权人应保证知识产权权利无瑕疵的法律限制。

我国《商标法》和《专利法》规定，知识产权转让人必须承诺其转让的知识产权权利不足以产生误认、混淆或者其他不良影响。大多数国家的商标法均规定，在商标注册人将其注册商标与营业分开转让时，受让人应当保证使用该注册商标的商品质量。

(4)知识产权转让必须履行法定手续

知识产权的转让合同必须经国家知识产权主管行政部门登记或公告才能生效。未经国家主管行政部门登记或公告的知识产权转让合同是无效的，不具有法律约束力。实质上不产生知识产权转移的法律效果。

登记生效。如《计算机软件著作权登记办法》第 21 条规定，订立转让软件著作权合同，可以向国务院著作权行政管理部门认定的软件登记机构登记。《集成电路布图设计保护条例》第22条规定，转让布图设计专有权的，当事人应当订立书面合同，并向国务院知识产权行政部门登记，由国务院知识产权行政部门予以公告。布图设计专有权的转让自登记之日起生效。《中华人民共和国植物新品种保护条例实施细则（林业部分）》第8条规定，转让品种权申请权或者品种权的，当事人应当订立书面合同，向国家林业局登记，并由国家林业局公告，转让申请权或者品种权的，自登记之日起生效。专利转移中，转让专利申请权或者专利权的，当事人应当订立书面合同，并向国务院专利行政部门登记，由国务院专利行政部门予以公告。专利申请权或者专利权的转让自登记之日起生效。

公告生效。《商标法》规定，转让注册商标经核准后，予以公告。受让人自公告之日起享有商标专用权。《中华人民共和国植物新品种保护条例实施细则（农业部分）》第11条规定，转让申请权或者品种权的，当事人应当订立书面合同，向农业部登记，由农业部予以公告，并自公告之日起生效。

另外，根据我国法律规定，中国单位或个人向外国人转让知识产权，必须经国务院有关主管行政部门批准。《专利法》第10条规定，专利申请权和专利权可以转让。中国单位或者个人向外国人转让专利申请权或者专利权的，必须经国务院有关主管部门批准。《集成电路布图设计保护条例实施细则》规定，中国单位或者个人向外国人转让布图设计专有权的，在向国家知识产权局办理转让登记时应当提交国务院有关主管部门允许其转让的证明文件。《植物新品种保护条例实施细则（林业部分）》第8条规定，中国的单位或者个人就其在国内培育的植物新品种向外国人转让申请权或者品种权的，应当由国家林业局批准。国有单位在国内转让植物新品种申请权或者品种权的，由其上级行政主管部门批准。

7.2.2.2 继承转移

《继承法》规定，作为公民死亡时遗留的个人合法财产，公民的著作权、专利权中的财产权利由遗产继承人依法继承。知识产权中涉及财产权利的可以继承，涉及人身性质的权利不可以继承，如署名权等。对于财产权利的继承，还须得受到法律时效的约束。

继承著作权，是继承人在著作权保护期间内，即作者生前及死亡后50年之内，可以继承被继承人的作品使用权、发表、复制、发行作品等权利和获得稿酬权。著作权具有专有性，其人身权利依附于特定的人身，发表权、署名权、修改权与保护作品完整权，只能归著作权人所有，不能列入遗产，不能继承，作者死亡后，其著作权中的人身权由作者的继承人或者受遗赠人保护；著作权无人继承又无人受遗赠的，其署名权、修改权和保护作品完整权由著作权行政管理部门保护。著作权中的财产权利，如作品的稿酬，出版、改编、上演作品所得报酬等，则可列入遗产发生继承。

《著作权法》第 19 条规定，著作权属于公民的，公民死亡后，其本法第 10 条第一款第（五）项至第（十七）项规定的权利在本法规定的保护期内，依照继承法的规定转移。作者生前未发表的作品，如果作者未明确表示不发表，作者死亡后 50 年内，其发表权可由继承人或者受遗赠人行使。没有继承人又无人受遗赠的，由作品原件的所有人行使。

专利权继承是继承专利中的财产权利部分，如许可他人使用专利权、收取专利使用费的权利等。专利权中人身权利部分如专利署名权，则不在继承范围内。专利权继承人到专利局办理专利继承登记后，专利权人的署名权不因专利权继承而发生变化。继承人在专利权的保护期间内继承专利权，发明专利权的期限为 20 年，实用新型专利权和外观设计专利权的期限为 10 年，均自申请日起计算。

除此之外，《集成电路布图设计保护条例》也规定，布图设计专有权属于自然人的，该自然人死亡后，其专有权在本条例规定的保护期内依照继承法的规定转移。

7.2.2.3 承受转移

如果知识产权的所有人为法人或其他组织的，当法人或其他组织依法变更或终止的，将导致原有知识产权主体的变更或消灭。知识产权中的财产权利不属于公民个人，不能作为遗产被继承，只能够按照法律规定由承继其权利、义务的法人或其他组织继受享有，如无承继其权利、义务的主体的，该知识产权进入公有领域。

《著作权法》规定著作权属于法人或者其他组织的，法人或者其他组织变更、终止后，附着于著作权上的财产权利在规定的保护期内，由承受其权利义务的法人或者其他组织享有；没有承受其权利义务的法人或者其他组织的，由国家享有。《集成电路布图设计保护条例实施细则》规定布图设计专有权属于法人或者其他组织的，法人或者其他组织变更、终止后，其专有权在本条例规定的保护期内由承继其权利、义务的法人或者其他组织享有；没有承继其权利、义务的法人或者其他组织的，该布图设计进入公有领域。

7.2.2.4 赠与转移

赠与是赠与人将自己的财产无偿给予受赠人、受赠人表示接受的一种行为。实质是财产所有权的转移。虽然知识产权是无形财产，但是知识产权中的财产权利也可以通过赠与形式实现权利主体的变更和知识产权的转移。赠与行为一般要通过法律程序来完成，即签订赠与合同（也有口头合同和其他形式）。

7.2.3 知识产权转移的规则

知识产权人对知识产权的占有是法律上的占有，不是对知识产权所依附的具体物质形态的事实占有，知识产权是一种无形的财产权，因而“知识产权的继受取得不能适用标的物‘有形交付’、当事人自行交付的方法，而必须采取特别移转方式，即‘无体物’的交付规则。”美国学者 Versteeg 认为，罗马法关于“无体物”交付的理念与现代法中知识产权移转的原则是相同的，即知识产权的出让须采取书面及其他法定形式，且应由主管机关进行登记或审核。

我国有关法律也规定，知识产权因转让以外的其他方式转移的，应当办理有关转移手续。是否办理转移手续，是继受主体能否享有知识产权并获得法律保护的重要依据。如《专利法实施细则》第 14 条规定，除依照专利法第 10 条规定转让专利权外，专利权因其他事由发生转移的，当事人应当凭有关证明文件或者法律文书向国务院专利行政部门办理专利权转移手续。《集成电路布图设计保护条例实施细则 》第 11 条规定，布图设计专有权发生转移的，当事人应当凭有关证明文件或者法律文书向国家知识产权局办理著录项目变更手续。《商标法》第 26 条规定，注册商标专用权因转让以外的其他事由发生移转的，接受该注册商标专用权移转的当事人应当凭有关证明文件或者法律文书到商标局办理注册商标专用权移转手续。《商标法实施条例》规定，商标注册人死亡或者终止，自死亡或者终止之日起 1 年期满，该注册商标没有办理移转手续的，任何人可以向商标局申请注销该注册商标。

7.3 其他知识产权利用方式

7.3.1 知识产权出资

7.3.1.1 知识产权出资的含义

知识产权出资是指知识产权所有人将能够依法转让的知识产权专有权或者使用权作价，投入标的公司以获得股东资格的一种出资方式。

知识产权能够出资，因其具有可资本、可评估、可转让的属性。

知识产权具有可资本性，具备资本的一般特点。知识产权的客体.知识产品具有商品的属性，可进入流通领域实现市场价值。同时，作为特殊商品，知识产品具有高附加值，通过流通还将使其价值获得增值。知识产权出资将为知识产权人或使用人带来经济效益。纵观社会历史发展的各个时期，经济学家和思想家们对资本的自然属性的认识已达成共识，即价值增值性是资本的本质属性。詹姆斯 · 马丁在《生存之路》中写道：“知识以许多不同的方式创造金钱。它转化为有效的市场营销、好的设计、满意的顾客、好的生产方式、更为有利可图的决策。不断更新和提高知识是竞争优势的原始源泉。”知识产品属于无形财产的范畴，它符合价值增值性这一资本的本质特征，因而可以作为一种投资方式转化为产业资本，谓之知识产权的可资本性。知识产权可以通过占有、支配、使用和处置使得资本出现增值，作为一种资本性的资源，为企业的经济增长带来巨大效益。知识产权可作为资本，通过资本化的运作促进企业乃至社会的发展。

知识产权具有可评估性，能够用货币估价，可通过知识产权在整个资本中的比例确定投资者的权益。可评估性是指用于出资的知识产权必须具有能够通过客观评价予以确认的具体价值，即可以用货币进行具体估价。如果无法通过客观评价确认具体价值，无法用货币进行具体估价，则该知识产权不能用于出资。根据我国法律规定，用知识产权出资有比例的限制，即全部资本中所占的比例应该符合法律规定，因而要求知识产权的出资应能够用货币评估作价，否则，将不能出资。

知识产权具有可转让性，权利可在不同主体间发生转移。可转让性是指为了使公司股东能够履行出资义务，用于出资的知识产权应适合独立转让，即权利可以发生独立、完整的转移。知识产权具有无形性。知识产权不具有一定的空间和形态，并不具有直接的物质内容。虽然知识产权运用和实施的结果也表现为一定的物质形态，但作为物质形态的载体本身并不等同于其负载的内容。如作品表现为绘画、书刊、音像制品等。因此，人们对于知识产权的占有不是表现为具体的控制而是表现为思维上的认识和利用。知识产品是知识产权投入运用和实施的结果，同时其具有可复制性，因此可以与知识产权主体分离，可转让。

7.3.1.2 知识产权出资方式

(1)知识产权专有权出资

《公司注册资本登记管理规定》股东或者发起人可以用货币出资，也可以用实物、知识产权、土地使用权等可以用货币估价并可以依法转让的非货币财产作价出资。《公司法》规定股东可以用货币出资，也可以用实物、知识产权、土地使用权等可以用货币估价并可以依法转让的非货币财产作价出资；但是，法律、行政法规规定不得作为出资的财产除外。《合伙企业法》规定，合伙人可以用货币、实物、知识产权、土地使用权或者其他财产权利出资，也可以用劳务出资。《中外合资经营企业法》规定，合营企业各方可以现金、实物、工业产权等进行投资。明确规定知识产权的出资范围为工业产权和非专利技术(也称专有技术)。在我国，工业产权包括专利权和商标权这两类权利。因而，应注意到知识产权出资标的中不包括著作权。另外，外商投资企业法律中还要求，作为外国合营者出资的工业产权或专有技术必须符合下列条件之一：

①能生产中国急需的新产品或出口适销产品的；

②能显著改进现有产品的性能、质量，提高生产效率的；

③能显著节约原材料、燃料、动力的。

根据法律规定，广义范围内的知识产权均可以作为出资的形式。因此，版权以有关权利、商标、专利、非专有技术、厂商名称权、集成电路布图设计、未披露信息等都是可以利用的出资方式。

另外，即使可出资的知识产权种类众多，也面临具体出资形式选择的法律风险。因为知识产权种类不同，价值也可能不同，市场应用价值也可能存在区别，这些都是需要认真考虑的，必须选择相对成熟的并有广阔市场前景或商业价值的知识产权种类出资。

(2)知识产权使用权出资

依照《公司法》第27条规定："股东可以用货币出资，也可以用实物、知识产权、土地使用权等可以用货币估价并可以依法转让的非货币财产作价出资；但是，法律、行政法规规定不得作为出资的财产除外。"《合伙企业法》第11条规定："合伙人可以用货币、实物、土地使用权、知识产权或者其他财产权利出资；上述出资应当是合伙人的合法财产及财产权利。"从法律规定来看，并没有确定用作出资的知识产权是知识产权所有权还是知识产权使用权，用作出资的知识产权只要"可以用货币估价并可以依法转让"即可，由此引发了知识产权使用权是否也可以作为出资方式的争议，使用权人是否具备出资人资格也成为悬而未决的问题。

目前，理论界关于知识产权使用权是否可以出资的观点不一。坚持"否定说"的理由如下：

①使用许可权不具有公司债的担保功能。

②唯有知识产权专有权才可依法"办理转移手续"，知识产权中的使用许可权不可出资。

③仅将知识产权中的使用许可权资本化，在出资人和公司之间只形成合同关系，并无实质上的股东与公司的关系，这既违反公司法，也违反公平原则。

④知识产权中的使用许可权的价值具有不确定性，以此出资会带来诸多问题。

坚持"肯定说"认为，不仅知识产权专有权，而且连知识产权的使用许可权也可成为出资的标的。其主要理由包括：

①从资本的本质上讲，资本最主要的属性是可经营性、价值的增值性；知识产权出资本质是一种权利出资，新设公司需要占有的是使用技术成果的权利而非技术成果本身，得到知识产权专有权或者使用许可权都可以达到此目的。

②认为知识产权的使用许可权具有一定的独立性、可转让性，因而可作为出资标的物。

③知识产权的使用许可权资本化更加切合实际，更符合公司等企业“低投入，高产出”的经营理念。

7.3.1.3 知识产权出资的程序

目前，各地在知识产权出资方面积极探索，并且出台了一系列的制度或者规定，在知识产权出资的登记程序、评估验资要求、应提交的申请材料及需要明确的特别事项等方面，进行完善和规范。

(1)股东共同签订公司章程，约定彼此出资额和出资方式

《公司法》第27条第3款规定：全体股东的货币出资金额不得低于有限责任公司注册资本的30%。本条表明，出资财产中，知识产权的出资比例在我国是受到严格限制的。对出资额和出资方式约定，可以监督出资人真实出资，出资人不按照约定和法律规定如实出资将承担相应的法律责任。

(2)协商作价或请第三方机构评估验资，验资不能高估或者低估作价，否则将承担相应法律责任

《公司注册资本登记管理规定》规定，作为股东或者发起人出资的非货币财产，应当由具有评估资格的资产评估机构评估作价后，由验资机构进行验资。对作为出资的非货币财产应当评估作价，核实财产，不得高估或者低估作价。法律、行政法规对评估作价有规定的，从其规定。《中外合资经营企业法实施条例》规定，合营者可以用货币出资，也可以用建筑物、厂房、机器设备或者其他物料、工业产权、专有技术、场地使用权等作价出资。以建筑物、厂房、机器设备或者其他物料、工业产权、专有技术作为出资的，其作价由合营各方按照公平合理的原则协商确定，或者聘请合营各方同意的第三者评定。《合伙企业法》规定合伙人以实物、知识产权、土地使用权或者其他财产权利出资，需要评估作价的，可以由全体合伙人协商确定，也可以由全体合伙人委托法定评估机构评估。《合伙企业登记管理办法》以实物、知识产权、土地使用权或者其他财产权利出资，由全体合伙人协商作价的，应当向企业登记机关提交全体合伙人签署的协商作价确认书；由全体合伙人委托法定评估机构评估作价的，应当向企业登记机关提交法定评估机构出具的评估作价证明。工商登记时要出具相应的评估报告、有关专家对评估报告的书面意见和评估机构的营业执照、专利权转移手续。

(3)转移财产权

出资人以知识产权对公司的出资，本质上是以其知识产权作为对价来换取其在公司的股权，因此，其出资的财产权利必须转移给公司。知识产权出资的履行，即将出资标的交付与公司并归公司所有或支配的行为过程。知识产权出资是一种非货币形式的出资，故与其他非货币出资一样，需要完成事实上和法律上的双重交

付。但知识产权的出资履行与其他财产权的交付不同，其并非交付实际的有形物质，而是通过办理出资的知识产权财产权转移手续，达到出资的目的，法律上的交付只要依法办理变更登记即可。《公司法》规定，股东以货币出资的，应当将货币出资足额存入有限责任公司在银行开设的账户；以非货币财产出资的，应当依法办理其财产权的转移手续。《合伙企业法》规定，合伙人以非货币财产出资的，依照法律、行政法规的规定，需要办理财产权转移手续的，应当依法办理。实质上，知识产权的出资与知识产权的转让、转移的权利都是知识产权的财产权，因而，知识产权的出资行为，其法律性质就是知识产权的转让行为，一种特殊的知识产权出资性转让行为。

(4)审批

特定情形下，知识产权出资应当由主管机构审批。《中外合资经营企业法实施条例》规定，外国合营者作为出资的机器设备或者其他物料、工业产权或者专有技术，应当报审批机构批准。外国合营者以工业产权或者专有技术作为出资，应当提交该工业产权或者专有技术的有关资料，包括专利证书或者商标注册证书的复制件、有效状况及其技术特性、实用价值、作价的计算根据、与中国合营者签订的作价协议等有关文件作为合营合同的附件。

7.3.2 知识产权质押

7.3.2.1 知识产权质押的含义

知识产权质押是指知识产权权利人以合法拥有的专利权、注册商标专用权、著作权等知识产权中的财产权为质押标的物出质，经评估作价后向银行等融资机构获取资金，并按期偿还资金本息的一种融资行为。

知识产权质押贷款显著特点在于，其服务对象主要是中小企业借款人。在传统的融资模式中，房地产抵押是银行要求的、最常见的贷款担保方式。广大中小企业，特别是高科技的、创新型的中小企业，没有很多房地产，拿不出符合过去传统的借款模式的担保物来。知识产权质押贷款的模式，解决了拥有可以带来很好经济效益的技术，但是又缺乏实物担保物的企业面临的融资窘境。它打破了传统的融资瓶颈，为中小企业的发展，开辟了一个新的融资通道。知识产权质押对于解决中小企业贷款门槛高、融资难的局面改善具有重要意义。拥有自主知识产权的中小企业用知识产权进行质押融资，可以提高其知识产权参与资产评估的积极性和有效性，适应知识产权交易的多元化、多渠道投融资机制的建立，将为中小企业成长注入新的活力。

目前，全国90%以上的省(区、市)已经出台或即将出台推动知识产权融资的政策措施。上海市出台知识产权质押评估实施办法及技术规范，率先建立地方性知识产权质押评估管理体系；天津市启动重大发明专利运用试点和重大工业项目服务工作。近三年来，全国已累计实施知识产权质押贷款项目约 2 000 个，中小企业知识产权质押贷款金额累计超过 200 亿元，为前 10 年总额的 4 倍。《国家知识产权战略纲要》提出要强化支持企业创新和科研成果产业化的财税金融政策，加大政府对基础研究的投入，推进重大科技基础设施建设和开放共享，促进科技和金融结合，培育和发展创业风险投资。

7.3.2.2 知识产权质押的现状与发展

目前，知识产权质押融资还存在许多问题，其主要表现是知识产权质押融资信用度不高，知识产权交易市场、平台也不完善。这些问题严重影响了知识产权的流转。国内多省市地区都鼓励企业利用多年来积攒的无形资产来进行融资合作，各大商业性银行也对一些信誉度较高的企业发放质押贷款，主要体现在曾获得省著名商标和中国驰名商标的企业居多。不过，凡是以知识产权质押为中小企业融资的银行，对于贷款企业的授信额度都较低。2006 年年底，交通银行北京市分行在全国率先推出了知识产权质押贷款这样一种全新的金融模式，成为“第一个吃螃蟹的人”。在此次关于知识产权贷款的规定中，专利质押贷款采用综合授信方式，发明专利权的授信额不超过评估值的 25%，实用新型专利权的授信额不超过评估值的 15%，商标专用权的授信额不超过评估值的 50%，最长期限可达 3 年。造成授信额不高的原因是知识产权评估、转让标准和体系并未完全形成，银行对不同行业、不同性质的知识产权的价值无法有效地评估其价值，所以只能笼统地给出一个较低的信用额度。2011 年 6 月 30 日，交通银行与国家知识产权局在北京签署中小企业知识产权金融服务战略合作协议。这是国家知识产权局首次与商业银行就知识产权金融服务展开全方位的战略合作，标志着我国知识产权与金融资源的融合走上快车道。

2010 年 8 月通过的《关于加强知识产权质押融资与评估管理支持中小企业发展的通知》进一步明确要建立促进知识产权质押融资的协同推进机制，各级财政、银监、知识产权、工商行政、版权、中小企业管理部门（以下统称各有关部门）要充分发挥各自的职能作用，加强协调配合和信息沟通，积极探索促进本地区知识产权质押融资工作的新模式、新方法，完善知识产权质押融资的扶持政策和管理机制，加强知识产权质押评估管理，支持中小企业开展知识产权质押融资，加快建立知识产权质押融资协同工作机制，有效推进知识产权质押融资工作。同时，创新知识产权质押融资的服务机制，建立完善知识产权质押融资风险管理机制，完善知识产权质押融资评估管理体系，建立有利于知识产权流转的管理机制。

2011年3月，在南京召开的全国知识产权局局长会议确定，“十二五”时期，全国知识产权系统将进一步加强知识产权转移转化体系建设。主要内容包括：鼓励、引导和支持金融和风险投资加大对优质知识产权转化实施和产业化的投资力度；推进知识产权资源与金融资源深度融合，完善和建立知识产权投融资服务机制。国家知识产权局在2011年工作规划中对创新知识产权转化服务工作作了相应部署。今后，国家知识产权相关管理部门将不断加强基于知识产权价值实现的融资机制创新，为培育战略性新兴产业提供知识产权支撑和保障；实施和推进地方知识产权资产评估工作；实施中小企业知识产权评估与投融资服务计划；联合财政部门、行业主管部门及协会、金融机构共同开展大规模的专利项目推介活动。

7.3.2.3 知识产权质押的对象

知识产权质押的对象是知识产权中的财产权，是权利的质押而非知识产权物质载体知识产品的质押。《中华人民共和国担保法》规定：依法可以转让的商标专用权，专利权、著作权中的财产权可以质押。

知识产权质押对象为明确的或潜在的出质对象。出质的知识产权应当同时具备以下基本条件：

①出质人拥有完整、合法、有效的相关知识产权权利，产权关系明晰；

②出质的知识产权具有一定的价值，可以依法转让；

③符合相关法律法规的规定。

专利权的出质对象是指专利权人依法所有的专利所有权。以专利权出质的，应当符合国家知识产权局关于专利权质押登记的相关规定。商标权的出质对象是指商标权人依法所有的注册商标专用权。以商标权出质的，应当符合国家工商行政管理总局的《注册商标专用权质权登记程序规定》。著作权的出质对象是指著作权人依法所有的著作权中的财产权及相关权利。以著作权出质的，应当是已向版权行政主管部门登记，取得登记证书，并符合版权行政主管部门关于著作权质押登记的相关规定。

权利出质后，出质人不得转让或者许可他人使用知识产权，但经出质人与质权人协商同意的可以转让或者许可他人使用。出质人所得的转让费、许可费应当向质权人提前清偿所担保的债权或者向与质权人约定的第三人提存。

7.3.2.4 知识产权质押的程序

(1)登记

出质人和质权人共同向国务院主管行政部门办理出质登记。如《专利法实施细则》规定，以专利权出质的，由出质人和质权人共同向国务院专利行政部门办理出质登记。《专利权质押合同登记管理暂行办法》规定质押合同自登记之日起生效。

(2)批准

全民所有制单位以知识产权出质以及中国单位向外国人出质知识产权的，应取得有关知识产权主管部门的批准。《专利权质押合同登记管理暂行办法》规定第五条全民所有制单位以专利权出质的，须经上级主管部门批准。中国单位或人向外国人出质专利权的，须经国务院有关主管部门批准。

(3)限制

知识产权人对于已经出质的知识产权的支配和处置不得损害质权人利益。《担保法》规定，权利出质后，出质人不得转让或者许可他人使用，但经出质人与质权人协商同意的可以转让或者许可他人使用。出质人所得的转让费、许可费应当向质权人提前清偿所担保的债权或者向与质权人约定的第三人提存。《集成电路布图设计保护条例实施细则》规定，布图设计权利人在其布图设计专有权保护期届满之前，可以向国家知识产权局提交书面声明放弃该专有权。布图设计专有权已许可他人实施或者已经出质的，该布图设计专有权的放弃应当征得被许可人或质权人的同意。布图设计专有权的放弃应当由国家知识产权局登记和公告。

7.3.3 自己实施

按照知识产权法的规定，知识产权人实现其权利一般有两种途径：一是自己直接运用自己的知识产权，二是将自己的知识产权转让或许可他人实施。知识产权人亲自实施知识产权并获得经济收益是知识产权利用中最常见的一类情况。

知识产权是法律赋予权利人对其所创作的智力劳动成果所享有的专有权利，是知识产权人独占使用的权利，即知识权利人独占享有知识产权的所有权能，他人不经权利人许可不得行使其权利。知识产权具有排他性，权利主体独占智力成果为排他的利用。

如《专利法》规定，发明和实用新型专利权被授予后，除本法另有规定的以外，任何单位或者个人未经专利权人许可，都不得实施其专利，即不得为生产经营目的制造、使用、许诺销售、销售、进口其专利产品，或者使用其专利方法以及使用、许诺销售、销售、进口依照该专利方法直接获得的产品。外观设计专利权被授予后，任何单位或者个人未经专利权人许可，都不得实施其专利，即不得为生产经营目的制造、销售、进口其外观设计专利产品。《集成电路布图设计保护条例》规定，布图设计权利人享有下列专有权：① 对受保护的布图设计的全部或者其中任何具有独创性的部分进行复制；② 将受保护的布图设计、含有该布图设计的集成电路或者含有该集成电路的物品投入商业利用。

【案例】

2000年5月1日，由山东省莱州市农业科学院(以下简称莱州市农科院)自行培育的“登海9号”玉米杂交种被农业部授予植物新品种权，品种权号为CNA19990061.2。2001年1月15日，农科院将“登海9号”玉米杂交种品种权转让给了山东省登海种业有限公司(以下简称登海种业)，该变更申请已在2001年第2期《植物新品种权保护公报》中予以公告，并于2001年4月6日缴纳了品种权维持年费。即登海种业享有“登海9号”玉米杂交种的植物新品种权。莱州市农科院于2001年5月25日经内蒙古自治区种子管理站批准，申请在赤峰市宁城县繁殖玉米，品种号为“掖单53号”玉米组合，制种田落实在山头乡山头村。并与山头村村委会主任马军签订了《农作物种子预约生产合同》。其中“掖单53号”玉米杂交种的生产面积为400亩，并办理了“主要农作物种子生产许可证”，证号为0387。莱州市农科院在山头村生产(繁殖)的品种名为“掖单53号”玉米杂交种，经呼和浩特市中级人民法院依法委托北京市农林科学院玉米研究中心利用DNA指纹技术、酯酶同工酶等电聚焦电泳和蛋白质电泳三种方法对诉前从制种田中保全的玉米杂交种进行技术鉴定，该品种为“登海9号”玉米杂交种。虽然鉴定结论中认定被告生产的种子中有46%的籽粒与“登海9号”不一样，但主要原因为制种过程中母本抽雄不彻底，造成自交结实和接受外来花粉而引起，即种子纯度不够，并非基因变异引起。登海种业提供了该单位的有关成本计算清单，其直接损失为被告生产的400亩种子乘以每亩350千克，扣除生产成本和经营成本，利润为431 200元。

登海种业以莱州市农科院侵犯植物新品种为由，向呼和浩特市中级人民法院提起诉讼。

【争议焦点】

莱州市农科院所繁殖的“掖单53号”玉米杂交种是否侵犯登海种业关于“登海9号”玉米杂交种的植物新品种权?

【法院判决】

呼和浩特市中级人民法院一审判决(呼和浩特市中级人民法院[2001]呼经初字第42号)：

1.被告莱州市农科院立即停止侵犯原告山东省登海种业股份有限公司所享有

的“登海 9 号”玉米植物新品种权的行为；

2. 被告莱州市农科院于本判决生效之日内在《农民日报》上刊登启事消除影响（内容须经本院审核）；

3. 被告莱州市农科院于判决生效之日起 10 日内赔偿原告登海种业经济损失人民币 431 200 元；

4. 限令被告莱州市农科院于判决生效后 30 日内销毁所生产的侵权品种；

5. 驳回原告登海种业的其他诉讼请求。

【法条链接】

《植物新品种保护条例》(1997 年)

第 2 条本条例所称植物新品种，是指经过人工培育的或者对发现的野生植物加以开发，具备新颖性、特异性、一致性和稳定性并有适当命名的植物品种。

第 6 条完成育种的单位或者个人对其授权品种，享有排他的独占权。任何单位或者个人未经品种权所有人(以下称品种权人)许可，不得为商业目的生产或者销售该授权品种的繁殖材料，不得为商业目的将该授权品种的繁殖材料重复使用于生产另一品种的繁殖材料；但是，本条例另有规定的除外。

《民法通则》(1987 年)

第 118 条公民、法人的著作权(版权)，专利权、商标专用权、发现权、发明权和其他科技成果权受到剽窃、篡改、假冒等侵害的，有权要求停止侵害，消除影响，赔偿损失。

思考题

1. 知识产权的利用方式有哪些？
2. 知识产权转移有什么限制？
3. 知识产权的使用权可否出资？
4. 知识产权许可的种类有哪些？
5. 我国关于知识产权许可的限制有哪些？
6. 知识产权出资方式有哪些？
7. 知识产权质押的程序是如何规定的？
8. 知识产权转移的主要途径有哪些？
9. 知识产权许可的形式有哪些？

10. 出质的知识产权应当具备什么条件？

参考文献

[1] 刘春霖. 知识产权资本化研究. 北京：知识产权出版社，2010.

[2] 向海燕，张同建. 知识转移对知识产权战略实施的促进功能解析. 江苏商论，2011，7：155.

[3] 吴汉东. 知识产权本质的多维度解读. 中国法学，2006，5：99.

[4] 吴江. 知识创新运行论. 北京：新华出版社，2000.

[5] 张乃根，陈乃蔚. 技术转移的法律理论与实务. 上海：上海交通大学出版社，2006.

[6] 吴汉东. 知识产权法. 北京：法律出版社，2007.

[7] 熊琦. 著作权法定许可的正当性解构与制度替代. 知识产权，2011，6：38.

[8] 刘春霖. 知识产权使用许可权资本化的理论思考. 河北经贸大学学报，2009，5(3)：41-42.

[9] 人民网，2011 年全国知识产权局局长会议. http://ip.people.com.cn/GB/141383/217902/.

[10] 证券市场周刊. 遭遇风险瓶颈 知识产权质押贷款卡壳. http://money.163.com/07/0122/12/35EK343A00251OGL.html.

第8章　我国农业知识产权保护存在的问题及原因

◈ **本章重点、难点**

了解农业知识产权形成过程，掌握农业知识产权保护的主要环节，学会设计农业知识产权保护的相应模式和维权的关键。

◆ **内容提要**

本章主要内容是根据知识产权保护要求，结合我国农业科技成果管理情况，分析了农业知识产权保护中存在的问题及产生的原因，剖析了农业科技成果形成过程中易造成知识产权流失的关键环节，通过正反两个方面的案例阐述了农业知识产权保护的模式和相应要点。

8.1　农业知识产权保护存在的问题

我国是农业大国，又是一个人口众多、资源相对不足的国家，农业在国民经济和社会发展中的基础地位是十分重要。几十年的实践证明，只有科技创新才能发展农业，才能加快传统农业向现代农业转变，才能满足我国保障粮食安全和提高人民健康水平的要求。农业科技创新成果是科技工作者创造性劳动的具体体现，加强对其知识产权的保护对加快农业现代化进程具有基础性和先导性作用。随着全球经济一体化进程的加快，知识产权保护下的无形资产在农业科技创新中的作用越来越重要。但是，当前，农业科技领域的知识产权工作仍很薄弱，总体上讲，我国植物新品种保护制度有待完善，农产品地理标志登记制度刚刚起步，农业生物遗传资源权属管理制度尚未建立，农业知识产权创造、保护和转化能力不强，中介服务体系发展缓慢，专业人才短缺，知识产权意识薄弱，侵权现象时有发生。知识产权对农业发展的促进和保障作用尚未得到充分发挥，农业知识产权意识和管理制度建设有待加强。

8.1.1 农业知识产权保护意识淡薄

当知识产权逐渐走近我们的生活后，我们开始知道专利、商标、商业秘密、著作权等体现了权利人的创造性劳动成果，保护了权利人所拥有的经济价值和利益。但农业领域的知识产权，却常常还游离于公众的视野之外。尤其是对农业科研、生产、销售等产业链的上知识产权问题缺少梳理，认识不清，相关产品在市场竞争上没有体现出权利人所拥有的权利，权利人的发明创造性劳动没能得到尊重，其创造性价值也没能体现。这和我国农业领域整体上知识产权意识淡薄不无关系。究其原因，首先，在科技管理理念层面，对科技成果缺乏知识产权管理思想和意识，特别是知识产权战略管理意识，没有把农业知识产权保护、利用和转移作为科研和创新成果转化的重要支撑。长期以来，农业的创新尤其是新品种培育、新技术开发对农业具有公益性和基础性，国家和地方政府每年都投入大量资金，科研人员在现有的科研管理体制下只注重科研、推广、评奖这些过程，忽视了现代市场经济条件下农业产业的竞争性所表现的农业科技成果的经济价值和表达方式，从而导致知识产权在保护农业科技创新活动中的地位和作用不显著。其次，科研单位和科研人员普遍认为农业科技成果研究的对象是动、植物，服务的对象是广大农民，成果获得的周期长，相关因素复杂，保密性差，直接经济效益低，从而忽视产权申请和保护工作。另外，部分科研人员认为，申请专利要将技术公开，暴露了自己的技术秘密，并且申请专利要花费时间、人力和物力，很不合算。这种只重视有形资产的积累和应用，轻视无形资产的保护和转化的意识是在过去的计划经济体制下形成的，非常不适合现代农业发展的要求，不但会给权利人带来经济和名誉损失，而且还会造成市场竞争的无序和混乱。

在科技工作者方面，大部分科技人员只埋头搞科研，对自身拥有的知识产权保护问题不关注、不重视，只重研究、重论文、重评奖。有的人认为申请不申请专利等知识产权意义不大，产权的获得与自己切身利益无关，申请产权还要交纳申请费、管理年费，获得产权后，如果没有市场，照样产生不了效益；申请了商业秘密或技术秘密，还影响论文的发表、禁业限制和今后工作调动。有的人认为只有论文和获奖级别才能代表自己的水平和素质，知识产权并没有作为评价成果高低的指标之一；更有的人认为，申请知识产权保护，不利于个人对外的合作与交流，从而限制个人的经济利益的获取。种种原因导致了现行科技成果与知识产权比例的严重失调。

在科技管理政策方面，对如何处理科技成果与知识产权关系的导向上存在偏差，对国家、省部级设立的科技进步奖，均承认其权威性，对获得省部级二等奖以上的成果给予重奖；对取得的专利权、品种权、商业秘密，重视程度不够。虽然有些单位也制定了知识产权管理制度，明确规定取得专利权、新品种保护权给予项目资助和奖励，但由于在落实工作中存在经费问题，而成了纸上谈兵，削弱了科技工作者对知识产权申请和保护力度。此外，对专利的经济性或商业价值缺少评估，也造成了知识产权的管理粗放，与市场经济联系不紧密。

对农业知识产权意识淡薄的表现主要体现在有关用于新品种创新的育种材料的备案和使用许可工作不足上。育种材料是新品种选育的核心，是育种者的商业秘密。但是，我国对各作物大量的育种材料的鉴定、所属权等相应的备案、使用许可工作较弱，适合市场经济的材料交换机制尚未完全建立，经常发生挪用、甚至改名盗用等侵犯知识产权的乱象。而这一问题并未引起管理者、育种科研工作者的重视。

而一些发达国家则非常重视农业知识产权保护。如荷兰把花卉花种作为国家战略来运行，不遗余力地保护本国开发的新花种。而我国目前对农业新技术和新品种的知识产权保护还远不成熟，出现过本国水稻种在出口后，被外国抢先注册专利的案例。另外，我国农产品生产对国外种子的依赖已经非常严重，50％以上的高端蔬菜种子来自外国，玉米等粮食作物对外国种子也严重依赖。一些发明未能进行知识产权的等级保护受到了国际的打压。我国广西发明的水稻插秧机被菲律宾人申请了专利，我国自己研制的世界上最好的稀土永磁材料由于没有及时申请专利，刚在国际市场露面就受到当头棒喝，不但不准出售，还告我方侵犯了美日的专利权。

8.1.2 农业知识产权激励机制不足

8.1.2.1 农业知识产权缺乏相应的奖励政策

目前，我国农业科研机构大多数还是公益性科研单位，在工作上一直延续科技成果的服务性推广的理念，加上科技成果推广的对象不具备产业性质，使科技成果的推广缺少市场机制。所以，科研单位缺乏竞争意识，认为没有技术秘密可保护，科技人员完成的成果只要通过鉴定、获奖，则在职务、职称升职等方面享有一系列的优惠待遇。而申请专利，发明人最多只能获得一定金额的奖励，有的甚至有明文规定也不兑现。同样，对科研单位综合能力评估过程中，也是成果占的分量重，专利权等无形资产占的分量轻，加之科技成果转化率低，科研单位看不到无形资产带来的经济效益，从而不重视对自主知识产权的保护和利用。

据统计,1997年,全国农业科研机构获奖成果1 568项,科技论文15 719篇,出版科技专著522种,而申请专利权100件,专利授权98件。由于不用法律手段进行知识产权保护,许多科研成果,特别是一些技术含量高的成果,一旦公开就等于奉送别人,农业知识产权也就随着成果鉴定、论文论著的发表出版而流失。

所以,科技是农业产业化发展动力,没有农业科技的创新性成果的支撑就没有现代农业。采用市场经济,将农业知识产权与农业产业化发展相结合是我国农业现代化发展的必然趋势。农业科技必须坚持既繁荣学术,又保护发明者和权利人利益的原则,认真处理好公开和保护的关系。在道德方面,尊重他人的劳动成果,尊重他人发表或交流的论文等个人智力劳动成果,不能抄袭和剽窃,只能引用和借鉴。在实施应用方面,首先要对自主知识产权中不为公众所知悉、直接影响科技竞争力和经济利益的内容进行科学评估和划定。其次在论文撰写中,一定要注意不得涉及所规定的技术信息和技术诀窍,真正做到该交流的要交流,该保护的要保护。

8.1.2.2 农业知识产权奖励制度建设缺乏资金保障

知识产权奖励制度的具体实施,需要有效的政策和资金保证。虽然有的单位有知识产权管理制度,明确了对获得知识产权的单位和个人进行奖励政策,但由于缺乏专项资金,没有一项专利和品种权获得奖励和资助,直接影响到科技人员的创新积极性和对自主知识产权的保护和应用。杨凌是国家高新的农科示范区,一位土壤肥料专家的专利被一家公司看中,公司问该专利的发明者(某教授)要多少钱,教授说:"给我建个实验室和几个学生就行,其他不要。这项专利已在我的抽屉里放了10多年了。"还有个科研所,申请并获得了6个植物新品种保护权,却因没有一定的奖励机制,而影响了科研人员研发的积极性,一直束之高阁,没有取得应有的效益。

8.1.2.3 农业知识产权界定不清

知识产权界定是知识产权经济的主要问题,产权界定不清,阻碍知识产权的实施和转化。目前,农业科研项目多数是政府投资下完成的,由此产生的发明创造归属于职务发明,个人利益得不到体现,这在一定程度上影响研发人员的创造积极性。申请品种权和个人的自身利益不大,发明者也缺少积极性。有些蔬菜专家就认为,培育的新品种一般5年就要更新换代,申请品种权个人费时费力又费钱,不划算。

8.1.3 企事业单位知识产权申请数量少,创新水平低

我国企事业单位的职务专利申请量较低,仅有美国或日本的1/30。据统计,

近几年来我国每年取得的省部级以上科技成果就达 3 万多项，而申请专利的不到 10%。商标方面，我国生产出口产品的企业数以万计，有外贸出口权的企业也在近万家，但这些外贸企业在国外 120 多个国家和地区注册的商标数量总共不到 1 万件。不少知名品牌屡屡被外商在境外抢注，使我们在国际市场上痛失大片领地。

日本每年发明专利申请达 40 多万件，美国 20 多万件，德国 15 多万件。日立、杜邦、飞利浦等大公司，目前拥有有效专利数万件，每年的发明专利申请上千件，有的高达几万件，如此多的有效专利成为他们雄霸国际市场最重要的技术资本。我国上千万个企业、50 000 多个县级以上的科研单位、1 000 多所高等院校，全年发明专利申请数还远落后于发达国家。

8.1.4 部分地区农业高层次人才流失严重

农业的国际竞争归根结底是科技实力的竞争和人才素质的竞争，科技人才是农业单位最宝贵的资产。有资料显示，20 世纪 80 年代以来，西北地区人才流出量是流入量的 2 倍以上，特别是中青年骨干人才大量外流。近几年，仅西北地区调入沿海及内地的科技人员就超过了 3.5 万人，多为中高级专业人才。这些人才往往居于关键技术岗位，掌握着核心技术秘密或拥有重要技术成果。很多时候，人才的竞争和掠夺成为市场竞争成败的关键。特别是在商业秘密流失方面，可能使单位花费巨资开发的关键技术会因人员的流动而毁于一旦。如陕西省西安某厂系专门生产用于各种光缆、电缆屏蔽层的企业，其先后投入 100 余万元自行秘密研制成功生产钢、铝塑复合带的机械设备的 F660 型分切机，并将该分切机列为核心秘密范围，制定了专门的保密制度以及其他保密措施。华某于 1995 年 6 月被聘为该厂工程技术人员，先后又担任总工程师和厂委会委员，其在工作期间，掌握了该核心技术。另一家公司以重金相许，将华某从该厂挖走。随后华将从原厂盗走的分切机技术图纸以及有关技术秘密，全部披露给新单位，致使原厂导致产品销售量大幅度下降，经济损失严重。大量商业秘密的流失案件也表明，人才流动是商业秘密流失的主要途径。当今，机制不公、待遇不高也是农业科技人才流失的主要原因。

8.1.5 农业知识产权实施及产业化程度较低

我国农业技术市场起步较晚，市场运行机制不健全，缺乏科学的产权评估体系。我国涉农的大专院校和科研院所的科技成果市场化程度较低，造成农业知识产权运用及产业化途径不畅，产业化程度低，实施率低，在一定程度上影响了申报专利等专有权利的积极性和创造性。

我国大多数涉农知识产权属于职务发明，近几年，由于国家强调加强知识产权保护工作，有些科研项目在申请项目、实施计划中，也将申请取得专利数及获权数列入目标任务中，在某种程度上促进了农业知识产权的保护。但是，仍有研究者缺乏对专利等知识产权进行转让的意识，只为完成任务而申报专利，取得科技成果束之高阁，甚至丧失产权。另外，据国家科技部的一项研究表明，我国每年有省部级以上科技成果3万多项，但是能大面积推广并产生规模效益的仅占10%～15%；每年的专利技术有7万多项，但专利实施率仅为10%左右。专利技术转化率的主要实体是高等院校和科研院所，且转化率远低于10%。科技进步对经济增长的贡献率为39%左右，其中高新技术对经济增长的贡献率仅为20%，远远低于发达国家60%的贡献率，这无疑是对科技资源的一种巨大浪费。

据专家研究，如投入、产出甚至申请或获得授权专利的有关费用，甚至权利人应当承担的缴纳专利年费也由政府来埋单，他们不会珍惜，也不会顾及到专利权利授予的真正目的在于实施和商业化，只会满足于所谓的静态的专利，即休眠中的专利，甚至出现为了申请专利而申请专利的形式主义，制造大量的问题专利，不但不能推动社会、经济的发展，反而浪费社会资源。

8.1.6 农业知识产权侵权容易、保护难

在育种专家看来，植物新品种保护实际上很难操作。许多专家对申请植物新品种保护不太感兴趣。以小麦新品种为例，小麦是自花授粉作物，常规育种获得的品种推广后很难控制种源，公司、农民和产粮大户都可以通过直接留种用作进一步生产的种子。所以即使申请了品种权保护，也很难获得相应的知识产权利益。另外，国内大多数科研单位没有设立基于知识产权利益为基础的技术推广制度，管理部门仅限于相关知识产权的申请、登记和考核奖励，没有制定知识产权战略和具体管理办法，缺乏相应监督机制，容易导致科研人员把职务发明转卖给企业，谋取私利。而单位通过诉讼维权成本过高，致使科研机构或科研人员申请专利或植物新品种保护积极性不高。再者，法院在审理植物新品种等案件时有一定难度。因为农业知识产权侵权的鉴定过程通常较为复杂，加上涉及多家相关职能部门，即使发生侵权行为，往往也很难辨别，同时调查取证工作也较为复杂，造成保护难。

8.2 农业知识产权形成及影响因素

根据知识产权理论概述，农业知识产权可以依法申请批准，如品种权、专利权、商标权等；另外，也在一项科技成果完成后形成商业秘密。以一项科研成果中知识产权形成过程为例，知识产权的形成贯穿于科研成果取得的全过程，人的行为又贯

穿于科研成果和知识产权形成的全过程。一个科研项目并不是等到成果验收鉴定完以后才形成专利等无形资产,而是在项目或课题的实施阶段就有知识产权产生。

8.2.1 专利权形成过程和保护的关键点

依照《专利法》,农业科技领域的发明创造,包括发明、实用新型和外观设计可申请专利权。专利权在专利存续期间享有独占权、转让权、许可实施权、标记权、索赔权、赠予权和放弃权等。

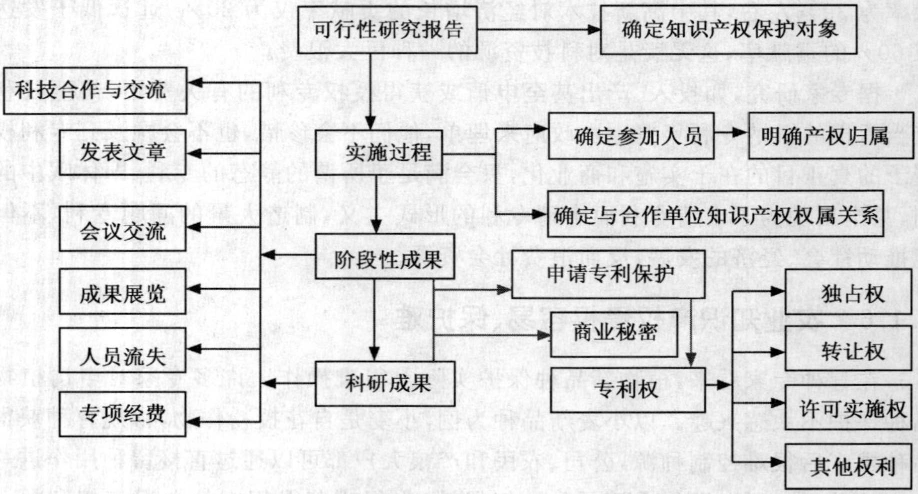

图 8-1 科技创新过程与知识产权的形成图

从图 8-1 中可以看出,科研活动中可能造成知识产权问题有三个关键点。

一是在立项分析之初就应对所研究领域的专利进行预测和分析,通过相关信息检索,确定工作目标和研究方法。

二是项目立项后,确认参加单位和个人,必要时还要与合作单位或个人签订知识产权协议,以防日后因产权权属不清而发生知识产权的纠纷。

三是在项目实施过程中,对达到专利要求的新产品、新技术要及时组织申请国家专利,或确立商业秘密,以防因错失良机而使自主知识产权流失。

而现实工作中,造成知识产权形成和保护问题的原因存在于上述活动的三方面。下面四个环节值得关注。

第一环节,在进行专利检索时,如果因为检索渠道不畅,或检索的关键词不准确,与研究内容匹配性差,从而会影响专利检索的效果,造成重复研究和资源的浪费。

第二环节，对预期的知识产权，合作单位几方在立项前没有明确说明或达成意向，取得的产权权属不清晰，极易造成知识产权纠纷案件的发生。

第三环节，项目实施过程中，论文发表、参加学术会议、成果展览、对外交流与合作等没有严格的审查制度，也易造成知识产权的流失。

第四环节，是取得阶段性成果时，农业科技人员保护意识不强，对专利授权的基本条件、具体要求不了解，对条件成熟的新产品、新技术、新方法没能及时申请专利等加以保护，就会极易造成知识产权流失或侵权现象发生。

8.2.2 植物新品种权形成和影响因素

根据《植物新品种保护条例》：植物新品种是指经过人工培养的或者对发现的野生植物加以开发，具有新颖性、特异性、一致性和稳定性，并有适当命名的植物品种。植物新品种权人依法可享有独占权、许可权、使用销售权和转让权。

植物新品种权形成除具有与专利权形成中的立项预测、权益确定等共性外，还有关键点是亲本材料、育种方法和申请时机的确立和保护。完善管理制度和提高保护意识是做好新品种保护的首要有效手段。其次是在品种对比试验中，对各种性能表现优良的品种，符合新品种权条件的，应及时申报植物新品种权，不能等到新品种审（认）定后再组织申报，这样就容易造成保护滞后，甚至流失。同时根据品种在新品种选育过程中，发表论文、学术交流、品种展示和科技合作中，也要加强关键技术、方法和遗传资源的保护意识。

另外，工作中要注意区分取得品种权的新品种和通过评审认定的新品种。品种保护中的“植物新品种”与品种审定中的“植物新品种”有共同点：一是两者的目标相同，都是为了促进农业生产发展；二是两者都是针对植物新品种而言的，程序的启动都基于申请人提出申请；三是两者都是由管理机构按规定程序予以审查，对符合条件的发放证书，在审查过程中，都必须进行一定田间栽培试验。但两者也存在显著区别，见表8-1。

表8-1 植物新品种权和品种审定的区别

不同点	品种权	品种审定
对象不同	可能是新育成的品种，也可能是对发现的野生植物加以开发所形成的品种	品种审定的对象是在新育成的品种或者新引进的品种
通过条件不同	品种保护是对国家保护名录之内，具备新颖性、特异性、一致性、稳定性并有适当命名的植物品种，授予品种权	品种审定是对比对照品种有优良的经济性状的新培育品种，颁发审定合格证书

续表 8-1

不同点	品种权	品种审定
证书性质不同	品种保护证书授予的是一种法律保护的智力成果的权力证书，是授予育种者一种财产独占权	品种审定证书，是一种推广许可证书，授予的是某品种可以进入市场的准入证，是一种行政管理措施
保护期不同	受品种权保护的品种有期限规定（农作物为 15 年），超过有效期限，该品种就不受保护，任何人都可以使用该品种	没有严格的时间限制，只要在生产利用过程，没有发现有不可克服的弱点，一直可以推广应用
审查层级不同	品种保护的受理、审查和授权集中在国家一级进行，由植物新品种保护审批机关负责	实行国家与省两级审定，由品种审定委员会负责

所以在工作中要正确使用品种权和品种审定的保护作用，做到既促进生产，又保护权利人的合法权利。

8.2.3　商业秘密形成和影响因子分析

根据《反不正当竞争法》第 10 条规定，商业秘密是指不为公众所知悉、能为权利人带来经济利益、具有实用性并经权利人采取保密措施的技术信息和经营信息。法律对商业秘密的保护形式是多样的，在我国有反不正当竞争法、合同法、刑法、专利法、商标法等法律直接或间接保护商业秘密。如图 8-2 所示的商业秘密所含信息包含了科研成果自形成到取得的全过程，重视和加强商业秘密保护，可以有效保障本单位自主知识产权的保护。

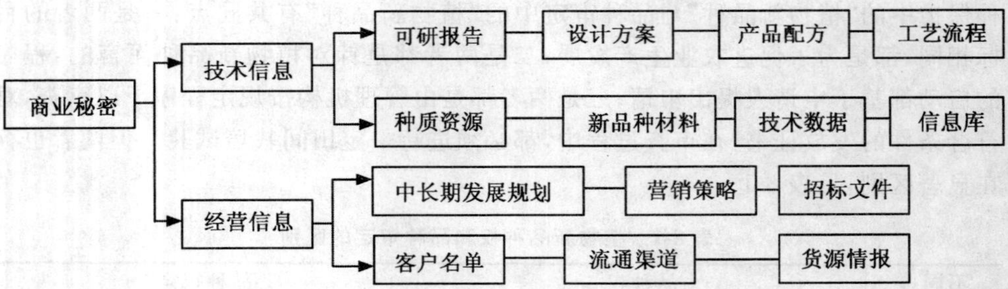

图 8-2　商业秘密构成要件示意图

一项科技成果可以依法申请专有权利的保护，也可以作为商业秘密，通过有效的保密手段进行自我保护。但两者有很大的差别。一项技术成果是否申请专利或植物新品种权，不宜一概而论，应据情况权衡利弊，预测得失，择其优者。对适销对路、量大面广、市场前景广阔、经济效益大而又容易被他人模仿的技术，应尽早申请产权保护。对应用范围狭窄，经济效益较低，使用价值不大的技术成果，或对可严格保密，不易简单模仿的技术成果，可以通过商业秘密加以保护。

商业秘密保护在工业上应用十分广泛且取得了巨大效益，如可口可乐配方、波音 747 飞机都是靠商业秘密保护，尽管产品遍及全球，但技术难为人知晓。而在农业产权保护中通过商业秘密保护农业科技成果还很不尽如人意。

就我国目前的农业商业秘密的保护情况来看，商业秘密保护不充分的原因是相当多的单位没有相应的商业秘密保护制度，有的甚至不知商业秘密是何物。大多数的单位在研发出新的技术后，总是着眼于寻求专利的保护，在没有申请专利或不符合专利的条件而不受专利法保护时，往往对商业秘密有错误的理解，即认为商业秘密不具有排他性，任何人都可以使用该技术，缺少相应的保护措施。例如，国外某公司应邀到企业参观，预进行技术合作，由于厂方急于签订合作协议，不仅让对方超时参观，还允许其拍照、录像，参观结束后，外方人员将该厂的整个生产过程和试验项目了解得清清楚楚，最终合作没谈成，却让外方无偿得到了技术。

另外，一部分单位虽然有保密意识，却没有明确界定商业秘密，职工不知道什么样的技术应该属于商业秘密，单位也没有采取相应的保密措施。

总之，造成技术或商业秘密流失的根本原因是思想上不愿意开展此项工作，认为商业秘密保护不利于科技和人才的交流，甚至认为农业科学研究和科技成果无密可保。

8.3 农业知识产权案例及运行模式分析

近年来，随着知识经济的发展和经济全球化进程的加快，农业知识产权保护已成为现代农业建设的重要支撑和掌握农业发展主动权的关键。但是，由于农业知识产权保护存在环境、个人意识、管理制度等诸多方面的问题，给产权所有人造成严重经济损失。下面通过一些案例来分析加深对农业知识产权保护作用的理解，进一步明确影响知识产权保护的相关因素，总结加强农业知识产权保护制度建设的规律。

8.3.1 案例分析

【案例】一张“非职务发明”证明书，导致专利权纠纷案败诉

案情：一张“非职务发明”的证明书导致某农业大学长达 3 年之久的专利权纠纷案件败诉，令该农业大学直接经济损失 40 余万元，并且使该校的葡萄保鲜后续研究停滞，造成该校保鲜剂厂处于停产状态。

1993 年 5 月，该农业大学食品科学系果蔬贮藏教研室主任经校方同意，向新疆教委申报了“葡萄采后腐烂和落粒的化学控制”科研课题，并获立项资助，同时，另一所大学化学系教师也参与了课题的研究工作。课题研究过程中，社会某公司也给予课题组部分资金支持，并利用该技术进行“农大”牌葡萄保鲜纸的生产销售。课题完成后，由该农业大学、另一所大学和社会某公司于 1995 年 7 月联合向所在地省科委申报成果鉴定，并通过了专家组鉴定，获省级科技进步三等奖。在成果鉴定前，课题主持人等要求申请专利，但该农业大学为减少专利申请费用，出具了一份内容为“我院食品科学系某教师等研制的葡萄保鲜纸（系列）为非职务发明”的书面证明，并加盖了学校法人印章。手持这份证明及有关申请材料，课题主持人等向国家专利局申请“葡萄保鲜纸”发明专利，1998 年 2 月被授予专利权，专利权人为该课题主持人和相关参加人员。1998 年 6 月经调查，该项专利权人由该课题主持人和相关参加人员变更为社会某公司。1998 年 9 月，社会某公司以侵权为由对已生产了近 4 年的“农大”牌葡萄保鲜纸的该农业大学食品加工保鲜剂厂向当地市中级法院提起诉讼，中级法院依法对该农业大学保鲜剂厂采取资产保全措施，查封了原料和成品。该农业大学应诉后反诉社会某公司，要求法院明确葡萄保鲜纸专利归属权。但 1998 年 11 月，专利归属案一审判决专利权归属社会某公司，但该农业大学不服上诉，2002 年 7 月，自治区高级法院下发裁决书，维持原判。

旷日持久的官司打得该农业大学身心疲惫，对于专利权侵权案，双方于 2001 年年底庭外调解，最终该农业大学以放弃生产葡萄保鲜纸为代价达成调解协议。

存在问题及原因分析：

(1)对农业知识产权保护意识薄弱。在学校方面，认为申报职务发明还要承担申请费和管理年费，轻率地为本应为职务发明的专利出具非职务发明创造证明，致使发明创造人把本院项目任务完成的发明创造作为非职务发明创造申请专利，造成专利权流失，造成严重经济损失，以至于原厂家停产。在科技人员方面，专利发明人为谋取个人短期的经济利益，不惜牺牲国家和集体的利益，转让国有资产。在管理人员方面，没能及时替领导把好关，对职务发明的知识产权管理不善，轻视了出具公函后的严重后果。

(2)项目立项实施过程中，对预期的知识产权，合作方和参加人在立项前没有明确说明或达成意向，取得的产权权属不清晰，让合作方轻易独吞了科研成果。

(3)缺乏知识产权有效管理体制。该单位由于习惯于计划经济体制下的科技成果管理，没有将知识产权纳入管理体系，领导干部和管理人员不了解知识产权具有财产权和独占权，导致知识产权的流失。

8.3.2 运行模式分析

8.3.2.1 杨凌农业高新技术开发区专利管理的运行模式

杨凌是我国唯一的国家级农业高新技术产业示范区，这里聚集着70多个学科的5 000多名科教人才，至今已推广了700余项农业实用技术。我国加入WTO后，知识产权保护工作被提到了重要日程。为此，杨凌农业高新技术产业示范区从2001年5月正式启动了专利试点工作，取得了显著成效。

一是杨凌示范区建立了知识产权管理体系，完善了相关制度。知识产权领导小组和知识产权局，全面负责示范区的知识产权管理工作，出台了《杨凌示范区专利试点工作实施意见》、《杨凌示范区专利申请资金资助办法》，编印了《杨凌示范区专利技术汇编》、《杨凌示范区专利申请指南》等实用手册。管委会每年从财政上拿出50万元用于对专利申请的资助，管理体系的建立，为示范区深入开展专利试点工作打下了良好基础。

二是保护知识产权社会环境初步形成。试点工作开展以来，国家知识产权局和陕西省知识产权局先后在杨凌组织了"入世与知识产权保护"、"知识产权管理及保护"、"农业生物技术知识产权保护"三次大型知识产权培训班和专题报告会，示范区管委会机关工作人员、部分驻区企事业单位负责人、科研院所的科教人员共600多人系统学习了专利、商标、植物新品种保护等方面的法律法规，了解了当前世界经济一体化，知识产权保护国际化的发展趋势；分别组织了生物、植物、农药领域的著名专家学者探讨入世后农业知识产权的运用、管理和保护方面的问题和对策。这些活动的开展，增强了园区内各阶层人员自觉运用知识产权制度进行农业科技创新的意识，使得杨凌示范区形成了保护知识产权的社会环境。

三是知识产权战略推进工程全面启动。为了进一步推动企业实施知识产权战略，2004年开始组织开展了涉农企业知识产权战略应用与服务活动，共有六家企业签订了《农业企业知识产权战略研究与应用合作协议书》。协议约定由杨凌农业知识产权信息中心担任这些企业的知识产权顾问，除协助企业建立、健全知识产权保护与管理制度外，还为企业提供、收集与分析专业领域的专利信息、建立专题数据库、帮助企业完成专利战略分析报告等全方位的知识产权服务。同时，企业也承诺与杨凌农业知识产权信息中心一起建立、完善企业的专利管理制度，将专利融入企业发展战略，开展企业专利战略研究。同时，杨凌示范区知识产权战略制订工作全面展开，2004年9月份组织西安市、杨凌示范区、西安高新区负责知识产权工作的有关领导、相关部门及有关专家召开了"杨凌示范区知识产权战略研讨会"，探讨杨凌示范区知识产权战略的内容设置、目标要求、政策措施、实施步骤，提出了杨凌示范区知识产权战略规划草案。

四是专利技术的产业化已经成为示范区经济新的增长点。通过确立试点企业和示范化项目推动专利技术的产业化。2001 年先后三次深入杨凌的两所大学及有关企业，开展知识产权情况调查，全面、准确地摸清了示范区现有专利技术的数量、特点，企事业单位知识产权管理工作的基本情况及存在的主要问题。随后陕西省知识产权局与杨凌示范区管委会决定建立示范区，选择了 5 家企业、6 项专利技术开展专利试点和产业化示范。对试点企业与试点产品的承担单位给予政策、资金等多方面的支持。同时，先后多次深入企业开展专利战略研究与分析，使试点企业学会了在市场中运用专利制胜的法宝，收到显著的效果。仅 5 家试点企业的不完全统计，2003 年累计实现产值近亿元，这些企业和项目现在已经成为示范区内经济增长的亮点。省知识产权局 2003 年"农高会"期间成功组织了"农高会农业知识产权拍卖会"，对杨凌华辕生物技术有限公司等一批企业的专利技术进行了拍卖，仅"植物旱冻营养护膜制剂"合作开发权一项就拍出了 2 600 万元。这些活动的开展不仅有效地促进了技术的产业化，更带动了杨凌示范区经济的发展。

8.3.2.2　登海种业股份有限公司植物品种权的运作模式

山东登海种业股份有限公司是著名玉米育种和栽培专家李登海研究员创建的农业高科技企业，公司是"国家玉米工程技术中心(山东)"、"国家玉米新品种技术研究推广"中心的依托单位，是农业部种子产业化试点单位、中国种业百强企业、中国优秀民营科技企业、山东高新技术企业、省农业产业化龙头企业。选育的"登海"、"掖单"系列紧凑型玉米良种有 24 个通过国家或省级审定；蔬菜良种有 13 个通过省级审定；先后有 22 项科研成果获得国际组织和国家或省部级奖励，登海种业股份有限公司注册 6 600 万元资本，总资产 3.7 亿元，现有员工 818 人，试验用地 90 公顷，并与美国先锋公司合资成立了由登海种业控股的"山东登海先锋种业有限公司"。该公司在农业知识产权保护方面做了大量的工作，值得借鉴。

(1)建立健全了植物新品种保护的制度体系。一是在机构设置方面，成立了品种权保护办公室，由科研、生产、经营及管理部门的负责人组成品种权保护的领导机构和工作班子。二是在人员配备方面，加强了代理人培训，由公司派专人参加了 DUS 测试(植物新品种测试是对申请保护的植物新品种进行特异性(distinctness)、一致性(uniformity)和稳定性(stability)的栽培鉴定试验或室内分析测试的过程，简称 DUS 测试，根据特异性、一致性和稳定性的试验结果，判定测试品种是否属于新品种，为植物新品种保护提供可靠的判定依据)及品种权代理人培训，取得了代理人资格证书，公司的法律事务部设置专人负责处理品种权保护方面的有关事宜。三是在管理制度方面，公司制定了《登海种业植物新品种保护管理办法》，从育种、生产、经营到品种权申报、打击侵权活动等规定了具体的操作程序。四是运作经费方面，公司不仅全额保障植物品种权的申请费、审查费、测试费以及年费等费用，而且对品种权的授权、审定以及发明专利给予一定的物质奖励，鼓励品种的创新和保护。

这里关于 DUS 测试问题解释做进一步说明。培育的新品种特异性的判别是根据测试品种在质量性状上有一个性状或数量性状上有二个及二个以上性状与近似品种达到差异，或数量性状有一个性状与近似品种相差二个及二个以上代码，即可判定测试品种具有特异性。

一致性是指以代码为单元，分析整个小区植株的变异率，结果的判别是采用 3%的群体标准和 95%的接受概率。

稳定性的判别要求观察植株至少为 50 株，如果测试品种同一性状在两个相同生长季节表现在同一代码内，或第 2 次测试的变异度与第 1 次测试的变异度无显著变化，表示该品种在此性状上具有稳定性。

目前，DUS 的测试方法仍然采用田间种植鉴定，即将申请品种与近似品种在相同的生长条件下，从植物的种子、幼苗、开花期、成熟期等各个阶段对多个质量性状、数量性状及抗病性等作出观察记载，并与近似品种进行结果比较，一般要经过 2～3 年的重复观察，才能最后作出合理、客观的评价。

但是，DUS 测试还存在以下问题：

①田间测试的最大缺点就是测试周期长，要经过 2～3 年的重复观察，受季节限制，也易受自然灾害、病虫害等因素的影响，不能及时给授权决策或者法院的判决提供依据。

②测试性状多，花费的人工多，工作量较大。

③测试性状多数为多基因控制的数量性状，受环境等因素影响较大，表现为连续变异，使性状分级不明显。

在国际上，为保证各成员国在植物新品种审查测试方面具有共同的基础，UPOV(国际植物新品种保护联盟)制定了一套详尽的关于对植物新品种的特异性、一致性和稳定性(DUS)进行审查测试的总体原则，并为约 200 个植物属和种制定了更加具体的测试指南，同时，UPOV 不断地修订这些测试指南，并陆续制定出涉及更多植物属和种的测试指南。

(2)为了提高公司员工的知识产权保护意识，公司采取各种方式加强培训。如将《中华人民共和国植物新品种保护条例》、《中华人民共和国种子法》等 12 部法律法规和条例负责制成《种子法规汇编》，发放到各级管理人员及有关工作人员手中，采取集中讲解培训和分散学习等多种方式，组织干部职工学习品种权保护的有关法律法规，明确做好品种权保护工作在科研、生产、营销、售后服务等方面应该注意的问题，以及打击侵权的正确途径和工作程序，使公司上下形成了“保护品种权既是保护企业自身，更是保护广大消费者合法权益”的理念，从而增强了全体员工依法做好知识产权保护工作的自觉性。

(3)积极组织新品种权申报。1997 年《中华人民共和国植物新品种保护条例》公布后，登海种业公司就开始积极进行新品种权申报的准备工作，1999 年 4 月 23 日农业部开始受理国内外品种权申请，公司先后申请品种权累计达 42 项。

(4)坚决打击一切侵权事件。自植物新品种保护制度实施以来，登海种业公司的知识产权保护取得了可喜的成绩。据初步统计，1999 年以来共发生侵权 66 起，通过司法诉讼程序解决的案件达 14 起，目前大多结案，通过诉讼，公司获得赔偿金 131.9 万元，大大激发了工作人员维权的积极性，也为进一步打击侵权，维护种业合法权益打下了良好的基础。四年来，公司纯收入每年都有较大幅度的增长，1999—2002 年公司销售纯利润为 955.8 万元，1 475.19 万元、2 142.87 万元、4 981.36万元，较 1998 年的 586.23 万元分别增长了 63%、151%、265%、748%。公司的效益增长情况说明，知识产权保护有效推动了登海种业公司的产业化发展。

由此可见，农业知识产权保护不力会给国家、集体和个人或权利人带来严重损失和危害，反之，保护得力会激发科技创新的动力、活力和潜力，可以促进科技成果的转化，增强科技人员的创新积极性。

从技术成果和知识产权形成过程分析及案例和运行模式分析看出，知识产权贯穿技术成果形成的全过程。回顾知识产权保护模式，成功之处在于在一个技术产品形成之前开始结合产权战略进行研究和规划。如杨凌高新技术开发区内部形成了融知识产权信息搜集、追踪、分析、评价、管理、纠纷处理为一体的知识产权工作体系，在战略上走的是名牌战略、多元化战略之路。在机制上以技术创新求发展，加强对知识产权的保护。

思考题

1. 农业技术形成的知识产权都包括哪些方面？试举例说明。

2. 试述农业技术形成知识产权的特点。

3. 试述育种工作知识产权形成的关键环节和保护措施。

4. 试分析当前我国农业科技部门有关农业知识产权保护工作存在的问题。

5. 加大奖励申报专利等措施能促进农业知识产权的保护吗？

6. 如何将农业技术推广和保护知识产权相结合？保护农业知识产权的内涵是

什么?

7.有人认为农业技术开放性强、保密性差,不适合进行农业知识产权保护,你认为对吗?

8.如何判定农业知识产权的所有人和发明人之间的关系?怎样才能体现二者间的利益,激励发明人的创造积极性?

9.如何认识农业科技成果和农业知识产权的关系?

10.知识产权保护是否不利于科技成果的推广?

参考文献

[1] 郑成思.知识产权——应用法学与基本理论.北京:人民出版社,2005.

[2] 徐卫.新疆农业知识产权保护现状、存在问题对策研究:[硕士学位论文].北京:中国农业大学,2007.

[3] 万占有.中国农业知识产权保护体系研究:[硕士学位论文].杨凌:西北农林科技大学,2003.

[4] 郑志海,薛荣久.入世与知识产权保护.北京:中国对外经济贸易出版社,2000.

[5] 马治国.西部知识产权保护战略.北京:知识产权出版社,2007,85-95.

[6] 吴坚.科技创新与知识产权.知识产权,2007,17(102):19-22.

[7] 马世青,郑学莉.植物新品种保护基础知识.北京:蓝天出版社,1999:7-10.

[8] 冯晓青.企业知识产权战略.北京:知识产权出版社,2005.

[9] 蒋和平,孙炜琳.农业技术知识产权运行管理的模式分析.科学管理研究,2004,22(4):34-35.

第 9 章　农业知识产权保护战略

◈ **本章重点、难点**

掌握知识产权保护战略的目的和意义、知识产权的管理和实施是本章重点；如何制定适宜的农业知识产权保护战略是本章难点。

◆ **内容提要**

本章主要介绍了知识产权保护战略的定义以及知识产权保护战略的类型，进行知识产权保护的目的和意义。同时，结合农业知识产权的形成过程和特点介绍了农业知识产权应进行的管理和实施措施。列举了美、日等发达国家实施知识产权战略特点，为分析我国农业知识产权发展水平和制定适宜的保护战略提供了参考。

9.1　农业知识产权保护战略概述

市场的竞争归根结底是科技竞争，是知识产权的竞争。随着经济全球化和知识经济的迅猛发展，知识产权的占有、配置、生产和运用已成为各国政治、经济、科技、文化发展的重要支撑，知识产权保护日益受到国际社会的重视，同时也关系到一个国家的主权和经济安全。温家宝总理在全国人大十一届三次会议上的政府报告中指出，要大力实施知识产权战略，加强知识产权创造、应用和保护，进一步激发广大科技工作者和全社会的创新活动。2008 年 6 月 5 日，国务院发布 18 号文件，颁布了《国家知识产权战略纲要》，其指导思想归纳为 16 字方针："积极创造，有效运用，依法保护，科学管理。"随着国家大力实施知识产权战略，建立了农业知识产权保护制度，农业知识产权日益得到社会的肯定，尊重科学、尊重知识、保护农业知识产权、激励农业科技创新的良好氛围正在社会中形成。2010 年，农业部颁布了

《农业知识产权战略纲要(2010—2020年)》,对未来十年农业知识产权保护提出了近期和长期战略目标。其目标就是要进一步提升植物新品种权、农产品地理标志、涉农专利、商标及版权等农业知识产权创造、运用、保护和管理能力,强化对农业发展的技术支撑,保障国家粮食安全,促进农业持续健康发展。

目前关于知识产权战略并没有一个权威的定义,冯晓青的《企业知识产权战略》一书对知识产权战略的表述是,"知识产权战略就是运用知识产权保护制度,为充分地维护自己的合法权益,获得与保持竞争优势并遏制竞争对手,谋求最佳经济效益而进行的整体性筹划和采取的一系列的策略与手段"。更多专家认为知识产权战略不在于它的概念,而在于知识产权的运用,所以我们也可以理解为知识产权战略是运用知识产权制度和知识产权资源,为获取竞争优势而进行的总体性谋划。它是国家战略,与科教兴国战略、可持续发展战略、人才强国战略等相互补充、相互依存、相互促进,它贯穿于知识产权创造、管理、实施和保护的全过程。

农业知识产权战略的制定和实施涉及法律、农业经济、管理、农业科技、文化、社会学等多个学科,其立足点则是法律、农业经济和管理。我国目前对这一问题的研究主要处于宏观层面,对于操作性较强的微观层面研究尚未深入;即使是宏观层面上,许多问题的研究仍是空白。

9.1.1 知识产权战略的目标及类型

我国知识产权战略目标是:从国家的整体利益出发,以培育和发展国家综合竞争能力为龙头,以大幅度提高自主知识产权的数量和质量为核心,以提高知识产权保护和管理的综合能力为重点,以推动科技创新、技术扩散、提高产业技术水平为目的,实现我国由知识产权大国至知识产权强国的转变,使知识产权工作真正成为提升国家核心竞争力的重要手段。

知识产权战略有多种类别:从知识产权权利内容分类,可分为专利战略、商标战略、商业秘密战略、著作权战略、植物新品种权战略等;从对知识产权运作分类,可分为知识产权管理战略、知识产权利用战略、知识产权资本运营战略、预防与控制知识产权流失战略、知识产权保护战略等;从对知识产权的管理分类,可分为内部管理战略和外部管理知识产权战略。

我国农业知识产权保护也已从策略向战略方向转变。因为随着全球经济一体化的迅猛发展和竞争的不断加剧,知识产权日益成为国家和企业参与国际竞争的重要武器。我国加快现代农业建设步伐,也迫切需要实施以知识产权制度为导向的农业科技创新战略。因此,必须加快对知识产权在农业发展中的作用研究,通过提高知识产权管理水平,在农业领域形成有利于创造知识产权、保护知识产权、开发利用知识产权和最大限度发挥知识产权战略的氛围，激励和引导我国农业科技自主创新，培育新型创新主体，使我国丰富的农业生物资源优势转化为科技优势和新兴产业优势。

9.1.2 农业知识产权保护策略

农业知识产权保护策略体制方面主要包括知识产权管理组织、管理制度、员工关系、流程管理等内容。经营方面主要包括知识产权的实施、授权、许可、合资合作等内容。风险方面主要包括如何预测、评估和避免在知识产权形成、应用和保护等过程中可能遇到的法律风险和商业风险。策略方面主要包括如何运用知识产权的策略、技巧配合技术研发、授权许可等。图 9-1 为知识产权保护策略框架图。

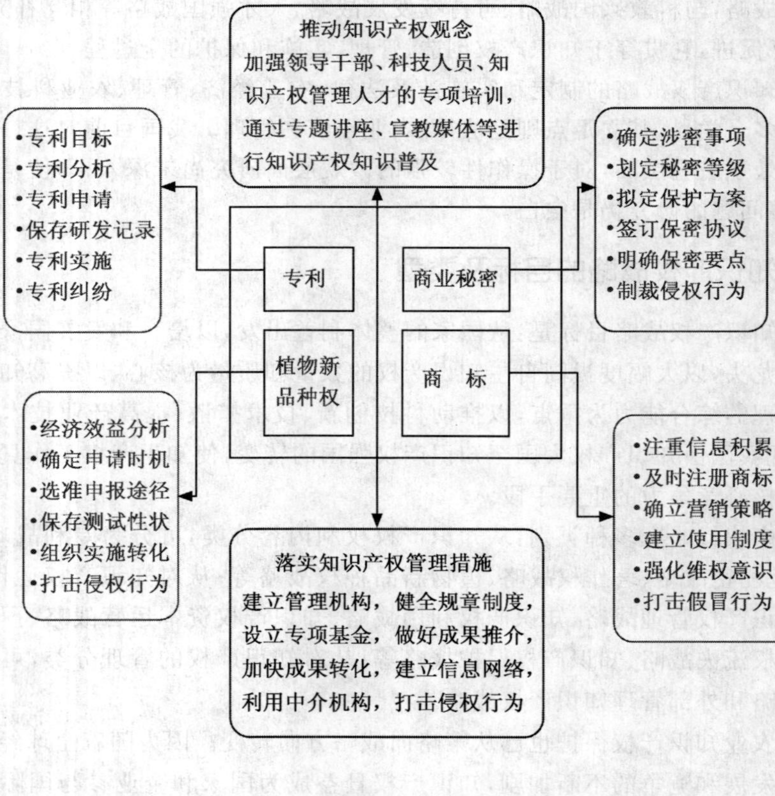

图 9-1 知识产权保护策略框架图

9.1.2.1 专利权保护策略

科研项目中技术创新成果产生后，对科技成果处理途径有申请专利、作为技术秘密保密和公开成果三种形式。公开成果是在应用和示范推广中应用较多的一种方式，尤其是公益性成果。一般情况下对科技成果的保护采用专利权和技术秘密两种形式。原则上，在对科研项目进行可行性分析时，结合自身的科研条件和创新能力，明确专利技术的目标，对项目实施中和实施后产生的创新成果，只要具备专利性，就应当考虑申请专利，从而获得专利法的保护。但是由于专利权的取得受资金、审批时间、地域性等因素的影响，所以对技术创新成果中应当申请专利保护的情形有以下5种。

(1)从竞争角度考虑应申请专利的情形。一是如果某项创新成果技术比较复杂、竞争者难以取得比较重要的技术创新成果，如基础研究中的发明，应及时申请专利进行产权保护；二是通过申请专利能有效地控制竞争对手的技术创新成果或通过专利申请和确权有效防止竞争对手创新成果的应申请专利保护。

(2)从技术开发难度的角度考虑应申请专利的情形：一是竞争对手容易通过反向工程获得该创造成果的技术要点；二是市场潜力较大但创造性较低的发明创造成果。这类成果出于创造性较低，能比较容易地由他人开发出来，应及时申请专利。

(3)从法律利用角度考虑应申请专利的情况：申请专利的目的不在于自己利用，而主要是实施专利有偿时，有必要申请专利，提高农业知识产权转化率。

(4)从市场的角度考虑应申请专利的情形。对市场应用情景好，经济价值大的创新成果，一般应申请专利。

(5)从知识产权日益全球化的情况看，我国应加紧培育一批具有自主知识产权的核心技术，并且采取走出去的战略，积极向国外申请专利保护，建立中国农业领域核心技术的知识产权国际化立体保护网络。

9.1.2.2 商业秘密保护策略

对技术创新成果中，应当采取商业秘密加以保护的情形有以下3种。

(1)明显不能适用专利保护的创新成果。如不属于专利法保护范围，尽管商业价值很大，但不具备专利性的成果。

(2)虽然可以获得专利保护，但专利保护风险大，从技术、市场或经济方面分析，申请专利可能对竞争对手有利，或对自己并无大益处。如竞争对手能在研究专利说明书中获得创新成果；创新成果商业应用价值不大，申请专利公开发明创造内容，而对自己并无经济利益方面的好处；创新成果经济寿命周期短。

(3)通过保密该技术,可以明显等到长期的、无国界的独占市场,而该技术很难被他人通过反向工程或其他途径“破译”。

作为商业秘密保护最典范的例子是可口可乐的配方。然而作为商业秘密保护存在一定风险。一是他人无权通过反向工程或其他途径破译该技术,一旦破译该技术,可能会遭受巨大损失。二是商业秘密转让或许可他人使用后,如果受让人或被许可人泄露给善意第三人,转让或许可合同对第三人无约束力。三是如果遇到他人也在研究同一技术,将对本单位构成威胁。

在商业秘密保护中坚持预防为主、突出重点、整体性与系统性相结合三项基本原则。科研成果形成过程中,商业秘密的内容相当丰富,它涉及大量的未公开的技术信息和经营信息。第一,明确商业秘密的内容,再根据商业秘密的重要性,确定商业秘密的等级,即最重要的或者关键性的、核心的商业秘密,重要的商业秘密,一般性的商业秘密。第二,拟定商业秘密保护方案。保护方案应有商业秘密范围、管理机构和人员、涉密人员保密义务、商业秘密档案管理、商业秘密申报与审查、违反保密义务的处罚等内容。第三,落实商业秘密保护措施。第四,与本单位涉密人员(包括离退休的涉密人员)签订商业秘密保密协议书。第五,确定商业秘密实施许可中商业秘密的保密要点。第六,及时有效地制裁侵犯单位商业秘密的行为,通过法律程序,追究对方的民事、行政或刑事责任,从而挽回本单位合法权益,保护经济利益不受损害。

9.1.2.3 植物新品种权保护策略

第一,要树立保护自己新品种的强烈意识,建立健全品种材料保护管理制度,从制度上规范品种从产生到实施生产全过程的管理;第二,要在品种权申请前认真分析经济利益、确定申请时机、选准申报途径(图 9-2);第三,采取有效措施,对新品种育种方法和亲本材料进行保密,并且可以确定为商业秘密加以保护。

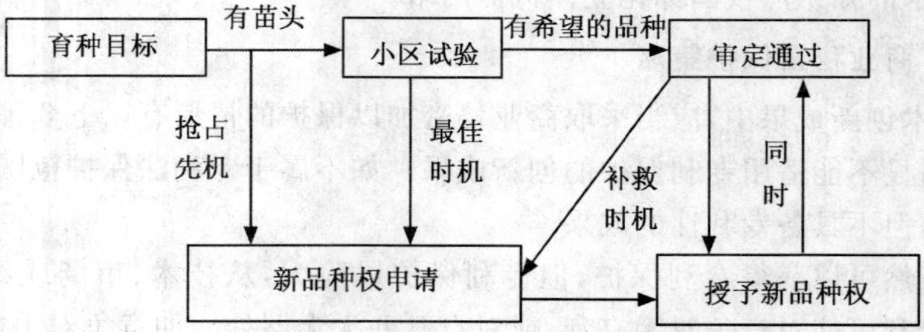

图 9-2 申请植物新品种权时机选择图

工作中正确处理好新品种保护与利用的关系。在新品种推广之初，针对品种适应区域，搞好新品种的宣传和示范，提高农民对新品种的认识。育种者在新品种选育后期的品种试验、示范阶段，将最适于该品种的配套栽培技术作为品种成果的技术服务推广给农民，使该品种的优良特征特性充分表达，延长品种的使用寿命，获得较长的经济效益。对植物新品种及时申请品种权，可以做到早申请早得益，多申请多得利。

中国农科院等科研院所培育的"国稻 6 号"、"鲁单 981"等作物品种权转让费，每一项都获得了较好的经济效益。四川一农科所申请了植物品种权 30 个，通过向企业转让使用品种权，也获得了高额回报。农业部受理的品种权申请，平均每年以 40%的速度增长，2005 年年申请量达到 950 件，跃居 UPOV 成员国第 4 位。截至 2005 年年底，农业部受理品种权申请 2996 件，国内申请来源已扩大到 30 个省市和自治区，在国外申请数量 109 件中，2005 年达到了 77 件，超过了前 5 年的总和。

这里需要解释一下 UPOV，它是 International Union for the Protection of New Varieties of Plants（国际植物新品种保护联盟）的简称，是由该组织的法语名称派生出来的，其法语全称为"Union Internantionale pour la Protection des Otentions Vegetales"。它是一个政府间的国际组织，总部设在瑞士日内瓦，其职责是"以造福社会、鼓励植物新品种的开发为目的，建立发展一个有效的植物品种保护体系"。首字母缩略词为 UPOV。

UPOV 是依据《国际植物新品种保护公约》（简称《UPOV 公约》）建立的。《UPOV 公约》于 1961 年 11 月由比利时、法国、联邦德国、意大利和荷兰在巴黎签署，1968 年生效并分别于 1972 年、1978 年和 1991 年在日内瓦经过 3 次修订，形成了 3 个不同文本。

中国于 1999 年 4 月 23 日正式加入《国际植物新品种保护公约》1978 年文本，成为 UPOV 第 39 个成员国。

我国政府非常重视对农业知识产权的保护工作，植物新品种法律法规体系日趋完善，保护范围不断扩大，农业知识产权保护下的无形资源正在农业科技创新中发挥着越来越重要的作用。植物新品种保护制度为种业发展给予了有力的法律保障，同时也为粮食增产、农民增收，为建设社会主义新农村提供了有力的科技支撑。加强对国际有关种质资源保护和利用的国际公约以及知识产权制度研究和运用，将知识产权制度的激励作用与种质资源优势结合起来，从而保证知识产权的创造、传播与投资者的权益，使我国拥有的作物种质资源既有主权，又有知识产权，促进我国从种质资源优势向基因资源优势转变，在世界"基因大战"中处于有利地位。

9.1.2.4 商标权保护策略

商标注册是指商标申请人所拥有的商标专有权，受商标法保护，未经注册的商标也可使用，但不受商标法保护。保护好商标就要及时注册商标，维护商标专用权。在保护策略上要注重商标注册前的信息积累，减少损失。另一方面，商标是企业文化和形象的承载体，要树立良好的企业文化，提升企业形象。企业文化可以使产品无论是在生产、销售还是售后服务等环节都能体现自己独到的特色，满足消费者的需求与爱好。此外，要有正确的市场营销策略与广告策略。消费者对一个品牌的认知和接受最终是通过商标实现的。因此，企业要忠实消费者的需求，要建立商标使用制度，提升商标的信誉度；要强化商标维权意识，打击商标侵权假冒行为。

总之，一个企业在一开始时就起了一个好的名称，申请注册了一个好的商标，并设计了好的、独特的包装、装潢及广告宣传用语，对于企业的无形资产增值及知识产权的保护往往是至关重要的，而且常能收到事半功倍的效果。如企业"海尔"、"联想"等商标无不如此。

9.1.2.5 农产品地理标志保护策略

原产地地理标志，多数表现为在特定的地域所出产、制造的具有特定品质的农产品，或者一些轻工类产品。我国是农业大国，地域辽阔，物产丰富，盛产具有中国特色农产品；同时，我国具有悠久的历史和文化，先人们用智慧创造了不同民族特色的产品，广播海内外，在现代市场中表现出勃勃生机。因此，进行地理标志保护，既是我国加入世界贸易组织遵守义务、履行承诺的应然之举，更是我国参与全球经济一体化，充分利用自身巨大历史文化遗产，发挥其巨大经济效益的战略之举。实施地理标志产品保护战略对保护我国的文化遗产、地域经济优势具有重要意义。

我国对地理标志产地保护一方面是将地理标志作为证明商标或集体商标注册保护，另一方面对地理标志产品采用保护登记制度予以保护。这既可以充分利用我国已经形成的众多的名优特产，像法国香槟一样，创建本国自己的世界性品牌，同时，又可以突破当今世界经济强国的技术标准、专利技术、反倾销等一系列措施所构筑的贸易壁垒，从而起到提高中国原产地产品特别是农产品的国际竞争力，最大限度地实现我国的经济利益。2011 年，我国强力推进无公害农产品和农产品地理标志发展，采取以政府主导、协会运作、企业（农户）参与为主流的模式，以公益性登记、政策性扶持、国际化对接的发展方式，挖掘、培育和发展独具地域特色的传统优势农产品品牌，做强特色农业产业，促进了我国现代农业区域经济发展。

地理标志保护战略是振兴和发展地方经济的重要手段，在我国各地方引起了广泛的重视。2008年，烟台市大力推进农业品牌建设，培育出一批有较高知名度和市场覆盖率的农业品牌。烟台苹果、烟台大樱桃、烟台葡萄酒获国家地理标志保护，同时这些地理标志产品通过参加国内外大中城市举办的农产品洽谈会、展销会，扩大了烟台产品品牌的知名度，拓展了市场覆盖率。2008年，烟台市农产品出口到70多个国家和地区，品种100多个，出口额23.7亿美元，占全国出口额的1/16。新疆是我国特色农产品十分丰富的地方，实施地理标志产品保护策略在扩大新疆农产品市场方面起着十分重要的作用。2010年，新疆开始实施农产品品牌战略，广泛深入开展农产品品牌建设活动，取得了显著成效，有力开拓了产品市场，促进了农牧业现代化，进一步提升了农业综合效益和发展水平。

9.1.3 农业知识产权的保障措施

9.1.3.1 强化知识产权战略意识

面对国内外竞争日益激烈的局面，只有不断创新或不断运用新技术才能创造大市场。保证新技术新成果的最大收益，必须从全社会、整个市场的全局高度制定和实施知识产权战略，保护好和利用好知识产权。因此，首先，政府部门、企业高层要强化知识产权战略意识，充分认识到实施知识产权战略是技术创新和运用新技术的重要环节；其次，要明确知识产权的发展思路和方向，做好一个地方或单位发展知识产权战略的决策，要把优势产业、优势专业加以整合，提高技术含量和市场竞争力。同时，在思想意识上和决策上要给予相关人员、资金、实验设施全方位的全力支持。

9.1.3.2 建立农业知识产权保护工作机构

健全的知识产权管理机构是有效实施农业知识产权管理的前提。结合本单位实际情况设立知识产权领导小组，并设立知识产权管理办公室，确定专门人员从事知识产权管理和开发工作。知识产权管理机构的职责除制定知识产权保护规章制度、组织实施知识产权培训、制定知识产权战略、处理单位内外知识产权业务等方面外，还包括制定知识产权发展规划，对本行业技术产品领域知识产权发展状况和动态进行跟踪分析，为单位知识产权管理提供建议，及时对本单位的知识产权实施保护，预防本单位知识产权被侵害或侵害他人知识产权等事件发生。与此同时，加强科研项目管理工作，在项目立项时，增加有关知识产权管理的具体要求和内容，落实知识产权保护措施，使知识产权管理贯穿于立项、执行、验收等科研计划的全过程;做好知识产权的开发工作,在产权开发推广时与合作方协商达成书面协议,明确各方的责权利三者的关系,减少产权流失的渠道和不必要的经济纠纷。在具体做法上可聘请常年知识产权保护法律顾问等,帮助科研人员订立合同,对各个关键环节进行把关,并对科研人员进行法律知识产权培训,帮助他们增强法律意识,提高保护能力。保持与公检法部门的高度合作,进行维权和打假,及时发现和制止侵权行为,依法维护自身的合法权益。

9.1.3.3 加强农业知识产权相关法律知识的培训

加强对科研人员、相关领导和管理人员的培训。通过对农业知识产权保护法律法规和战略知识的培训,提高领导层和科研人员农业知识产权保护意识和战略意识,提高整个部门的知识产权的运用、管理能力和水平。掌握基本的农业知识产权战略运作策略和自身所在领域的知识产权发展现状和趋势,提高运用农业知识产权开拓和占领市场的能力。

加强对科技骨干知识产权知识的培训和普及。以《专利法》、《植物新品种保护条例》、《商标法》、《反不正当竞争法》、《保密法》等一系列知识产权法律法规为主要内容进行培训,同时,充分利用各种新闻媒体,采取多种形式、多种方法,深入开展农业知识产权保护的重要性和相关法律法规知识的教育和学习,提高广大农业科技人员和管理者的知识产权的申请和保护意识,使他们的观念转变到市场经济的轨道上来,按照市场经济规律办事,减少无形资产的流失。例如,开展短期专项培训。主要是对应急人才的培养和使用,在项目实施过程中,使其在干中学、在学中干,不断提高对农业知识产权保护的认识和保护能力。

加强对知识产权专门人才的培训,特别是精通知识产权国际规则的高级人才的培养。随着国内外竞争的日益加剧,对农业知识产权保护已上升为市场竞争的重要工具,而知识产权管理人才是知识产权工作的重要方面,没有一支高素质的人才队伍,农业知识产权保护工作就失去了最重要的基础。

9.1.3.4 建立农业知识产权信息中心

充分运用互联网、数据库等现代信息技术,建立农业知识产权信息平台,广泛收集、加工国内外最新的农业知识产权科技信息,积极引进并随时补充国内外最新的农业知识产权、科研技术数据库,通过网络传输等现代渠道,以最新、最完整的信息资源和最先进的技术手段为农业科研院所提供全方位的信息服务。通过信息服务一方面避免重复研究,提高研究起点和水平,另一方面可通过日常对专利信息中技术、法律、经济三种信息的检索、统计、分析、整合,形成具有战略性特征的专利信息,并将此进一步升华成为适合本单位知识产权战略。同时搭建与政府有关部门和国内外农业知识产权信息服务机构的联系与交流渠道，使科技工作者通过网络及时查阅相关法律、法规和政策，及时了解本领域前沿发展动态，确定创新目标，取得创新成果。

2002 年，我国第一个农业专利数据在杨凌农业知识产权信息中心建成，通过互联网可以在此查询 91 万件中国专利和 50 多万件国外涉农专利文献数据。该数据库的建立是我国大力推进农业知识产权保护的实际成果，对我国在农业领域充分运用专利制度、推动农业技术创新具有一定的现实意义。

9.1.3.5 建立健全农业知识产权管理制度

建立和完善知识产权保护、评估和激励制度。知识产权管理制度要体现在各种产权的创造、管理、实施和保护中，内容包括知识产权战略规划、知识产权管理机构、知识产权管理人员、研究与开发过程中知识产权管理制度、知识产权合同管理制度、知识产权奖励与利益分享制度、职务与非职务成果产权界定的管理制度和科技成果管理制度、保密制度、劳动合同制度等规章，增强农业知识产权保护合力。完善奖惩制度，确保奖惩制度落实到位，兼顾集体、个人利益。对在知识产权保护和管理工作中做出突出贡献的人员予以表彰和奖励，并作为晋级和工资的标准之一。建立长期稳定的知识产权保护基金，尽量减少因资金问题而延误知识产权申请和保护的良机。

9.1.3.6 充分发挥知识产权中介服务机构桥梁和纽带作用

知识产权中介机构是知识产权工作的主体，也是连接市场与社会的纽带。其服务内容包括农业知识产权的代理、诉讼、转让、中介许可、信息服务以及知识产权资产评估等，它在一定程度上可弥补农业科研单位及行政管理部门农业知识产权人才不足的状况，在农业科研院校、企业和市场之间起到桥梁和纽带作用。积极引导科研单位和个人充分利用知识产权中介服务机构的优势，解决在农业知识产权信息查询、登记、管理等方面问题，提高授权率和实施率。

9.1.3.7 设立农业知识产权转化基金，提高农业知识产权实施效率

以开展科技成果转化项目为依托，利用专项基金，组织一批具有市场前景的专有技术向市场转化，将技术优势转化为竞争优势，再将竞争优势转化为市场优势，最后取得经济效益，提高农业知识产权实施率，以此激励农业知识产权保护的积极性和有效性。与此同时，鼓励各类涉农单位、企业或个人设立农业知识产权实施基金，支持农业知识产权向现实生产力的转化。

如通过参与地方政府组织举办农业知识产权展览会，加强农业知识产权实施者和权利人之间的沟通，为农业知识产权许可与转让提供平台。例如，为了使杨凌

农业高新技术成果在解决我国旱区农业中发挥更大的作用，杨凌示范区管委会利用杨凌农高会在国内外的巨大影响，从第七届开始，采用专利成果专题展览和现场拍卖等活动，吸引社会各界的关注，在第八届农高会上拍卖了 20 多项专利成果，拍卖金额高达 1 000 多万元。或采取行政措施，对拥有没有被开发利用的尚未失效的闲置专利的单位要求他们无偿许可他人使用，提高专利等的实施率，促进产权实施。

9.1.3.8 建立知识产权档案管理制度

无论是专利权、商标权、植物新品种权还是商业秘密等农业知识产权，其形成过程都是一个系列过程，做好产权形成过程的归档工作，对产权管理、产权信息库建立及产权纠纷有重要作用。归档内容应有注册资料，许可合同，侵权案件的调查材料，申请异议材料，通过行政或司法手段查处侵权案件材料等，形成一个归档一个，确保案卷的完整、准确、系统和安全。知识产权案卷由档案管理部门统一管理，专人负责。

9.1.3.9 做好知识产权成果推介工作

通过多种形式推介和扩大知识产权成果。如参加成果展示会、举办成果拍卖会等形式宣传知识产权成果。以便使每个品种、每项技术都能够寻求到好的受让企业。此外，还可组织知识产权成果招商活动，带领专家到有关企业去展示，促进了解，争取合作，变被动为主动。

9.1.4 以法律为依据，打击侵权行为，创造良好的知识产权保护氛围

集中力量，加大力度打击侵权行为。我国有些省市出台了《保护知识产权专项行动方案》，他们根据自身经济特点，制定不同的重点打击对象，有的是以保护专利权为重点内容，加大对专利违法行为的打击力度，发现专利违法行为，严格查处，涉嫌犯罪的，及时移送司法机关。有的是以侵权假冒、打击各种侵权行为为专项行动，以保护知识产权权利人的合法权益，建立和完善保护知识产权工作机制，提高保护知识产权的能力和水平，增强全社会知识产权保护和创新意识。为规范市场经济秩序，改善投资环境，扩大对外开放，促进地区经济快速、健康发展创造良好的基础和条件。

由于专项行动相对于长期的维护有一定的时间界限，如果长期坚持，则在人力、物力方面会比较缺乏。所以，在进行集中式清查的同时应当以专项行动作为切入点，注重建立健全知识产权保护工作机制。好的知识产权法律环境不仅仅是在侵权之后有法律依据对被侵权人进行补偿，最重要的是有预防性的作用，使知识产

权权利人有保障感，能安心科技研发和技术创新。

9.2 国外知识产权保护战略经验介绍

在发达国家，知识产权早已被政府和企业当做开拓、占领市场，夺取和保护竞争优势，强化发展后劲的重要法宝。尤其是加强创新，对高新技术实施知识产权战略推动了经济的发展。在这方面，美国、日本、韩国等国是成功实施知识产权战略的典范。

9.2.1 美国知识产权战略

美国政府部门、企业十分重视知识产权保护对美国经济发展，知识产权战略在实现经济、技术世界霸主地位方面发挥了重要作用。20世纪70年代以来，亚欧一些国家在经济上的崛起使美国感到了一种巨大压力，美国政府和产业界认为，美国在全球竞争中创造知识产权的关键要素是科技和人才，也是美国的优势。然而由于知识产权保护不力，国外企业大量模仿美国技术，然后凭借其廉价劳动力开拓市场，从而获得经济利益。所以美国在20世纪80年代开始将知识产权作为抵御国外竞争、保住经济霸主地位的战略手段，并从法律和政策的层面完善知识产权制度，在国外为有效保护美国的利益采取了一系列措施。美国知识产权战略的特点：一是以立法为知识产权战略实施提供保障；二是在对外贸易领域，建立最大限度地控制他国市场的机制。面向21世纪的知识产权战略，美国又采取了一系列措施：一是加强员工培训，改进工作流程，提高专业人员素质；二是提高服务质量，以市场为导向，为客户提供满意的产品和服务；三是加强与欧洲、日本和其他国家知识产权机构的联系与合作，推动知识产权制度的全球化；四是强化知识产权事务的信息管理，发展电子政务，实现专利和商标申请的自动化管理；五是通过立法调整收费制度。在具体知识产权战略实施中，美国还利用保护国内市场、控制他国市场、维护技术的垄断优势等措施，以达到维护其技术优势和谋取经济利益的目的。

例如，美国专利战略的主要特点：

(1)利用专利立法的先发明原则。即谁先做出发明谁才有权取得专利，其目的是对其重要的发明创造加以保密，不至于为获得专利而不得不尽早去申请，有利于垄断某项技术。

(2)保护国内市场。美国为了维护其技术优势，在实施方法和对外贸易中体现了维护其世界经济技术霸主地位的战略意图。

(3)控制他国市场。为了维护其经济、科技的霸主地位，美国严格主张知识产权的国际保护，限制科技资源的国际利用，加强对技术转移的控制，对竞争对手特别提出对等性要求，并极力主张将知识产权制度纳入国际化中。

(4)维护技术的垄断优势。美国大公司在技术贸易方面通常的惯例是：10%为关键专利技术绝不允许转让；20%的重要专利只在获得大而风险小的情况下才转让；50%防卫专利，可以按照合理提成费自由出售许可证。

9.2.2 日本知识产权战略

20世纪50至70年代，日本开始了“技术立国”战略，就是在引进、消化和吸收欧美先进技术基础上大力进行二次开发和创新，在此基础上再将开发的新产品和技术输出到其他国家，以提高日本产品和技术的市场占有率。同时重视与美国、欧盟以及发展中国家的知识产权谈判，加强国际领域的知识产权合作与交流。在20世纪90年代日本又提出了“知识产权立国”的口号，建立面向21世纪的知识产权战略：一是知识产权创造战略。一方面促进大学和企业的发明创造，另一方面培养知识产权方面的人才。二是知识产权保护战略。其目的在于进行知识产权申请、案件审查、改革现行体制，强化对著作权、专利权、商业秘密保护，同时也强化海外保护。三是知识产权应用战略转移，合理推进知识产权向产业化的转化。四是知识产权人才培养。提高国民的知识产权意识，加快知识产权的人才培养。

例如，对专利战略的运用可以概括为以下5个方面。

(1)构建严密的专利网。日本企业能够围绕基础性关键专利抢先申请各种有特色的大量小专利，筑起严密的专利网，使欧美的基础性关键专利技术在其专利网中失灵，从而迫使欧美竞争对手以基本专利交换日本的小专利。

(2)重视国内市场。主要是批准对工业发展有重大影响的国外基本专利，以使本国企业有足够的时间追赶该技术。

(3)重视技术的消化与吸收，并在消化、吸收的基础上加以改进、创新。

(4)将研究与开发、专利战略、生产经营作为企业生产经营整体战略。

(5)采取多种途径，促进专利实施。日本在专利实施率方面一直居世界前列，专利技术平均实施率为52%。

9.2.3 韩国知识产权战略

作为后发达国家，韩国政府十分重视对中小企业知识产权的创造给予支持。一是政府帮助企业促进自主知识产权创造；二是对中小企业相关费用进行减免；三是向中小企业提供信息服务。面向21世纪的知识产权战略：一是政府实施引进、吸收先进技术与自主研究开发的政策；二是放松对引进技术的限制，使企业能够自由引进所需要的技术；三是充实和完善相关法律法规，给所有产业以平等发展机会；四是加强政府与企业的合作，研究开发关键产业技术；五是健全、完善国家技术开发资金援助制度等。

9.2.4 澳大利亚知识产权战略

澳大利亚在实施《与贸易有关的知识产权协议》TRIPs中，顺应国内改革的潮流，与改革进程相协调，以TRIPs为准则，审查、扩大和更新知识产权制度，按照一定的计划使知识产权保护服务于国家利益，同时与国际标准和地区合作活动保持一致。从而有利于技术的更新、转让与传播，有利于社会及经济福利的方式去促进生产者与技术知识使用者互利，并促进权利与义务的平衡。

9.2.5 印度知识产权战略

印度关注国家生物多样性计划的知识产权保护问题。专门制定了《国家生物多样性战略和行动计划》，阐述了印度对生物多样性流失的关注，列出了流失的原因和现状，对生物资源的可持续利用、保护和保存；对野生和家养生物多样性的公平利用和利益共享等提出了不同的战略和行动计划。

思考题

1. 什么是知识产权战略？
2. 实施知识产权战略有什么意义？
3. 试述知识产权战略的目标和知识产权战略的类型。
4. 如何制定农业知识产权战略？
5. 试述国外发达国家的知识产权战略实施的特点。
6. 实施知识产权战略要结合国家经济和科技的发展状况，试总结我国知识产权发展阶段和特点。
7. 借鉴发达国家经验，就我国农业某一领域，如品种、设施农业、农药等，应如何制定知识产权战略，既能保护自有知识产权又能为创造新知识产权赢得与国外企业的竞争时间？
8. 对世界性涉农公司的知识产权保护策略进行资料调研，总结其知识产权保护策略，并阐述给我们的启示。

参考文献

[1] 郑成思.知识产权——应用法学与基本理论.北京:人民出版社,2005.

[2] 郑志海,薛荣久.入世与知识产权保护.北京:中国对外经济贸易出版社,2000.

[3] 冯晓青.企业知识产权战略.北京:知识产权出版社,2005.

[4] 马忠法.对知识产权制度设立的目标和专利的本质及其制度使命的再认识.知识产权,2009,19(114):3-9.

[5] 马治国.西部知识产权保护战略.北京:知识产权出版社,2007:85-95.

[6] 吴坚.科技创新与知识产权.知识产权,2007,17(102):19-22.

[7] 林婧弘.美国、日本实施专利战略的经验及启示.2009,19(114):38-41.

[8] 周宏.亚非拉部分国家植物新品种保护制度比较研究.知识产权,2007,17(102):80-85.

[9] 朱江岭,张炳烛.知识产权保护与战略运用.北京:海洋出版社,2006.

[10] 马世青,郑学莉.植物新品种保护基础知识.北京:蓝天出版社,1999.

[11] 郑成思,韩秀成.中国入世知识产权纵横谈.北京:知识产权出版社,2000.

[12] 杨国华译.澳大利亚实施 TRIPs 协议的经验.北京:知识产权出版社,2000.

[13] 关力译.印度国家生物多样性计划关注知识产权保护.政策与管理,2003(5):40.

[14] 蒋和平,孙炜琳.农业技术知识产权运行管理的模式分析.科学管理研究,2004,22(4):34-35.

[15] 邵建华,陈瑛.入世与我国农业保护的政策取向.农业经济问题,2001(11):17-21.

[16] 朱玉春.加强农业技术知识产权保护.宏观经济研究,2004(3):53-55.

[17] 薛圣忠,薛澄.浅谈科技成果管理中的知识产权争议.知识产权,2004(5):23-24.

[18] 张志成.知识产权制度与国家利益、国家案例的关系及对策.知识产权,2004(6):10-15.